齐安甜 著

无为而治

「道德经」与管理

上海遠東出版社

图书在版编目(CIP)数据

无为而治:《道德经》与管理 / 齐安甜著. -- 上海:上海远东出版社,2019
ISBN 978-7-5476-1444-0

Ⅰ.①无… Ⅱ.①齐… Ⅲ.①《道德经》—应用—管理学 Ⅳ.①C93

中国版本图书馆 CIP 数据核字(2019)第 017523 号

策　　划 曹　建
责任编辑 王　萍　王　杰
特约编辑 袁春玉
封面设计 李　廉

无为而治:《道德经》与管理

齐安甜　著

出　　版 上海遠東出版社
（200235　中国上海市钦州南路 81 号）
发　　行 上海人民出版社发行中心
印　　刷 昆山亭林印刷有限责任公司
开　　本 710×1000　1/16
印　　张 20.25
字　　数 300,000
版　　次 2019 年 3 月第 1 版
印　　次 2019 年 3 月第 1 次印刷
ISBN 978-7-5476-1444-0/G·917
定　　价 85.00 元

总　　序

《老子》——中华民族取之不尽的思想宝藏

2018年金秋，一个秋风吹落叶、满地皆金黄的日子，我来到北京西北郊苏家坨镇大觉寺的村庄，访问张顺江先生的故居。

之前，我对张先生一无所知，他作为中国决策科学的第一位教授，有什么著作和研究，竟然无所闻，真是隔行如隔山。及至看到张先生故居的《老子治世系统纲要》和《老子德经发挥与管理科学系统图》，我才发现，这位先生虽然与我研究的领域和路径不同（他研究的是决策学，我研究的是政治学），但最后殊途同归，都走到了同一个原点：原来我们研究的，竟然是同一本书，而且他使用的图案，在太极图中有“人民”二字，完全与我的《以百姓心为心——老子政治哲学》一样。显然，他的系统决策，主要说的是政治系统的决策。我像找到了一位知心朋友，一位良师益友，隔着时空，在心灵信息中进行了沟通交流。他的研究，很富有逻辑性，把老子的五千言，进行了系统性的解读，从“道生一，一生二，二生三”的玄元开始，进而玄德、玄同，再到治世之道、治世之经、治国、信息分析、目标分解、以民心为核心的决策模式，最后到实践中的顺道而行，进入大治境界，以及违道而行出现乱象的修正返朴，回归大治，完成了他对老子政治决策的系统分析，真可谓画龙点睛、一气呵成、逻辑严整、论证有据，可以说是《老子》研究领域中的一个佳作，值得人们细细品味。

读到这里，读者们会问，你研究《老子》（也称作《道德经》），并把《老子》说成是政治学巨著，张先生研究《老子》，把《老子》说成是决策学，那么《老子》到底是什么书?

可以说,老子的著作一问世,人们对他的理解就是多元化的。这从老子后学的思想特征中可以窥见一二。杨朱、列子、庄子、黄老、道教都是以老子思想为基础形成的不同学派,但在他们的论述中,除了都认同老子的"道法自然""无为而治"的核心思想外,对什么是老子之道的论述也是各有千秋。杨朱主为我,列子贵虚无,庄子倡放任,黄老述南面之术,道教求成仙不老,这些学派,各有各的主张,各有各的精彩,都是得其一,未能得其全,但又都对传承弘扬老子思想的不同内容发挥了独特的作用,构成了老子思想研究中的丰富多彩的百花园地。

这也正是《老子》粉丝们的最大乐趣所在。正如德国哲学家尼采所说,《道德经》像一个永不枯竭的井泉,满载宝藏,唾手可得。人们从这一宝藏中,仁者见仁,智者见智,各有各的出发点和体悟,结合自己的切身体验与人生实践,有的述老子的本体论、认识论、科学论、逻辑论,有的写老子的养生思想、教育思想、军事思想、政治思想、美学思想,写出了千姿百态的老子智慧。

齐安甜博士即将出版的《无为而治:〈道德经〉与管理》《我心光明:〈道德经〉与心理健康》《安心立命:〈道德经〉与心理咨询》就是老子研究这块百花园地中新开的三朵花蕾。

齐安甜博士长期从事的工作是银行与证券管理,可以说与专业的老子哲学研究并不沾边,但齐安甜博士在工作中广泛涉猎人文社会科学领域。在工作之余,他阅读了大量的人文社会科学著作,积累了相当丰厚的学养学识,并从管理学、心理学、健康学角度对《道德经》进行了专业解读,写出了三本学习老子智慧的心得体会,为人们理解老子增加了新的视角。

作者在《无为而治:〈道德经〉与管理》一书中,认为博大精深的老子管理哲学思想对现代管理理论和实践有着重要的启示。挖掘老子管理思想的深层内涵,分析老子管理思想的现代价值,科学地运用老子管理思想和管理方式中的积极合理要素,对于加强和提升现代管理具有重要的实践价值和借鉴意义。要在学习和借鉴西方亨利・法约尔、马克斯・韦伯、彼得・德鲁克、迈克尔・波特和杰克・韦尔奇等人管理思想的基础上,对老子管理思想进行探讨，使其适应中国的国情。

比如，西方管理学重在“管”，是硬功夫，而老子倡导上善若水，水则是软变化，治理就是顺势而为、“无为而治”，管理者应将重点放在“理”上，而非“管”上。所谓“理”，是指创造有利的环境使所有的人能够发挥其能力，“自然”地达成组织目标。“管”则是对下属进行规定和控制，通过贯彻管理者的意志实现组织的目标。要把企业从管变理，又需要领导者采用老子的不言而教、有无相生、绝圣弃智、处下不争、知止不殆、柔弱胜刚强、以百姓心为心、治大国若烹小鲜、以正治国、以奇用兵、治人事天莫若啬、善战者不怒、不敢为天下先。《道德经》处处闪耀着管理智慧的光芒。

在《我心光明：〈道德经〉与心理健康》一书中，作者认为，道法自然、不折腾才是好的养生策略。养生贵在养心，心静如水才能气血自然。老子思想与心理健康有天然的、紧密的联系，《道德经》本身就是一部心理缓释的著作。例如，许多人的心理问题来源于不能接受挫折、失败与痛苦。但从老子的角度，把顺境看为阳，逆境看为阴，那么，人生的挫折与痛苦本就是人的有机组成，有阴有阳方为太极，仅有阳而无阴则不能称之为圆满的人生。因此，我们应直面挫折与困境，看着它、迎接它、接受它，因为这些挫折与困境就是人生本身。明白此理，许多绝对化的心理问题便可迎刃而解。

在《安心立命：〈道德经〉与心理咨询》一书中，作者指出，心理咨询的研究对象是人，而人离不开生存的文化环境。建构中国心理咨询的理论框架，必须根植于中国传统文化。这样不但可以找到影响中国人心理与行为的主要社会文化历史因素，而且可以避免简单套用西方心理咨询理论使用的思维模式和价值取向，有针对性地进行有效的咨询和指导。《道德经》中蕴含的丰富心理治疗思想，心理咨询的最高境界，就是老子所说的“功成事遂，百姓皆谓我自然”的咨询效果。

这几本书的优点就是，作者是老子思想的研究者，又是担任一定管理职务的领导者，具有相关的实践经验，能把实践与理论很好地结合起来。相信读者能够从齐安甜博士学习《道德经》的体会中，汲取到管理、心理、健康方面的知识和智慧，对自己的工作和身心健康有所裨益。

当然，这三本书也有一些待加强的地方。比如，作者提出，老子思想中也有一些不合时宜的内容,但没有具体进行分析,如能举出一些具体内容,可能对读者帮助更大。再比如,既然要谈健康,老子思想当然是有丰富内容的,但如果能稍稍扩展到《黄帝内经》《庄子》,有可能会更好地说明心理健康的方法,比如《庄子·杂篇·庚桑楚》中,就明确地使用了“卫生之经”的健康,十分明确地提到了人们如何保持心理健康的方法等。这些都是需要作者进一步努力提高充实的。

《老子》的思想博大精深,尽管已经被人们研究了千百年,已经有了无数的成果,但后人还是会有新的发现,老子思想研究的领域并没有穷尽,人们结合不同的时代和不同的人生,总有说不完的话、道不尽的理。它就像一口永不枯竭的甘泉,永远源源不断地为人们提供着宝贵的智慧。这真的如《老子》开篇所说“道可道,非常道”,道,是永远可以被人们不断言说,但又是人们永远说不尽、道不透的。老子的思想极有生命力,有很强的适应性,而且有些思想可能比老子当时提出这些思想更有现实性,比如,老子主张的以百姓心为心,主张无事取天下,主张知止不殆,主张上善若水,主张损补抑举,主张人类效法天地自然等思想,在我们当下不是有很强的针对性吗?

《老子》,一部道不尽的思想巨著,一部中华民族永远的精神丰碑,将永远是中华民族砥砺前行的力量与智慧的源泉。

愿有更多人研究、学习、践行、传播老子的思想。

是为序。

北京大学中国战略研究中心主任　叶自成

2018年10月31日

自　序

在中国传统文化宝库中，老子思想以其博大精深的内涵，对中国文化影响至深。《道德经》是老子思想的精髓所在，短短五千言不仅涵盖了大量的哲学、政治、经济、伦理、军事、美学和养生等很多领域，而且也包含着丰富的管理学思想。

老子以"道"解释宇宙万物的演变，强调人与自然和谐，尊重客观自然规律，认为事物阴阳相生相克、相互牵制、相互平衡。老子管理思想的基础是"道"，核心是"无为"，构建了以"道"为总纲的思想体系。这个思想体系又派生出大量辩证的管理思想。这些管理思想不仅有哲学层面的管理之道，更有应用层面的管理之法和管理之术。

老子的管理思想和管理方式内容丰富，自成体系，包含人本理念、辩证思维、无为而治、道法自然、治大国若烹小鲜、守柔处弱、处下、不争、以退为进等。老子言"执古之道，以御今之有"，意思是说鉴古知今、博大精深的老子管理哲学思想对现代管理理论和实践有着重要的启示。

管理是企业永恒的主题。到了现代，特别是改革开放以来，随着市场经济和国际化的快速发展以及知识经济和信息经济时代的到来，中国式管理发展的任务日益突出。挖掘老子管理思想的深层内涵，分析老子管理思想的现代价值，科学地运用老子管理思想和管理方式中的积极合理要素，对于加强和提升现代管理具有重要的实践价值和借鉴意义。

曾几何时，谈到管理，人们都会想到西方管理学，从法约尔、韦伯到泰罗，从梅奥、德鲁克到迈克·波特。现在，韦尔奇在企业界几乎无人不晓。但是，由于国情及文化的不同，西方管理学在中国并不一定能完全适用。对老子管理思想进行探讨，挖掘他的管理智慧，借鉴其古老深邃的管理智慧和理论精华,对西方管理理论进行扬弃与发展,使其适应中国的国情,才能将之转化成巨大的现实生产力。

工业经济时代的企业,组织严密,规章精细,需要的是严格、规范的科学管理。然而,在知识经济时代,由于对企业创新的迫切要求和员工技能、素质的普遍提高,再过分强调正式组织的命令—接受机制,就有可能损害员工的主观能动性。特别是当一个企业试图通过创新来谋求发展的时候,为部属提供一个自由发挥的环境,是至关重要的。

西方管理学重在"管",因为"管"是竹字头,竹子是硬的,是一种硬性管理,这种管理西方人擅长。在中国古代不称管理,叫"治理","治"是水字旁,水是软的,而且是变化的,"水善利万物而不争,故几于道",治理是顺势而为的。其实这正是老子提倡的"无为而治"。

与提倡管理科学的西方管理理论相反,老子的哲学思想是管理应该以尽可能简单的方式进行,管理者应将重点放在"理"上,而非"管"上。所谓"理",是指创造有利的环境使所有的人能够发挥其能力,"自然"地达成组织目标。"管"则是对下属进行规定和控制,通过贯彻管理者的意志实现组织的目标。

那么,如何才能创造出有利的环境使所有的人自动自发、各尽所能地达成组织目标呢?老子一方面对管理者自身的素质、修养提出了很高的要求,如尊道贵德、致虚守静、营魄抱一、少私寡欲、秉持"三宝"、知雄守雌、上善若水、上德若谷、和光同尘、宠辱不惊、以德报怨、知足不辱、功遂身退、大成若缺、被褐怀玉、自知者明等;另一方面,又提出了独具特色的管理理念和管理策略,如道法自然、无为而治、不言而教、有无相生、绝圣弃智、处下不争、知止不殆、柔弱胜刚强、以百姓心为心、治大国若烹小鲜、以正治国和以奇用兵、治人事天莫若啬、善战者不怒、不敢为天下先等。可见,《道德经》区区五千言,一字岂止千金?全书处处闪耀着管理智慧的光芒。

很多人对"无为"有误解,认为"无为"就是不作为、不做事,这是不对的。老子在《道德经》中讲"合抱之木,生于毫末;九层之台,起于累土;千里之行,始于足下"。事物的发展都要遵循由小到大、循序渐进的过程,操之过急,人为地去干预,就如同"拔苗助长",适得其反。

因此，他接着说："为者败之，执者失之。"要强为定会失败，想把持定会失去，"是以圣人无为故无败，无执故无失"，因此，圣人顺其自然而不强为，所以不会失败。在另一个场合，老子还讲到："是以圣人处无为之事，行不言之教"，用顺其自然的方式处理事物，施行"不发号施令"的教化，进而达到"无为而无不为"的最高境界。整部《道德经》，最终落脚于"天之道，利而不害；圣人之道，为而不争"，以不争的方式去"为"，可谓画龙点睛之笔。

因此，老子提倡柔性管理、无为管理，以其处下不争，达到"天下莫能与之争"的组织目标。

在现代中国的社会实践中，老子管理思想和管理方式被广泛运用在社会组织管理中，从政府机关管理到社区管理、企业管理、学校管理、医院管理乃至图书馆管理，都有老子管理思想和管理方式的继承者和践行者。有些管理者对老子管理思想和管理方式的理解尚欠科学，对其消极影响的一面重视不足，有全盘继承的倾向。

毋庸置疑，老子所处的时代与当今社会的政治、经济、社会环境乃至国际关系等都发生了巨大的变化，尽管万事万物的"道"未变，但"形""势"已经今非昔比，因此，我们应该秉承"取其精华、去其糟粕"的科学态度对待老子的管理哲学、管理思想和管理方式，从中汲取积极成分来为现代管理服务。

作者研习《道德经》二十余年，深感老子哲学思想的博大精深。学以致用，方能致远。结合多年的心理咨询及企业管理实践，不思浅陋，历经数年时间撰写了《我心光明：〈道德经〉与心理健康》《安心立命：〈道德经〉与心理咨询》《无为而治：〈道德经〉与管理》系列作品，旨在从多个角度诠释《道德经》的应用。抛砖引玉，期待更多的国学大家、有志之士取得更多更好的《道德经》研究成果，将中华文化与文明发扬光大。

这本《无为而治：〈道德经〉与管理》，就是致力于将老子管理哲学应用于现代企业管理的一个尝试，书中错误在所难免，敬请方家不吝指正！

管理哲学各领风骚，管理理念因人而异，管理方法错综复杂，但管理之"道"没有本质的不同，不管你认不认识得到，它就在那里，一直在那里。从

一个管理层级跳出来,方可见到新的天地。这正是:

横看成岭侧成峰,远近高低各不同。

不识庐山真面目,只缘身在此山中。

齐安甜

2019 年 2 月

目　录

总序

自序

第一章　管理理论及发展 …… 1

管理的含义 …… 1

管理的特性：既具科学性又具艺术性 …… 3

管理的科学性 …… 4

管理的艺术性 …… 4

管理是科学性和艺术性的统一 …… 5

什么是管理者？ …… 5

愿景与使命 …… 5

管理职责 …… 6

管理谁？ …… 7

管理思想的演进 …… 8

主流管理理论 …… 10

早期管理理论的萌芽 …… 10

古典管理理论 …… 11

行为科学理论 …… 17

现代管理理论 …… 21

第二章　《道德经》蕴含的管理之"道" …… 26

老子与《道德经》 …… 26

老子其人 …… 26
老子为何要著《道德经》? …… 28
《道德经》是怎样一本书? …… 29
《道德经》的社会影响 …… 30
《道德经》要怎么读? …… 34
什么是“道”? 什么是“德”? …… 37
道 …… 37
德 …… 40
《道德经》中的管理之“道” …… 43
《道德经》与管理的内在逻辑 …… 43
“道”是企业管理的中心目标 …… 45
老子管理思想的特点 …… 47
企业家为什么要读《道德经》? …… 64

第三章 《道德经》蕴含的管理哲学 …… 79
老子管理思想的哲学基础 …… 79
老子管理哲学的特征 …… 80
老子管理哲学的形成路径——效法天地 …… 82
观“道” …… 82
观“天地” …… 83
观“水” …… 86
观“有道者” …… 88
老子管理哲学的核心——以人为本 …… 89
人是“道”的行为主体 …… 89
生命的本质在于效法自然 …… 90
以人为本重在无为而治 …… 92
老子管理哲学的思维方法——辩证思维 …… 98
矛盾普遍性 …… 98
量变质变规律 …… 102

上医治未病、防患于未然的智慧 …… 103
主要矛盾和矛盾的主要方面 …… 105
管理矛盾的相互转化 …… 107
祸福相倚、反者道之动的辩证思维 …… 110
老子管理哲学的方法论——对立统一 …… 116
“无”与“有”的对立统一 …… 117
“争”与“不争”的对立统一 …… 118
“无为”与“有为”的对立统一 …… 119
“进”与“退”的对立统一 …… 121
“刚强”与“柔弱”的对立统一 …… 122
老子管理哲学的落脚点——顺其自然 …… 122
“道法自然”的管理范式 …… 122
“太上，下知有之”的管理境界 …… 124
“治大国，若烹小鲜”的管理智慧 …… 125

第四章 《道德经》蕴含的管理者素养：修身之要 …… 132
尊道贵德 …… 132
尊道 …… 132
贵德 …… 135
管理者如何做到“尊道贵德”？ …… 139
诚信为本 …… 147
管理者应恪守信用 …… 147
管理者不可轻易许诺 …… 150
上善若水 …… 151
利于众生万物、造福社会的人生追求 …… 151
水之“七善”品性 …… 152
水之宽广胸怀 …… 156
宠辱不惊 …… 157
少私寡欲 …… 165

少私 …… 165
寡欲 …… 166
自知者明 …… 167
情绪管理 …… 169
公正包容、胸怀宽阔 …… 173
秉持“三宝” …… 175
“慈”是仁民爱物的管理品格 …… 176
“俭”是抱朴守真的管理人格 …… 177
“不敢为天下先”是以退为进的管理智慧 …… 179
如何秉持“三宝”? …… 180
谦卑处下:洁身自好的“四不”品格 …… 190
知止不殆、慎终若始 …… 201
居功不骄、功成身退 …… 203

第五章 《道德经》蕴含的管理谋略:谋事之法 …… 214
处下不争 …… 214
不与对手争强 …… 214
不与员工争利 …… 219
不言而教 …… 220
无为而治 …… 223
为何要“无为而治”? …… 223
怎样才是“无为而治”? …… 224
怎样才能“无为而治”? …… 226
“无为而治”到底有啥用? …… 231
以柔克刚、以弱胜强 …… 244
竞争之柔 …… 244
柔性管理 …… 248
创新发展 …… 250
何为创新?创新在于无中生有 …… 251

为何创新？企业发展离不开创新 …… 252
如何创新？创新的方式、原则与策略 …… 254
以人为本 …… 259
为何“以人为本”？ …… 259
怎样“以人为本”？ …… 260
和谐之道 …… 266
为什么要提倡“和谐”？ …… 266
人与自然的和谐 …… 270
人与社会的和谐 …… 271
管理者与员工的和谐 …… 272
管理者与自身的和谐 …… 274
以屈求伸、以退为进 …… 280
以正治国，以奇用兵 …… 282
服务社会、顾客至上 …… 286
积少成多、见微知著 …… 292

参考文献 …… 305

第一章

管理理论及发展

管理的含义

管理是当今社会最频繁使用的词汇之一。管理起源于人类的共同劳动,自古有之。当人们组成群体要实现共同目标时,就必须有管理,以协调群体中每个成员的活动。在现代社会,管理活动作为人类最重要的一项活动,广泛地存在于社会生活的各个领域,小至个人、家庭或团体,大到国家、地区或社会。可以说,现代社会的发展离不开管理。

作为一个领域,管理是多层面的,具有十分丰富的内涵。管理本身也是一门学科,而且是一门年轻的新兴学科。现代组织的诞生,距今只有短短100年左右的历史。就是伴随着现代组织的诞生和发展,管理作为一门学科才得以诞生并不断发展。

管理是什么?如何从本质上进行定义?

比如,窗帘是什么?通常的回答是“布”,或者是“百叶窗”。但是,从本质上考虑这种说法是不对的,应该说窗帘本质上是换气调光的设备。

因此,不应在行为管理、科学管理这个层面来理解管理,而应把它看成是如何使人的行为在一个组织当中按照最有效率的方式去活动,从而达到预定的组织目标。

首先,管理的第一个要素是目标,从经营概念来讲是绩效,从非经营概念来讲是目标;其次,一定是在组织范围内才是管理。一个行走在沙漠中的人,一旦不属于任何组织,就没有了管理问题。因此,谈管理离不开组织,只有组织才需要管理,这是由特定的目标和资源的稀缺性决定的。任何目标都是在有限的人和资源的条件下达成的,目标确定就需要管理,目标不存在的时候就不需要管理了;再次,设定激励、约束和惩罚机制,人在组织中活动的方式和游戏规则始终是管理的重点。

因此,所有的管理书籍无外乎三个大类:目标、组织、人群行为,管理学流派也大多由这三个方面派生。那么,我们就来看看管理学大师们是如何定义管理的。

“管理是一门学科,管理学科把管理当作一门真正的综合艺术。”这是美国管理学大师彼得·德鲁克(Peter F. Drucker)于 1954 年和 1989 年提出的他对管理的看法。

“管理就是决策。”这是 1978 年诺贝尔经济学奖获得者赫伯特·西蒙(Herburt Simon)提出的观点。他把决策过程分为以下四个阶段:

(1) 调查情况,分析形势,搜集信息,找出决策的理由。

(2) 制订可能的行动方案,以应对面临的形势。

(3) 在各种可能的行动方案中进行抉择,确定比较满意的方案,付诸实施。

(4) 了解、检查过去所抉择方案的执行情况,做出评价,制订新的决策。

决策过程实际上是任何管理工作解决问题时所必经的过程。因此,从这方面看,认为管理就是决策是符合管理实际的。

“管理就是设计并保持一种良好环境,使人在群体里高效率地完成既定目标的过程。”这是美国著名管理学家哈罗德·孔茨(Harold Koontz)和海因茨·韦里克(Heinz Weihrich)在 1993 年《管理学》(第十版)中仍坚持的观点。他们将这一定义展开为:

(1) 作为管理人员,需要完成计划、组织、人事、领导、控制等管理职能。

(2) 管理适用于任何一个组织机构。

(3) 管理适用于各级组织管理人员。

(4) 所有管理人员都有一个共同目标。

(5) 管理关系到生产率,意指效益和效率。

我们认为这一定义真正的闪光点,在于它首次提出了管理定义中包含了设计并保持一种良好环境。它满足了组织行为学和管理伦理学对管理提出的最基本的要求,也体现了管理对人的起码的尊重和关怀。这正是时代进步的一种标志。

综合以上学者的研究,我们给出如下定义:

管理,就是在特定的环境下,通过计划、组织、领导、控制和创新等活动,协调以人为中心的组织资源,以实现既定的组织目标的过程。

这一表述包含以下几层含义:

(1) 管理是一项有目标的活动。管理是一项有意思、有目的地进行的活动过程,管理的目的是实现组织的目标。世界上既不存在无目标的管理,也不存在无管理的目标。

(2) 管理工作的过程是由一系列相互关联、连续进行的活动所构成的。这些活动包括计划、组织、领导、控制、创新等,它们成为管理的基本职能。

(3) 管理的对象是组织的各种资源,管理的有效性集中体现在组织资源的投入、产出的比较上。因此,管理者必须把提高效益作为管理目标。

(4) 管理的本质是协调。协调就是使个人的努力与集体的预期目标相一致,每一项管理职能、每一次管理决策都要进行协调,而且都是为了协调。

(5) 管理工作是在一定环境条件下开展的。环境既提供了机会,也构成了威胁。也就是说,管理须将所服务的组织看成一个开放的系统,它不断与外部环境产生相互的影响和作用,要正视环境的存在。一方面,组织要适应外部环境的变化,并能充分利用外部环境提供的各种机会为创造优良的社会物质和文化环境尽“社会责任”;另一方面,管理的方法和形式要因环境条件的不同而随机应变。审时度势、因势利导、灵活应变对于管理成功至关重要。

管理的特性:既具科学性又具艺术性

在管理学界,对于管理究竟是一门科学还是艺术,一直是有争议的。

管理的科学性

管理的科学性是指管理作为一项活动过程,存在着其自身运动发展的基本客观规律。人们通过各种社会实践和科学研究,不断地总结经验、提出问题、验证推理,从中抽象总结出一系列反映管理活动过程中客观规律的管理理论和一般方法。

人们利用这些理论和方法来指导社会实践,又以管理活动的结果来衡量管理过程中所使用的理论和方法是否正确,使管理的科学理论和方法在实践中得到不断的验证和丰富。

早在管理理论形成的初期,古典管理理论的创始人亨利·法约尔(Henri Fayol)就指出:管理能力也应该像技术能力一样,首先在学校里然后在车间里得到。

20世纪以来,西方发达国家兴办各类管理学校,培养出大批管理人才。这些人才在管理实践中运用所学知识取得了举世公认的成绩,成为促进社会进步的一种力量。因此,可以说管理是有规律可循的,是可以通过学习和传授而得到的。要成为优秀的管理者,就必须经过系统的管理知识的学习和训练,否则,就只能停留在感性认识的阶段,不能触类旁通和融会贯通。

管理的艺术性

管理也体现其艺术性的一面。管理的艺术性是指管理在运用时具有较大的技巧性、创造性和灵活性,很难用陈规或原理将其禁锢起来,具有很强的实践性。学校是培养不出"成品"经理的。

要成为一个合格的管理者,除了要掌握管理科学的基本知识外,更重要的是要经过管理实践的长期锻炼,要有一个经验积累的过程。

在管理活动中,任何组织的管理者所开展的各项工作都是以人为核心的,而人的心理素质和行为方式各不相同,最显著的表现是管理活动中每个人都具有不同的个性风格。

由于管理者是在一定的具体情景中进行管理活动的,为了进行有效的管理,就必须既要考虑具体情景的特点,又要考虑执行者的个性特点,绝不能机械地生搬硬套管理理论和原则。也就是说，仅仅学习原理和原则还不能保证管理的成功。

管理是一项创造性的劳动，要求管理者在管理实践中必须发挥积极性、主动性和创造性，利用个人的智慧、知识和经验，因地制宜地将管理理论与具体的管理活动相结合，实现有效的管理。

管理是科学性和艺术性的统一

管理的科学性和艺术性并不是相互对立、相互排斥的，而是相互补充、相互印证的。管理理论和管理艺术研究的都是管理实践。不同的是，管理理论研究的是管理活动中普遍的、必然的规律性，强调了理论的指导作用；管理艺术研究的是在具体情境中管理活动的特殊性和随机性，强调了管理是创造性劳动的本质。可见，两者的黏合剂是实践，实践能够把经验上升为理论，又反过来通过理论指导实践；科学理论需要创造性的艺术来形成，同时，理论的运用也必须讲究艺术。从这个意义上讲，管理实践是科学性和艺术性的有机统一。

什么是管理者?

愿景与使命

任何管理活动都是通过人来进行的，人是进行管理活动的主体。根据我们对管理含义的理解，管理者（本书也称领导者、领导人，不做详细划分）是指通过协调他人的活动以达到实现组织目标的人。虽然这些人有时也要完成一些具体的工作，但是他们的主要职责是制订整个组织或分机构的目标，并创造出一种能引导其他人参与工作的良好环境，有效地实现组织目标。

管理是任务，也是一门学科，但管理也是人的管理。与内科医师、工匠或律师的工作不同，管理工作总是在组织中进行的——是在人际关系网络中进行的。因此,管理者本身总是在扮演着模范角色,他的所作所为至关重要。每项管理成就都是管理者所取得的成就,每项管理失败也都是管理者的失败。实施管理的是人,而不是“力量”或“事实”本身。同时,真正决定管理成功或管理失败的,是管理者的愿景、奉献和正直程度。

有这样一则古老的故事:当三位石匠被问到他们正在做什么时,第一位石匠说:“我在谋生。”第二位石匠边打石头边说:“我在做全国最好的雕石工作。”第三位石匠眼中带着想象的光辉仰望天空说:“我在建造一座大教堂。”

第一位石匠“做一天工作,领一天薪水”没有错;第二位石匠则是“专业的顶尖专家”,关注的是专业的领域;而真正的管理者必须要有愿景与道德责任,犹如第三位石匠有着崇高的愿景和巨大的使命感。

管理者是工商企业的基本资源。在一个完全自动化的工厂中,可能几乎没有一个普通员工,但一定会有管理者——事实上,会比以前的工厂拥有更多的管理者。

在绝大多数企业中,管理者都是最珍贵的资源——而且是贬值最快、最需要持续予以补充的一种资源。建立一支管理者队伍需要多年的时间,但由于管理不当等原因却可以使企业在很短的时间内垮台。管理者的人数和每一个管理人员所代表的资本投资,必然会持续地增长——正如它们在过去半个世纪里所实现的增长一样。与此同时,企业对其管理者能力的要求,也将逐步提高。

管理职责

管理者如何进行有效管理以及被有效管理的方式,决定着企业的目标能否达到,而且还在很大程度上决定着企业是否能够很有效地对工人和工作进行管理。这是因为工人的态度所反映的首先就是其管理当局的态度,并直接反映出管理当局的能力和结构。工人的效率,在很大程度上取决于对他进行管理的方式。

管理者的工作中,有五项基本作业。这五项作业综合起来,就实现了资源的整合,使其成为一个活生生的成长中的有机体。

首先,管理者要制订目标。管理者决定目标应该是什么,为了实现这些目标应该做些什么，这些目标在每一个领域中的具体目标又是什么。他把这些目标告诉那些与目标的实现有关的人员，以便可以有效地实现所制订的目标。

其次，管理者要从事组织工作。他分析所需的各项活动，做出决策并分析它们之间的关系。他对工作进行分类，把工作划分成可以进行管理的各项活动，然后进一步把这些活动划分成可以进行管理的各项作业。然后，他把这些单位和作业组合成为一个组织结构，并选择人员来管理这些单位和实施这些作业。

再次，管理者要从事激励和沟通工作。他把担任各项职务的人团结起来，组建成一个团体。为了做到这一点，他可以通过日常的工作实践，通过自己与同事的关系，通过有关报酬、安置和提升的“人事决策”，通过与下级、上级和同级之间持续的双向沟通等。

管理者工作中的第四个基本因素是衡量。管理者要建立各种标准——很少有哪些因素对整个组织和组织中的每一个人都具有同等的重要性。因此，他要注意为每一个人确定一种衡量标准，使之既集中精力于整个组织的绩效，同时又关心员工本人的工作并帮助他做好工作。此外，管理者还要对绩效进行分析、评价和解释。正如在他工作的其他领域中一样，他要把这些衡量标准的含义和结果通报给他的下级、上级和同级。

最后，管理者要培养人才，包括他自己。

在管理者的上述五项工作中，每一项都可以进一步细分为若干子项，而每一个子项都可以写一本书来进行专门探讨，而且每一项工作都要求有不同的品质和资格。

管　理　谁?

一个管理者容易犯错误的地方在于弄不清楚是管理自己还是管理别人。一个人印了名片当上总经理之后，你会发现他开始抱怨别人，似乎管理就是管别人，让别人按照自己的想法做事，而且只要管理不好就是别人的错。实际上，一个人群行为的发动者是其组织者，也就是董事长、总经理，目标是他们订的，组织架构也是他们订的，他们牢牢把握主动权，所以所有的责任都应该归在他们身上。伟大的人管理自己,而不是领导别人。

企业要持续发展、不断壮大,自主创新势在必行,其中的关键就是“人”的问题,是企业高层管理的问题,是知识工作者的问题,他们对成败具有不可推卸的责任,即成败取决于他们的知识、洞察力和管理素质,取决于他们的创新与企业家精神。

正如现代管理学之父彼得·德鲁克所指出的,管理者必须对企业的经济绩效、员工的成就、创新和社会的发展承担责任,而且管理者的责任永远大于权力。在很早以前,德鲁克就倡导对人的重视:员工是企业最重要的资产;组织为知识工作者提供发展空间;薪水买不到忠诚;顾客买的不是产品,而是满足。在谈到任何问题时,他总是不忘提到:人,才是重点。

管理思想的演进

管理活动源远流长,从历史上看,管理与人类社会几乎同时产生。有了管理实践后,人们必然对这种实践活动以及经验进行研究、总结和探索,于是便产生了管理思想。但管理实践乃至管理思想的出现,并不意味着管理科学的产生。

事实上,管理科学是在经历了一段漫长的历史发展过程后,直到19世纪末20世纪初才逐渐形成的,以后又随着管理实践的不断发展和社会生产力的不断提高,管理科学才得以不断地丰富和完善。

纵观管理学的形成和发展的历史,大致可以分为以下几个阶段:

(1) 早期管理活动与管理思想产生阶段(从人类社会产生至18世纪中叶)。在这一阶段,人类仅仅为了谋求生存而进行各种活动,自觉不自觉地进行着管理活动,但由于组织规模很小,管理的重要性尚未充分显示,人们对管理的认识还十分有限,大多凭经验进行管理。

(2) 管理理论的萌芽阶段(从18世纪中叶至19世纪末)。这一时期,欧洲逐渐成为世界的中心,欧洲各国在社会、政治、经济、科学技术等方面经历了几次大变动——几次大规模的资产阶级革命;商业城市发展;机器大生产和工厂制度逐步代替家庭手工业。伴随上述变化，管理的地位越来越重要和突出。于是，许多理论家特别是经济学家，开始探讨管理问题，他们的著作中也越来越多地涉及有关管理的职能、原则、技术、方法等问题。但这些管理思想都是某个人或某个集团对某一活动的单一管理实践和管理思想的体现，还没有形成一个完整的系统。

(3) 科学管理阶段或古典管理理论阶段(从 19 世纪末至 20 世纪 20 年代)。这是资本主义从自由竞争向垄断过渡的时期，由于科学技术的进步、生产力的发展、企业规模的扩大、生产社会化程度的提高，使企业管理工作更加复杂，对管理的要求越来越高。与此同时，企业主为了获得高额利润，往往增加工人劳动强度、延长工作时间、降低工人工资，导致劳资双方矛盾不断扩大。这一切表明传统管理已远不适应生产力的发展。这种状况引起了企业家、工程技术人员的注意。他们开始进行多方面的探索和试验，并力图把当时的科学技术成果运用到企业管理的实践中去。于是，管理作为一个独立的研究领域，管理学作为一门独立的学科，应运而生。

(4) 早期的行为科学理论阶段或新古典管理理论阶段(从 20 世纪 30 年代至 50 年代)。这一阶段，随着机器大工业的迅速发展，生产规模和生产社会化程度空前提高，管理人员和职工队伍的文化水平越来越高，生活条件也有了一定改善，人们的思想行为变得复杂起来。科学管理理论的基本立足点却是把工人看成单纯的“经济人”，强调对其进行严格的控制和操作规范化。这虽然在提高劳动生产率方面发挥了显著的作用，但同时也激化了劳资矛盾。员工在生产中不仅有物质方面的要求，而且需要有精神上的多方面要求。在此情况下，西方一些管理学家开始突破古典管理理论的局限性，重视生产过程中的“人”的行为因素的研究。于是，人际关系学说及以后的行为科学便应运而生了。

(5) 现代管理理论阶段或管理理论丛林阶段(从 20 世纪 50 年代直至现在)。第二次世界大战后，西方的科学技术和生产力进一步发展，企业规模急剧扩大，市场竞争更加激烈，企业经营管理问题越来越复杂。这一时期，新的科学领域不断拓展，特别是系统论、控制论、信息论和电子计算机等最新研究成果，在企业管理中广泛应用。越来越多的学者从事管理理论的研究,使管理学大量吸收全部人类研究成果,出现了百花齐放的繁荣局面。

主流管理理论

早期管理理论的萌芽

18世纪中叶,西方国家相继发生了产业革命。产业革命大大推动了生产技术的进步,使人力资源与自然资源的大规模结合成为可能,以手工技术为基础的资本主义工场手工业开始过渡到以机器大生产为特征的资本主义工厂制度。工厂制度的产生,导致生产规模的扩大、专业化协作的发展、投入生产的资源增多等,这就带来一系列迫切需要解决的新问题。比如,工人的组织、分工、协作、配合问题,工人与机器、机器与机器间的协调运转问题,劳资纠纷问题,劳动力的招募、训练与激励问题,劳动纪律的维持问题,等等。在这种形势下,一些管理先驱者从不同角度对管理进行了理论研究,其中对以后管理理论的形成有较大影响的代表人物有亚当·斯密(Adam Smith)、罗伯特·欧文(Robert Owen)、查尔斯·巴贝奇(Charles Babbage)等,以亚当·斯密的劳动分工与"经济人"思想为代表。

英国古典政治经济学家亚当·斯密在1776年发表的代表作《国民财富的性质和原因的研究》中,最早对劳动分工进行了研究。他以工人制造大头针为例,详细阐述了劳动分工可以极大地提高劳动生产率:如果一名工人没有受过专门的训练,恐怕一天也难以制造出一枚24针来,如果把制针的程序分为若干专门操作,平均每人"一日也能成针十二磅"(大约48 000枚)。他还进一步阐述了劳动分工之所以能提高劳动生产率的原因:第一,劳动分工可以使劳动者专门从事一种单纯的操作,从而提高工人技术的熟练程度;第二,劳动分工可以减少由于变换工作而损失的时间;第三,分工使劳动简化,可以使人们把注意力集中到一种特定的对象上,有利于发现比较方便的工作方法与改进机器和工具。

亚当·斯密还提出了"经济人"的观点,认为人们在经济活动中追求的是个人利益,社会利益是由于个人利益之间的相互牵制而产生的。亚当·斯密的分工理论和"经济人"观点,对后来西方管理理论的形成有巨大而深远的影响。

亚当·斯密的理论使世人倍感震惊,同时启迪了人们的智慧。西方世界在"分工理论"的指导下,展开大规模的社会实践,包括专业化分工,继而动力、机器和技术的应用以及资本的集聚和集中,加速了工业化的进程,加速了财富的创造,推动着企业之间"社会分工体系"的不断深化。同时,推动着企业内部"劳动分工体系"的不断深化,开启了现代社会的大门,导致大企业或大组织机构的产生,导致今天"机构型社会"和"员工型社会"的形成。由于种种原因,古典经济学的"分工理论"没有向"企业组织"的研究方向发展,而是向"资源配置"的研究方向发展。因此,研究"组织和人"的任务,就历史性地落在了管理学的肩上。

与西方微观经济学强调"分工、专业化、规模经济或资源配置方式"相对应,管理学家强调"分工理论"中更为本质的命题,强调"组织的功能",强调"企业组织及其管理"在培养人才、传授知识和技能、深化分工协作体系、协调人际关系和系统创新等方面,对物质财富创造的作用。钱德勒(Alfred D. Chandler)的研究表明,企业的效率、财富的创造来源于专业化分工基础上的协同,来源于管理的有效性,而不单纯来源于资源配置的方式。"协同"涉及人的主观意愿、自由意志和情感诉求,这是企业组织的本质,也是"管理"的核心命题。依靠管理实现有效协同,是组织的力量源泉,是财富创造的内在秘密。为此,钱德勒把自己的理论冠名为"看得见的手",对应于古典经济学"看不见的手",以强调管理功能的重要性,强调建立管理学科去指导社会实践的必要性。

古典管理理论

19 世纪末 20 世纪初,伴随第二次科技革命,电力、内燃机等新技术在企业中广泛应用,大大促进了资本主义生产的发展,推动了资本的积累和集中,企业的生产规模不断扩大,生产技术更加复杂,生产的专业化、社会化程度日益提高。同时,随着自由竞争资本主义发展为垄断资本主义,企业主为了获得高额垄断利润,往往采取提高工人劳动强度、延长工人工作时间、降低工人工资等办法,导致劳资双方矛盾不断扩大。此时,单凭企业主的个人经验和传统管理方式已然行不通,客观上要求由科学的管理来代替传统的经验管理。

正是基于上述形势的客观需要,为了适应生产力的发展,改善管理的粗放和低水平,当时在美、法、德等国家都产生了科学管理运动,从而形成了各有特点的管理理论。尽管这些管理理论的表现形式各不相同,但其实质都是采用当时所掌握的科学方法和科学手段对管理过程、职能和方法进行探讨和试验,形成了一些以科学方法为依据的原理和方法。出现了以泰罗、法约尔等为代表的着眼于寻找科学组织生产、提高劳动生产率的古典管理理论。

1. 泰罗的"科学管理理论"

弗里德里克·W. 泰罗(Frederick W. Taylor),出身于美国费城一个富有的律师家庭,中学毕业后考入哈佛大学法律系,但不幸因眼病终止了学习,到一家机械厂当徒工,1878 年进入费城的米德维尔钢铁公司当技工,由于工作突出,先后当了领班、车间工长、总机械师、总绘图师,1884 年任总工程师。1898—1901 年,泰罗受雇于宾夕法尼亚的伯利恒钢铁公司。1901 年以后,他把大部分时间用在写作和演讲上。他的代表著作有:《计件工资制》(1895 年)、《车间管理》(1903 年)和《科学管理原理》(1911 年)等。泰罗在这些书中提出的管理理论奠定了科学管理的理论基础,标志着管理科学的正式形成,泰罗也因此被西方管理学界称为"科学管理之父"。泰罗的"科学管理理论"主要内容包括以下几个方面:

(1) 工作定额原理。泰罗认为,提高工人劳动生产率的潜力非常大。工人之所以"磨洋工",是由于雇主和工人对工人一天究竟能做多少工作都心中无数,而且工人工资太低,多劳也不能多得。为了发掘工人的劳动生产率潜力,就必须制订出科学的操作方法和有科学依据的"合理的日工作量"。为此,必须进行"时间—动作"的研究。方法是挑选合适且技术熟练的工人,把他们的每一个动作、每一道工序及所使用的时间记录下来,然后进行分析研究,消除其中多余的不合理的部分,得出最有效的操作方法作为标准。然后,累计完成这些基本动作的时间,加上必要的休息时间和其他延误时间,就可以得到完成这些操作的标准时间,据此制订一个工人的“合理的日工作量”。

(2) 标准化原理。泰罗认为,要用标准操作方法训练工人,使工人掌握标准化的操作方法。同时还要使用标准化的工具、机器和材料,并且使作业环境也标准化。用标准操作方法进行操作,工人每天搬运生铁的数量可以提高 3.8 倍。

(3) 挑选和训练“第一流的工人”。泰罗指出,为了提高劳动生产率,必须为工作挑选第一流的工人。第一流的工人,是指他的能力最适合做这种工作而且他又愿意干这项工作的人,并不是指体力超过常人的“超人”。泰罗认为,健全的人事管理的基本原则是:要根据工人的能力把他们分配到相应的工作岗位上,并进行培训,教会他们科学的工作方法,使他们成为第一流的工人,激励他们尽最大的力量工作。

(4) 有差别的计件工资制。泰罗认为,工人“磨洋工”的一个重要原因是报酬制度不合理。计时工资不能体现劳动的数量,计件工资虽能体现劳动的数量,但工人又担心劳动效率提高后,雇主会降低工资率。针对这种情况,泰罗提出了一种新的报酬制度——有差别的计件工资制。这种工资制度主要通过制订合理的工作定额,实行有差别的计件工资制来鼓励工人完成或超额完成工作定额。也即按照完成工作定额的不同情况规定差别工资率:完成定额的以正常工资率付酬,未达到工作定额标准的以低工资率付酬,超过工作定额标准的则以高工资率付酬。这种工资制度,促使工人掌握科学的操作方法,不断提高劳动生产率。

(5) 计划职能和执行职能相分离。泰罗认为,应该用科学的工作方法取代经验工作方法。工人凭经验很难找到科学的方法,而且他们也没有时间研究这方面的问题,所以应该将计划同执行分离开来,计划由管理当局负责,并设立专门的计划部门来承担,这样才能把分散在工人手中的手工艺知识和实践经验集中起来,使之条理化、系统化、标准化,然后要工人执行,而且对工人执行计划的情况进行控制,而工人就是服从管理当局的命令,从事执行的职能,并且根据执行的情况领取工资。在这里,泰罗明确了管理者和工人各自的工作和责任。

(6) 实行职能工长制。泰罗主张实行职能管理,即把管理工作进行细分,使每一管理者只承担一两项管理职能。泰罗将原来由一个工长负责的工作细分为八个职能工长负责,其中四个在计划部门分别负责纪律、工时成本、工作程序、指令卡四项职能,另外四个在车间分别负责工作分配、速度、检验、维修四项职能。每个职能工长在其职能范围内,可以直接向工人发布命令。这样,一个工人同时要从几个职能工长那里接受命令。后来的实践证明,这种多头领导的职能工长制容易引起混乱,因而没有得到推广。但是泰罗的这种职能管理思想,对以后职能部门的建立和管理专业化提供了思路。

(7) 例外原则。泰罗认为,规模较大的企业组织及其管理,需要运用例外原则,即企业的高层管理人员为了减轻处理纷繁事务的负担,把例行的一般日常事务授权给下级管理人员去处理,自己只保留对例外事项(重大事项)的决策权和监督权。这种以例外原则为依据的管理控制原理,以后发展成为管理上的分权化原则和实行事业部制的管理体制。

(8) 劳资双方的"精神革命"。泰罗认为,雇主和工人两方面都必须来一次"精神革命",认识到提高效率对双方都是有利的。双方应把原来的相互对立变为互相协作,共同为提高劳动生产率而努力。双方应把注意力从过去的注意剩余的分配,转移到如何增加剩余上来,要把剩余这张"饼"做得足够大,以致没有必要为"饼"的如何分配而争吵。

泰罗的上述理论,在今天看来也许是平常的,但在19世纪末20世纪初,泰罗的理论使企业管理掀起了一场声势浩大的革命,开创了科学管理的新阶段。从此,企业管理从只凭经验管理,走上了科学管理的道路。列宁对此的评价是:泰罗制也同资本主义其他一切进步的东西一样,有两个方面,一方面是资产阶级剥削的最巧妙的残酷手段,另一方面是一系列的最丰富的科学成就。

现代管理学家德鲁克认为:泰罗的发现是一个转折点,在泰罗以前,人们认为取得更多产出的唯一途径是增加劳动强度和劳动时间,但是泰罗发现,要取得更多产出的方法是工作得更聪明一些,也就是更具有生产力。他发现使工作具有生产力的责任不在于工人而在于管理人员。

这一时期，对科学管理做出贡献的还有另一些人。例如，吉尔布雷斯夫妇创立的动作研究；甘特发明的用于制订生产作业计划和控制计划执行的“甘特图”；福特(H. Ford)创立的汽车工业的流水线生产，促进了生产组织工作的进一步标准化，并为生产自动化创造了条件；等等。

由上可见，这一时期泰罗等人所研究的科学管理，是以工厂内部的生产管理为重点，以提高生产效率为中心，主要研究和解决生产组织方法的科学化与生产程序的标准化问题，没有超出车间管理的范围。

2. 马克斯·韦伯的“理想的行政组织体系理论”

德国社会学家马克斯·韦伯(Max Weber)的研究主要集中在组织理论方面，被后人称为“组织理论之父”。他的代表作是1921年出版的《社会组织和经济组织》(死后由他的妻子整理出版)。他的主要贡献是提出了所谓理想的行政组织体系理论(也称官僚行政组织理论)。这一理论的核心是:组织活动要通过职务或职位而不是通过个人或世袭地位来管理。他所讲的“理想的”，不是指最合乎需要，而是指现代社会最有效和最合理的组织形式。

韦伯的理想的行政组织体系具有以下特点：

(1) 明确的分工。每个职位的权利和义务都应有明确的规定，人员按职业专业化进行分工。

(2) 形成自上而下的等级体系。一个组织应遵循等级原则，上一级部门应控制和管理下一级部门，直到每一成员都被控制为止，形成一个自上而下的指挥链或等级体系。

(3) 人员的任用。人员任用应通过正式选拔，要完全按照职务的要求，通过考试和教育训练来实行。

(4) 职业管理人员。组织中的管理人员是专业的公职人员，而不是该组织的所有者。这些管理人员有固定的薪水和明文规定的升迁考核制度。

(5) 正式的规则和纪律。管理人员必须严格遵守组织中规定的规则和纪律，明确办事的程序。

(6) 非人格化。组织中成员之间的关系以理性准则为指导，只是职位关系而不受个人情感的影响。这种公正不倚的态度，不仅适用于组织内部，而且也适用于组织与外界的关系。

韦伯认为,这种体现劳动分工原理的、有着明确定义的等级和详细的规则与制度,以及非个人关系的组织模型是最符合理性的原则,是达到目标、提高劳动生产率的最有效的形式,并在精确性、稳定性、纪律性以及可靠性等方面均优先于其他组织。这是由于程序化的工作方式和结构化的正式关系网络,并用规则和法规来规范着人们的行为,能够消除管理者的主观判断,即使是人事变动也不会影响组织的正常运行。同时,这种组织模式对人没有偏见,无论是上级还是下属,无论是顾客还是员工,都应当一视同仁地遵守规则,使得领导的权威更多地来源于位置而不是个人。这样,组织可以更加公正、有效地运作。因此,它适用于所有的大型组织,如教会、国家机构、军队、政党、经济企业和各种团体。

3. 古典管理理论的特点

(1) 以提高生产效率为主要目标。泰罗等人从事的一系列企业管理科学研究,都是以提高生产效率为目标的。

(2) 以科学求实的态度进行调查研究。科学管理这一名称本身就表明泰罗等人对企业管理问题研究的科学、求实精神。为了提高劳动生产率,泰罗等人运用科学方法对生产方法的改进作了长时间的、大量的调查研究。例如,泰罗进行了著名的“铁块搬运试验”“金属切削试验”,吉尔布雷斯对砌砖工人动作与效率的关系进行了大量的调查研究。

(3) 强调以物质利益为中心,重视个人积极性的发挥。泰罗认为,生产效率的提高主要取决于工人个人积极性的发挥,物质利益则是刺激工人劳动积极性的唯一有效的手段。

(4) 强调规章制度的作用。泰罗等人在企业管理实践中,通过大量调查研究总结出一套科学管理的方法,如职能分工、劳动定额、操作规程、作业标准化、计件工资等,并主张把科学管理的措施形成企业规章制度,以约束工人在生产经营活动中的行为,并区别表现的好坏,给予一定的奖罚;强调组织中上下级的关系必须遵从规章制度,把规章制度作为企业组织重要的管理工具。可见,在企业管理工作中,应当重视规章制度对职工行为的约束功能和导向功能。

4. 古典管理理论的贡献与局限性

(1) 古典管理理论的贡献。古典管理理论家们建立了管理研究和实践的科学基础。他们把提高组织效率作为其研究的目标,把科学的方法运用到管理活动和管理过程中,使管理学成为一个独立的研究领域,使管理活动能够在科学的基础上进行,从而使管理者能够管理大型的复杂的组织。

(2) 古典管理理论的局限性。第一,对组织中人的因素的研究不够,一般只是把人看作"经济人"。第二,主要强调对组织内部有效运行问题的研究,而忽略了或较少地分析有关外部环境对组织的影响问题。第三,对解决管理实践中的协调问题以及为贯彻各种管理职能提供服务方面较少涉及。

行为科学理论

尽管科学管理理论和方法在20世纪初对提高劳动生产率起了很大的作用,但也激起了员工的不满和反抗。首先,金钱的刺激和严格的控制逐渐失去了应有的作用。其次,20世纪20年代组织环境日益复杂化,组织规模也日益扩大,市场竞争更加激烈,这要求管理者不仅要掌握技术、经济因素,而且还需要洞察社会、心理因素,重视人的因素。再次,工人运动有了进一步发展,工会的作用和工人的地位都有了明显的提高,使得管理者不能不考虑员工的因素。由于上述因素,对人的行为进行研究就变得十分迫切,于是产生了早期的人际关系学说,以乔治·梅奥及其领导的霍桑实验为典型代表。

乔治·梅奥(Gedrge Elton Mayo),原籍澳大利亚的美国行为科学家,人际关系学说的创立人。1924—1932年,由他负责在美国西方电器公司下属的霍桑工厂中进行了著名的霍桑试验。之所以在这个工厂进行试验,是因为霍桑工厂虽然有很好的物质待遇和福利条件,但是工人仍然愤愤不平,生产效率也很不理想。为了探究原因,1924年11月美国国家研究委员会组织了一个包括多方面专家在内的研究小组进驻这个工厂,开始了一系列试验,由此产生了人际关系学说。试验分以下四个阶段:

第一阶段:工场照明试验(1924—1927年)。

试验的目的是研究照明的强度对生产效率是否有影响,即工作环境与生产效率有无直接因果关系。试验是将挑选出来的工人分为二组,一组为"参照组",另一组为"试验组"。将试验组的照明条件做出各种变化,而参照组的照明度始终保持不变。试验结果:两组的生产效率都有了显著提高,且没有什么差异。结论是照明度与生产效率无直接因果关系。

第二阶段:继电器装配室试验(1927—1928年)。

试验的目的是研究福利和工作条件对生产效率是否有直接影响。为了有效地控制影响生产效率的因素,研究小组决定单独分出一组工人进行研究。他们通过改变工作时间长短、工资支付方式、劳动条件(进茶点、放音乐等)、管理作风、材料供应方式等,结果发现无论各个因素如何变化,产量都是提高的。且除了管理作风这个因素外,其他因素对生产效率没有特别的影响,管理作风最能改变产量,因为它能改变"工人的工作态度"。

经过几年的试验,有人提出要放弃。在一次哈佛大学的俱乐部活动中,该大学的工业研究副教授梅奥了解到此事,并应邀继续进行试验。因为梅奥有心理学和社会学方面的知识,所以他认为前两个阶段产量提高的原因在于参加试验的工人的心理状态发生了变化,使得工人感觉到自己受到了重视,因而工人的士气和工作态度得到了改进。为了证实他的看法,于是他主持了后两个阶段的试验。

第三阶段:大规模访谈试验(1928—1931年)。

既然前两个试验表明生产效率提高的主要原因不是物质条件的改善,而是管理的方式和工人的士气等,那么就应该了解职工对现有的管理方式有什么意见,以便为改进管理方式提供依据。于是梅奥等人制订了一个征询职工意见的访谈计划。访谈试验持续了两年多的时间,研究小组的试验人员对工厂内的工人进行了2万多人次的访问谈话。计划开始时的想法是要求工人就管理当局的规划和政策、监工的态度和工作条件等问题做出回答。但在计划的执行中,访谈人员发现工人对这些问题根本不感兴趣,而想就调查提纲以外的问题发表意见。显然,工人认为重要的事并不是调查者认为的那些事情。于是,研究小组对访谈计划进行了调整。每次访谈之前,不规定谈话的内容和方式,工人可以就任何一个问题自由地发表一番,访谈者的任务就是让工人说话。有了这样一个自由发表意见、发泄心头之气的机会以后，虽然工作条件或劳动报酬实际上并未得到任何改善，但工人们却普遍认为自己的处境比以前好了，从而对生产的态度有了大大的改变，产量也随之提高。

通过这些研究发现，影响生产效率的最重要的因素是工作中发展起来的人际关系，而且一个人的工作效率高低不仅取决于他们自身的情况，还要受他的同事和其他人的影响，特别是受到一些在工作过程中产生的小团体的影响。于是进行了第四阶段的试验。

第四阶段：接线板接线工作室“群体试验”(1931—1932 年)。

试验的目的是要证实在以上试验中研究人员感觉到工人中似乎存在一种非正式组织，而且这种非正式组织的存在对工人的态度有着很重要的影响。研究小组为了系统地观察在试验群体中的工人之间的相互影响，安排了电话接线工作室的试验。他们挑选了 14 名男工，其中 9 名接线工、3 名焊工以及 2 名检验工，让他们在一个单独的房间内工作。除检验工外，其他 12 人分成 3 组，构成正式组织。采用的工资制度是集体计件制，目的在于要求他们加强协作，想给“慢手”造成压力，便于“快手”带动“慢手”。结果这种压力根本不存在。试验中，研究人员观察到工人们对于“合理的日工作量”有明确的概念，且这个工作量低于管理当局估计的水平和他们的实际能力。因为每个工人都自觉限制自己的产量，他们在产量水平上达成了某种默契，并运用团体的压力来促使人们共同遵守这一非正式的定额，这些压力包括讽刺和嘲笑等。如果某个工人在某天的产量高了，他也只会上报符合“合理日工作量”的部分，其余产品则会隐藏起来，以供第二天放慢生产速度后的补缺。工人们认为，如果产量超过这种非正式的定额，工资率就可能下降；而如果产量低于这个水平，则可能引起管理当局的不满。

另外，研究人员发现，在正式组织中存在着小团体，即非正式组织。在工作过程中或工作结束后，工人跨越正式组织的界限而相互交往，形成相对稳定的非正式团体。这种非正式团体有自然形成的领袖和自己的行为规范。比如，不应该提供过多或过少的产量，即工作不要做得太快，否则就是“害人精”，原因是怕标准再度提高和失业的威胁，同时也是为了保护工作速度慢的同伴的利益,但也不能干得太少,否则就是“懒惰鬼”;不应该成为“告密者”或向监工打“小报告”;不应当清高或多管闲事;不应当过分喧嚷;不应该在工作中一本正经,对同伴保持疏远态度或好管闲事;不应该自以为是和一心想领导别人;等等。违反这些规范则会受到某种形式的攻击和小团体的排挤。

梅奥对历时近八年的“霍桑试验”的结果进行了总结和分析,于1933年出版了《工业文明中人的问题》一书,标志着管理学发展到了“以人为中心”的新阶段。书中的理论被称作为“人际关系学说”,其要点有以下几个方面:

(1) 工人是“社会人”,而不是单纯的“经济人”。梅奥认为泰罗把工人看成是只追求物质利益的“经济人”,其倡导的科学管理方法主要是通过工作条件、工资报酬来刺激工人提高劳动生产率。但是,霍桑试验表明,工作条件、工资报酬等并不是影响劳动生产率高低的第一位因素。工人是“社会人”,工人除了有生理和物质方面的需求以外,他们还有很多社会、心理方面的需求,即追求人与人之间的友情、安全感、归属感和受尊重等。因此,强调必须同时从社会、心理方面来激励工人提高生产率。

(2) 企业中除了正式组织外,还存在着非正式组织。梅奥认为,企业中除了正式组织之外,还存在着“非正式组织”,即企业成员在工作过程中,由于共同的兴趣、爱好、处境、背景以及相容的个性特点等而自发形成的无形的群体体系,通常也有其“领袖”和不成文的规范、倾向与感情,左右着成员的行为。既然非正式组织对生产效率的提高有很大的影响,因此,不能只注意“正式组织”。非正式组织和正式组织尽管二者目标往往各异、利益不一致,但却是普遍存在的客观现象,能否协调好二者的行为、利益与目标,对生产率的提高有很大的影响。

(3) 新型的领导人员的领导能力在于提高工人的满足度,以提高工人士气和干劲,进而提高工人的生产效率。梅奥认为,促进生产率提高的最重要因素是工人的“士气”,而“士气”又取决于家庭、社会生活和企业内的人际关系,即取决于工人社会需要和心理需要得到满足的程度。在工人所希望满足的需要中,金钱只是一部分,更多的是安全的需要、归属的需要、尊重的需要等社会性心理需要。因此,领导者不仅要具有解决技术经济方面问题的能力，还要具有善于了解职工思想感情、掌握职工思想情绪、解决人际关系的能力，即要具有把企业的经济需求同职工的社会心理需求结合起来和统一起来的新型领导能力。

人际关系学说使管理学的研究从“以事为中心，以人来适应事”的阶段发展到“以人为中心”的管理阶段，使管理学的发展又向前推进了一大步，并为后来行为科学理论的发展奠定了基础。1949 年在美国芝加哥大学召开了一次有哲学家、精神病学家、心理学家、生物学家和社会学家等参加的跨学科的科学会议，讨论了应用现代科学知识来研究人类行为的一般理论。会议给这门综合性的学科定名为“行为科学”。行为科学蓬勃发展，产生了一大批影响力很大的行为科学家及其理论，主要有马斯洛(Abraham Maslow)及其需求理论、麦格雷戈(Douglas Mcgregor)的 XY 理论、麦克利兰(David McClelland)的成就需要论、赫茨伯格(Frederick Herzberg)的双因素理论、弗鲁姆(Victor Vroom)的期望理论等。

现代管理理论

西方现代管理理论的形成标志着西方管理理论进入了第三个发展阶段。它是在第二次世界大战后，随着社会生产力的发展以及社会学、系统科学、电子计算机技术在管理领域中日益广泛的应用而逐渐形成的。

1. 企业再造

所谓企业再造，是指为了获取可以用诸如成本、质量、服务和速度等方面的绩效进行衡量的显著的成就，对企业的经营过程进行根本性的再思考和关键性的再设计。这一定义揭示了企业流程再造的核心，来源于美国著名的管理专家迈克尔·哈默(Michael Hammer)和詹姆斯·钱皮(James A. Champy)合著并于 1993 年出版的《再造公司——企业革命宣言》一书。

企业再造的原则与方法如下：

(1) 紧密配合市场需求确定企业的业务流程。

(2) 根据企业的业务流程确定企业的组织结构。

(3) 以新的、柔性的、扁平化的和以团队为基础的企业组织结构取代传统的企业组织结构。

(4) 强调信息技术与信息的及时获取,加强企业与顾客、企业内部经营部门与职能部门的沟通与联系。

企业再造是围绕业务流程展开的。业务流程再造的关键是重新设计业务流程。再造不是对现有的东西稍作改良。要治本,重新做,要脱胎换骨。要做到脱胎换骨,就要求从根本上改变思路。

2. 学习型组织

学习型组织是指通过营造整个组织的学习气氛并充分发挥员工的创造性思维能力而建立起来的一种有机的、高度柔性的、横向网络式的、符合人性的、能持续发展的组织。美国学者彼得·圣吉(Peter Senge)于1990年出版了《第五项修炼——学习型组织的艺术与实践》一书,指出未来组织所应具备的最根本性的品质是学习。试图推动人们刻苦修炼,学习和掌握新的系统思维方法。要使组织变成一个学习型组织,必须具有以下五项修炼的扎实基础:

(1) 系统思考。系统思考是五项修炼的核心,强调把各个独立、片断的实践联系起来看,以发现其内在的互动关系。

(2) 自我超越。自我超越是五项修炼的基础,强调要认识真实世界并关注于创造自己最理想的境界,并由这两者之间的差距产生不断学习的意愿,不断地自我创造和自我超越。

(3) 改善心智模式。人们要学习如何改变自己多年来养成的思维习惯,摒弃陋习,下力气强制和约束自己进入新的心智模式,破旧立新。

(4) 建立共同愿景。所谓共同愿景,是指能鼓舞组织成员共同努力的愿望和远景,或者说是共同的目标和理想。共同愿景主要包括三个要素:共同的目标、价值观与使命感。"愿景"强调的是大家共同愿意去做的远景。因此,组织需要建立共同的理想、共同的文化、共同的使命,能使员工看到组织近期、中期和远期的发展目标与方向,从而使员工心往一处想,劲往一处使,使每个人的聪明才智得以充分发挥,使组织形成一种合力。

(5) 团队学习。团队学习就是组织化的学习或交互式的学习。团队学习是适应环境突变的最佳方式。唯有大家一起学习、成长、超越和进步,才能让组织免遭冲击,创造持续佳绩。

学习型组织突破了原有方法论的模式，以系统思考代替机械思考，以整体思考代替片断思考，以动态思考代替静止思考。该理论试图通过一套修炼方法提升人类组织整体动作的“群体智力”。现代企业和其他许多组织面临复杂多变的环境，只有增强学习能力，才能适应种种变化，未来真正出色的组织将是能够设法使组织各阶层人员全心投入，并有能力不断学习的组织，也就是“学习型组织”。

3. 知识管理

知识管理的研究最早始于美国。20 世纪 90 年代中期，知识管理蓬勃发展。目前，知识管理已经不仅仅局限于理论上的探讨，开始进入实用化阶段。

（1）知识管理的内容。知识管理可分为人力资源管理和信息管理两个方面。人力资源管理是知识管理的核心内容，人力资源管理就是一种以“人”为中心，将人看作最重要资源的现代管理思想。

知识经济时代决定企业成败的不仅仅是企业掌握了多少显知识和物化了的知识，更重要的是能够使那些隐知识转换为显知识。隐知识集中储存在人的脑海里，是个人所获得的经验和技能的体现、结合与创造性转化和发挥。知识管理就是要有效地实现这两类知识的转换并在转换中创新，它使企业能够明智地运用内部资源并预测外部市场的发展方向及其变化，对外部需求做出快速反应。

（2）知识管理的特点。首先，知识管理重视对组织成员进行精神激励。组织成员拥有不断创新和创造新的有用知识的能力，他们是组织知识创新的主体。因此，采取恰当的激励机制就显得尤其重要，它不仅注重物质激励，更注重精神激励——一种新型的精神激励，即赋予组织成员更大的权力和责任，使其更好地发挥自觉性、能动性和创造性。

其次，知识管理重视知识的共享和创新。未来组织间的竞争取决于其整体创新能力，有效的知识管理要求把集体知识共享和创新视为赢得竞争优势的支柱，创造一种组织知识资源能够得到共享和创新的环境。其目的是通过知识的更有效利用来提高个人或组织创造价值的能力。

再次，知识管理强调运用知识进行管理。传统管理是经验管理，而经验只是知识中的一个层次。管理科学产生后,管理的知识也是不完整、有失偏颇的。在知识管理中,管理的知识应当是完整的、全面的、有机统一的,它要求管理者能够掌握并在管理过程中综合地运用各种相关知识,使得管理活动卓有成效。将知识视为组织最重要的战略资源,把最大限度地掌握和利用知识作为提高竞争力的关键。

(3) 知识管理的实施。第一步,设立知识总监。设立知识总监或主管的目的是要在没有先例可循的情况下能够熟练地丰富、支配和管理不断发展的知识体系,以便有效地运用集体的智慧提高应变和创新能力,如可口可乐、通用电器、孟山都等公司都设立了知识主管。知识主管的主要职责为:了解公司的环境和状况,理解公司内的信息需求;建立和造就一个能够促进学习、积累知识和信息共享的环境,每个人都要认识到知识共享的好处,并为公司知识库的丰富做出贡献;监督保证知识库内容的质量、深度、风格,并与公司的发展相一致;保证知识库设施的正常运行与信息更新;加强知识的集成和新知识的产生,促进知识共享与生成的不断循环。

第二步,从市场和客户那里获得信息和知识。从市场和客户那里获得信息和知识是实施知识管理的重要途径。通过给客户提供超越业务范围相关知识的服务是企业获得信息和知识的重要手段。

第三步,建立知识与信息的共享网络和知识联盟。知识与信息共享网络主要有两种:一是内部网,二是虚拟网。二者都具有众多的功能。例如,美国的波音公司通过建立虚拟网络,实现了空军地勤的“无纸”开发。波音公司的员工无论在世界哪个角落都能使用相同的数据库。知识联盟有助于组织之间的学习和知识共享,使组织能够开展系统思考。知识联盟将比产品联盟更紧密和具有更大的战略潜能,它可以帮助组织扩展和改善自己的基本能力,从战略上创造新的核心能力。

第四步,以知识创新为基础设立职位。这体现了知识时代独特的管理理念。发达国家的许多公司都开始实施知识创新管理规则,即根据职员知识创新的表现发放奖金和晋升职位;此外,美国的 IBM 公司、日本各大公司等,还鼓励专业技术人员与管理人员进行岗位交换,目的是使职员获得更多的有关公司的整体化知识。

第五步，建立学习型组织。破除旧有的管理观念与思维模式的束缚，强调学习和“知识能力”的重要性，知识将成为创造财富及其附加价值的主体；获取和应用知识的能力，也将成为企业核心竞争力的关键。知识社会的来临使得企业再造和学习型组织成为时代的热潮。

第二章

《道德经》蕴含的管理之“道”

在人类伟大的文化遗产中，老子的《道德经》是最伟大的著作之一。它在全世界以许多文字翻译出版，发行量仅次于《圣经》。《道德经》是一部哲学著作，在政治、军事、修身等领域都有广泛的应用，也是一部独具特色的管理学著作。

老子与《道德经》

老 子 其 人

老子是我国古代思想家，生活在春秋时期，曾任东周史官，职位与经历使他接触了大量的文献史料，从朝代更迭和自然观察之中体悟出了深刻的哲学思想和管理理念。尽管老子秉承抱朴守拙、内敛虚静的处世哲学，但其圣贤之名却不胫而走。就连孔子也对老子的学识与修养惊叹不已：“鸟，吾知其能飞；鱼，吾知其能游；兽，吾知其能走……至于龙吾不能知，其乘风云而上天。吾今见老子，其犹龙邪?”老子为人慎独守静，百年人生仅留下五千字的一本《道德经》(也称《老子》)，还是在其退隐西域的途中，受函谷关关令尹喜恳求写下的。

老子是个什么人？司马迁《史记·老庄申韩列传》所说的应认为是最可靠的资料。其记载云：“老子者，楚苦县(今河南周口市鹿邑县，古楚之地)厉乡曲仁里人也，姓李氏，名耳，字聃，周守藏室之史也。”但《史记》同时也记载了不同的传说，说“世莫知其然否”，没有肯定的结论。目前的共识是老子大约生活在春秋末年，年长于孔子。作为道家思想的创始人，他不仅是中国古代最有影响的思想家、哲学家，而且在世界文化史上占有极其重要的地位。

根据《史记》记载，老子的官职是“周守藏室之史”。有人解释为图书管理员，有人不作解释，有人认为是兼管图书、档案、文物的一个不小的官，不是一般的图书管理员。后一种说法比较接近正确，不过文物恐怕不在其管辖之内。图书和档案同源，老子是国家图书馆馆长是可以肯定的。根据老子所处周代的礼法制度《周礼》记载，周代有多种“史官”，如“内史”“外史”等，“守藏室之史”是国家图书馆馆长，可能另有史官管档案。从老子的思想博大精深来看，也不可能只是一般的管理员，而与国家图书馆馆长这个职位相吻合。

老子身处的春秋末年，名义上没有改朝换代，仍然是周朝，但这一时期的社会、政治、经济各方面都发生了革命性的变化。分裂割据的局面日益形成。周天子的权力越来越小，诸侯势力越来越大。到了战国，周天子连一个小诸侯国君都不如。诸侯分立凭借的是什么？孟子说得好：“诸侯之宝三，土地、人民、政事”（《孟子·尽心下》），这是一个很深刻的概括，春秋战国时期的一切社会政治变化，都是围绕着这“三宝”展开的。

在这种背景下，诸侯频频发动战争，意图称霸天下，春秋时期先后出现“五霸”，到战国，迭起“七雄”。这一时期最显著的现象是各封建诸侯国间的战争趋于频繁和剧烈，并且战争的范围也由黄河流域扩展到了长江流域（如楚与吴、吴与越之间，时常发生战争，这是春秋前期未曾有的现象）。这类战争发生的原因，表面上似乎是由于“周室衰微，诸侯争霸”，实际上却是由于社会经济发展的推动。

封建贵族为满足其享乐欲望，一方面，在其所占有的地域内对农民尽量施行榨取，如增加地租、延长徭役、提高赋税等；另一方面，拼命掠夺别国的领土，即向外扩大榨取农民的范围。

即使在同一封建国家内的封建贵族集团间，为夺取权位的斗争也愈演愈烈。互相残杀，互相驱逐，成了家常便饭。《春秋》《左传》的记录中处处可见封建阶层内的“臣弑君,子弑父,弟弑兄”。

春秋时期,随着天子势衰,就出现了“礼崩乐坏”的局面。诸侯纷争,卿大夫们为一己之私利祸乱邦家。他们在夺取国君权力的同时,不但僭用诸侯之礼,甚至僭用天子之礼。按礼,天子的舞用“八佾”,这时季孙氏也用“八佾舞于庭”,孔丘斥责说:“是可忍也,孰不可忍也!”老子就是生活在这样一个礼崩乐坏、天下大乱的背景下。

老子为何要著《道德经》?

老子任“周守藏室之史”到了70岁,年老体衰,加之看到了周的衰微,于是辞职离周。他西出函谷关,受关令尹喜的恳求写下了五千言《道德经》。正如《史记》所说的:“老子修道德,其学以自隐无名为务。居周久之,见周之衰,乃遂去。至关,关令尹喜曰:‘子将隐矣,强为我著书。’于是老子乃著书上下篇,言道德之意五千余言而去,莫知其所终。”

既然老子“以自隐无名为务”,为什么要著书?既然老子认为永恒的“道”是不可言传的,为何要自著书来言“道”?白居易曾作诗提出这个问题并讥讽:“言者不如知者默,此语吾闻于老君。若道老君是知者,缘何自著五千文?”

笔者认为,欲抒发其管理理论以供当权者参考,这是老子著书的根本原因。显然,老子传达的“道”,在他看来还不是那个永恒的深不可测的“道”。老子之所以愿意写《道德经》,是因为他认为自己的这一套理论对于治国安邦极有价值。至于他内心感知而在他看来却难于传播的“道”更有价值。

其实,他何曾不想直接去协助国君治国?他写出《道德经》并说“道可道,非常道。名可名,非常名”(《道德经》第一章,以下简称“第一章”,全书同),笔者认为,这是暗示他身怀管理国家之理论方法,可重用,只是人家没有采用他的理论。据史料记载,老子曾游说过楚王,楚王也采纳过他的一些意见,但终因社会制度在发生巨变,没有被完全接受。老子感慨地说“吾言甚易知,甚易行。天下莫能知,莫能行”(第七十章)。古代君子一般得志时就要努力干一番大事,不得志时往往就蓬头散发而行。老子的态度则非常积极,他只说过“知我者希,则我者贵。是以圣人被褐怀玉”(第七十章),仅此而已，别无怨言。他骑青牛离周而去，也说明他的管理主张没有实现。于是，到函谷关，接受尹喜恳求而著书，也就是很自然的事了。

《道德经》是怎样一本书?

《道德经》是一部博大精深、词意锤炼的哲理诗作。这部被誉为"万经之王"的神奇之书，像宝塔之巅的明珠，璀璨夺目，照耀着我国的古老文明，对我国古代的哲学、科学、政治、宗教等各方面产生了深远的影响。无论对于中华民族的性格的铸成，还是对于政治的统一与稳定，它都起着不可估量的作用。

《道德经》以"道"为核心，构建了一套完整而独特的宇宙观、社会观和人生观，虽然只有短短五千余言，但超过与之同时期的无数鸿篇巨制，可谓博大精深，一字千金。

《道德经》又称《道德真经》《老子》《老子五千文》。西汉河上公《老子章句》将其分为八十一章，前三十七章为"道经"，后四十四章为"德经"，故名《道德经》。"道经"讲述了宇宙的根本，道出了天地万物的玄机和阴阳变幻的奥妙;"德经"说的是处世的方略，道出了人事的进退之术，饱含了长生久世之道。人们可以从《道德经》中领悟出对社会、文化、政治、经济、人生等诸多方面的指导和启迪，因而它越来越受到后人的推崇。

西汉末年，张陵创立五斗米道，奉老子为教祖，以《道德经》教诲道徒，并作《老子想尔注》，以宗教的观点解释《道德经》，自此成为道教的基本经典。

《道德经》提出以"道"为核心的哲学思想体系。它以道为宇宙的根本，阐述了道的本质、特点及其运动变化的规律。老子认为万物都生于道;道是没有形象，不可被感官感知的;是不断运行变动的，有着自己的规律;道虽产生万物，却不占有和主宰万物，是自然无为的。道之理，则分无、有两面。道常无，无名无形，先于天地鬼神，而为天地万物之始;道常有，生天地万物，具无穷之用。

《道德经》的哲学体系，标志着我国哲学思想达到了很高的程度，在中国哲学发展史上有重要的地位和深远的影响。要了解中国哲学，不可不读《道德经》。

《道德经》蕴含着丰富的辩证法思想,认为道是“周行不殆”、变动不居的。书中列举了许多对立的方面,如阴阳、祸福、有无、难易、前后、长短、高下、生死、强弱、损益等,说明事物对立的双方都是相互依存的。同时,认为对立双方可以相互转化,老子说“祸兮,福之所倚;福兮,祸之所伏”,包含着深刻的人生智慧。但老子过于夸大事物转化的必然性,并且较多地强调了“兵强则灭,木强则折”,由强大走向灭亡这一面。他说“反者道之动,弱者道之用”,用一个“反”字来概括道的运动,用一个“弱”字概括表述了由此引出的“柔弱胜刚强”的人生信条。

《道德经》对当时的社会、政治表示不满,有不少批评。它提出“绝圣弃智”“绝仁弃义”“见素抱朴”“少私寡欲”的人生态度和“小国寡民”“清静无为”的社会政治理想。书中提出的人生态度和社会政治理想,不免失之消极,但其思想中确也包含了深刻的智慧。它曾被人们广泛运用于各方面,发挥了重要的作用。在整个中国文化发展历程中,与儒家刚健有为的思想起着互补的作用。

《道德经》是万经之王。它之所以被称为“万经之王”,是因为它系统地揭示了宇宙的根本真理,揭示了宇宙万物形成和化生的源动力,揭示了人类与这个真理和源动力的根本依存关系,揭示了人类提升品质并回归大道的必由之路。

这部被誉为万经之王的神奇宝典,对古代中国的哲学、科学、政治、宗教等产生了深刻的影响,它无论对中华民族性格的铸成,还是对于政治的统一与稳定,都起着不可估量的作用。它的世界意义也日渐显著,越来越多的西方学者不遗余力地探求其中的科学奥秘,寻求人类文明的源头,深究中国古代智慧的底蕴。

《道德经》的社会影响

1. 研读《道德经》是社会共识,是为人处事、治国理政的根本

一提到《道德经》,“道可道,非常道”“上善若水”“大智若愚”“天网恢恢,疏而不失”等这些名句会不自觉地涌入我们的脑海里,一部只有五千言字的《道德经》,被人们阅读了几千年。这部被称为“万经之王”的中国历史上最

伟大的著作之一,也是被翻译成外国文字最多的中国文化名著。

《道德经》最初由传教士译成拉丁文介绍到西方,其朴素的唯物主义思想和辩证哲学震撼了欧洲学界。黑格尔把老子的哲学与希腊哲学并称为世界哲学的源头,而我们从马克思主义哲学中也能看出老子哲学的烙印。哲学家罗素、尼采、海德格尔,作家托尔斯泰,都是老子的崇拜者。

我们都知道亚当·斯密的《国富论》奠定了西方市场经济的理论基础,也知道亚当·斯密从弗朗索瓦·魁奈那里继承了“自由放任”的思想,鲜为人知的是他们与老子的关系。英国哲学家约翰·詹姆斯·克拉克指出,魁奈痴迷于中国文化,这些思想都源于老子的《道德经》,即来源于“无为”一词。美国总统里根被尊为美国历史上最伟大的总统之一,他在1987年的“国情咨文”中,引用了老子“治大国,若烹小鲜”的名言,引发美国的“老子热”,《纽约时报》将老子列为世界古今十大作家之首。

《纽约时报》曾做过一项调查,调查的第一个问题是:全世界出版发行量最大的是哪本书?答案中第一是基督教的《圣经》,第二就是中国的《道德经》;调查的第二个问题是:世界上最受欢迎的是哪本书?答案是老子的《道德经》。

在奥地利、瑞士等国家,很多有文化的中上层阶级会把《道德经》作为给自己孩子生日或婚礼的礼物。

古今中外的先贤圣哲对《道德经》推崇备至:

宋太宗说:伯阳五千言,读之甚有益,治身治国,并在其中。

唐玄宗说:其要在乎理身、理国。理国则绝矜尚华薄,以无为不言之教;理身则少私寡欲,以虚心实腹为务。

魏源说:老子之书,上之可以明道,中之可以治身,推之可以治人。

明太祖说:斯经乃万物之至根,王者之上师,臣民之至宝。

当代著名华裔美籍建筑师贝聿铭说:我时常读《老子》,我相信他的著作对我的建筑想法的影响可能远胜于其他事物。

林语堂说:我觉得任何一个翻阅《道德经》的人最初一定会大笑,然后笑他自己竟然会这样笑,最后会觉得现在很需要这种学说。

尼采说:《道德经》像一个永不枯竭的井泉,满载宝藏,放下汲桶,唾手可得。

黑格尔说:《道德经》是东方古代世界的代表。

耗散结构理论创始人,诺贝尔奖获得者普利高津说:道家在 2 000 多年前发现的问题,随着历史的发展,愈来愈清楚地展现在人类面前。

英国科学史学家李约瑟说:中国人性格中有许多最吸引人的因素都来源于道家思想。中国如果没有道家思想,就会像是一棵某些深根已经烂掉了的大树。这些树根今天仍然生机勃勃。

英国著名历史学家阿诺德·汤因比说:在人类生存的任何地方,道家都是最早的一种哲学。

英国诗人约翰·高尔说:《老子》的意义永无穷尽,通常也是不可思议的。它是一本有价值的关于人类行为的教科书。这本书道出了一切。

日本禅学大师铃木大拙博士说:我把他(老子)认作是东方的代表。

德国前总理施罗德说:每个德国家庭都该买一本《道德经》,以帮助解决人们思想上的困惑。

在《道德经》中,老子为君主提供了许多如何治理国家的建议,中国历史上不少帝王都对《道德经》钟爱有加。曾经有四位帝王,即唐玄宗、宋徽宗、明太祖和清世祖亲手批注《道德经》,这在中国文化史上也是独一无二的。相比而言,作为儒家的代表著作,尽管"半部《论语》治天下",历史上却没有一位帝王进行批注。

可见,无论国内还是国外,老子都被看作是一位智者和先哲,老子的影响力早已突破地域的局限,众多国外学者把《道德经》视为人生智慧、学术启发的宝典,并从中得益。

2. 《道德经》是中国传统文化的源头,百姓日用而不知

孔子说"不学诗,无以言",意思是不学习《诗经》我们就不能掌握说话的艺术。如今的很多日常用语都出自《诗经》,而当我们研读老子《道德经》时也会发现,同样有相当多的日常用词和成语出自《道德经》。

(1) 天长地久。出自《道德经》第七章:天长地久。天地所以能长且久者,以其不自生,故能长生。

(2) 上善若水。出自《道德经》第八章:上善若水。水善利万物而不争,处众人之所恶，故几于道。

(3) 受宠若惊。出自《道德经》第十三章：宠辱若惊，贵大患若身。何谓宠辱若惊？宠为下，得之若惊，失之若惊，是谓宠辱若惊。

(4) 视之不见、听之不闻。出自《道德经》第十四章：视之不见名曰夷，听之不闻名曰希。

(5) 深不可识(深不可测)。出自《道德经》第十五章：古之善为士者，微妙玄通，深不可识。

(6) 见素抱朴。出自《道德经》第十九章：见素抱朴，少私寡欲，绝学无忧。

(7) 自知之明。出自《道德经》第三十三章：知人者智，自知者明。

(8) 大器晚成。出自《道德经》第四十一章：大方无隅，大器晚成，大音希声，大象无形，道隐无名。夫唯道，善贷且成。

(9) 以德报怨。出自《道德经》第六十三章：为无为，事无事，味无味。大小多少。报怨以德。指用道德公正的眼光看待与别人的仇恨。《论语》中也有类似看法，即“以直报怨”。孔子曰“以直报怨，以德报德”，“直”乃指人的本心。即别人对我们怨恨或抱怨时，我们要自然地做出与他相仿的态度去对待他。

(10) 千里之行，始于足下。出自《道德经》第六十四章：千里之行，始于足下。为者败之，执者失之。是以圣人无为故无败，无执故无失。

(11) 天网恢恢、疏而不漏。出自《道德经》第七十三章：天之道，不争而善胜，不言而善应，不召而自来，坦然而善谋。天网恢恢，疏而不失。

(12) 老死不相往来。出自《道德经》第八十章：甘其食，美其服，安其居，乐其俗。邻国相望，鸡犬之声相闻，民至老死不相往来。

由以上例子可见，《道德经》不仅是一部道家圣典和哲学著作，它的影响已经渗透到我们日常生活的方方面面，虽然只有五千字，却是一部体现了华夏民族文化和智慧的经典巨著！

3. 《道德经》不仅是我国古老文明的智能结晶，也是一个知识的宝库

它不仅包含着深奥的哲理，而且蕴藏着自然科学、社会科学、人体科学、思维科学、系统科学诸多方面的基本素材，犹如汪洋大海，内容包罗万象。

它以罕见的深度、广度和精度而著称于世，不仅吸引着万千的学问家为之作注，探其玄秘，释其奥义，而且吸引了越来越多的中西方科学家步入这一古老的殿堂，探索其中的重大科学奥秘，寻求人类文明的源头，深究古代智能的底蕴。

《道德经》要怎么读?

《道德经》是艰涩的，它是中国最高的高山。老子或许是所有哲学家中最高寿的，思想也最透彻、孤绝、高深。《道德经》又是直白的，句句都是警句，全篇八十一章，如同八十一扇门，从哪一扇推入，都可见一番天地。

1. 看懂了老子的孤独，再看《道德经》

一本《道德经》，寂兮寥兮，空旷寂静，从头到尾，如入无人之境，独与天地精神往来。老子不怕孤单，与人不一样就不一样。“俗人昭昭，我独昏昏；俗人察察，我独闷闷。……我独异于人，而贵食母”(第二十章)；“吾言甚易知，甚易行。天下莫能知，莫能行。……知我者希，则我者贵。是以圣人被褐怀玉”(第七十章)；“上士闻道，勤而行之；中士闻道，若存若亡；下士闻道，大笑之。不笑不足以为道”(第四十一章)。

在当时的社会，老子渊博的学识得到了统治阶级的尊重，但他的治国理念和策略却没有得到认同和实施，由此看破红尘、悠然西去。老子的孤独说出来，就是《道德经》。“圣人之道，为而不争”(第八十一章)，这是《道德经》的最后一句，也是老子孤傲洒脱精神的体现。

在鲁迅的《故事新编》里，《道德经》是老子出关时敷衍关官所写的讲义，成书不过一天半，因为是讲义，不免有些翻来覆去的车轱辘话。

鲁迅虽是调侃，不过传说亦不太可信:关官在城头远远望见一股紫气，知道圣人要来，而刚好他又博学多识，问道于老子，老子便写了《道德经》交给他。

鲁迅是懂圣人的孤寒的，哪里遇得上这么多知音？干脆把关官写作俗人一个，让圣人继续孤独。于是在想象中，老子一边写，一边笑:你读不懂，我也不要你读懂，我只写给懂的人看。

老子随手挥笔五千言，意义都在言外，就让后人在语言的迷宫里悟吧。

读《道德经》若太执着于语言，就是只见树木而忽略了森林。

2. 不争，才能立于不败之地

老子一向的主张是：退、守、弱、柔。保全了自己，于是立足不败之地。古代乱世多暴君暴民，暴君杀暴民，暴民杀暴君，你来我往，整个时代都受罪。这可说是老子思想产生的原因之一。

再回过头来看“为而不争”，其实包含了一种策略，因而后世也有军事家把它当作兵家的韬略来看，不争无用之争，乃至以弱胜强。

当年红军打游击战的十六字：“敌进我退，敌驻我扰，敌疲我打，敌退我追”，不能不说是得益于《道德经》的灵感。

3. 将自己放低，才能与世无争

单纯把道德经当作兵家韬略是狭隘的，何况兵家胜败之事，如何不是争？“为而不争”的前半句是“圣人之道”，如何“为”，关乎为人处世之道。

孔子曾就此问道于老子，老子说“水利万物而不争”，孔子闻言悟道：“众人处上，水独处下；众人处易，水独处险；众人处洁，水独处秽。所处尽人之所恶，夫谁与之争乎？”

姿态低到尘埃里，故能与世无争。但同时，它又无所不利，润泽万物。

孔子有句类似的话是“矜而不争”，骨子里的矜是气节，流露于外只能是骄。君子内心高洁，但姿态是谦下的。

4. 说话太容易的时代，闭嘴是一门学问

不争，是老子心中的乌托邦，他要人们无知无欲，老死不相往来。这是老子理想化的一面，因为他身处乱世，深知人性之恶。

“不争”在《道德经》里频繁出现，偶尔也作“不诤”，这或许代表老子对人们最基本的要求，即语言上的不争执、不争辩。

《论语》中也常见类似的句子，如“君子欲讷于言而敏于行”（《里仁》），君子“敏于事而慎于言”（《学而》）。

不管是圣人还是君子，管好自己的嘴是基本修养，巧言令色的人向来为孔子所不齿，最重要的是——君子是要说真话的人，而真话往往不好听，所以更要慎言。

这个时代,谣言是流传最快的,炒作是最受关注的,谩骂、讨伐、煽情……或许每个时代都是如此,只是在说话尤其容易的当下,闭嘴是一门学问。

5. 不争,是因为对万物心怀悲悯

老子最伟大的地方,在于他的宇宙观,即“道”。他看君、看民、看圣人、看大盗、看鸡、看犬,从宇宙的角度看,因而更深刻、准确。

不争,是因为世间万物,息息相关。万物相互关联,构成一个和谐的整体。泰山上的一块石头,跟长白山上的一棵松树是息息相关的,一损俱损,一荣俱荣。每一个生命都以其他一切生命为背景,同时也与其他生命同体共悲。

一般书生之见、市侩之见,觉得老子消极、悲观、厌世;实用主义者,从中学习如何取巧、诡辩;走马观花的人,只取得一点他的空想与反叛……

有人说,《道德经》是老子写给后世的情书。但延续两千多年,老子依然最是孤独的人。因此,无论怎样读,最要紧的是读懂属于你自己的《道德经》。

具体研读《道德经》的方式,我认为不妨遵循以下几点:

(1) 听、说、读、写。听:聆听经义;说:所感所惑;读:精读经文;写:品思随想。

(2) 要立体的懂,不要点线的懂。立体的懂:豁然贯通,体悟经典的整体框架,感思经典的生命。点线的懂:记住了多少生字,记住了多少句子,只言片语,断章取义。

(3) 要多版本对比阅读。《道德经》是韵文,历来注本很多,文字、句读和注释都有许多不同,读时要注意。

(4) 厘清逻辑,学以致用。《道德经》的内容不是仅仅靠读和看别人的解释就能理解的,书中好多篇幅都是对天、地、人、万物的认识及其相关规律等,很多东西都是虚无看不到的,也可以说是用普通方法了解不到的,要通过厘清老子写作的内在逻辑,并运用到生活实践中,这才是最好的“读”。

什么是“道”？什么是“德”？

道

“道”字在中国古代文化中是最常用而又最复杂的一个概念，自从老子作五千言论“道”以来，后世不断有新的阐释。这里举出“道”的五个不同释义：

（1）道是道路的道。换言之，一条路，就叫作道。古代很多书上的注解：“道者，径路也”，就是这个意思。

（2）道是讲话的意思。这是古代中原文化习惯的用词，只要多看看中国古典民间通俗小说，就处处可见，“且听我慢慢道来”，即是此意。

（3）为一个理则，或为一个方法上的原理、原则的浓缩之名词，例如，《易经》说：“一阴一阳之谓道。”这就是说，道是一种规律，阴阳相推。在医药上的定理，有叫医道，或药物之道。用于政治上的原则，便叫政道。用于军事，可叫兵道。又如《孙子兵法》中所用的一句话：“兵者，诡道也。”甚至自古以来，已经为人们惯用的口头语，所谓“盗亦有道”。或者“天道”“地道”“人道”等的“道”字，都是指有某一个特定法则的道。

（4）道是形而上哲学的代号，如《易经》所说“形而下者谓之器”“形而上者谓之道”。形而下，是指物理世界、物质世界有形有相的东西；“器”字，就是指有形有相的东西。那么，超越于物质或物理的有形有相之上，那个本来体性，那个能为“万象之主”的又是什么东西呢？它是实在唯物的，还是抽象唯心的呢？这是我们自古祖先传统的答案，不是“物”，也不是“是”，心物两样，也还是它的作用现象而已。这无以名的它，便叫作道。例如，《道德经》一书，首先说的“道可道，非常道”的“道”，就是从形而上说起。其实，“大学之道”的“道”，也是从形而上而来的理念，且听后面慢慢道来。

（5）汉、魏时期以后，这个“道”字，又变成某一个学术宗派的最高主旨，或是主义的代号和标志。例如，“侠义道”或“五斗米道”等。到了唐代，佛家

(教)也用它来作代号,如“道在寻常日用间”。道家(教)更不用说,把它视为唯我道家独有的“道”了。推而衍之,到了宋代,非常有趣的,在儒家学说学派之外,却另立一“道学”名词,自以为在“儒家”或“儒林”之外,别有薪传于孔、孟心法之外的“道学”的道,岂不奇而怪哉!

《道德经》中,“道”是浑全之朴,是“众妙之门”。从某一侧面来理解,把它当成某一局部的东西,是盲人摸象,显然是片面的。从另一方面看,“道”生成了万物,又内涵于万物之中,“道”在物中,物在“道”中,万事万物殊途而同归,都通向了“道”,从这方面来理解,也有其合理的一面。

在现代,一些人根据西方哲学概念,把“道”解释成了“物质”“精神”或“规律”。这些解释都不符合《道德经》本义。“道”既不是有形的“物质”,也不是思虑的“精神”,更不是理性的“规律”,而是造成这一切的无形无象、至虚至灵的宇宙本根。“物质”“精神”“规律”皆是“道”的派生物。“道”是先天一气,混元无极,是宇宙中的能量,是太空的气场,是其大无外、其小无内、至简至易、至精至微、至玄至妙的自然之始祖、万殊之大宗,是造成宇宙万物的原始材料。“可道”“德”“下德”都是“道”的派生物。只有正确理解了“道”,才能正确理解“德”,从而以此为钥匙,正确理解《道德经》全书。

从常人的立场、观点和方法,用通常的经验和知识,顺着常规的思路,不可能对“道”的妙谛有真正的彻悟。因此,一般学者由于未能从万有中超脱出来,从各个侧面理解“道”,从常识的观点说明“道”,由此偏离《道德经》的本来意义,势所难免。对“道”的片面理解,必然造成对《道德经》一书的歪曲解释,埋没这本书的重大价值。

道是宇宙的本源,是天地万物众生的根蒂,是“无名,天地之始;有名,万物之母”。道,无色无相,无为无欲,不生不灭,不增不减。道,遍布于宇宙空间和时间之内,渗透于万事万物之中,与生俱来地潜藏于我们的心灵之中。

千江有水千江月,万里无云万里天。在宇宙大千世界之中,在虚态和实态的任何一个角落,我们都可以寻觅到道的踪迹。只要我们诚信做人,恪守“道”,便能让“心中之水”平静下来。

五千真言《道德经》开篇第一句“道可道非常道”,最起码有三种句读的方式:

(1) 道,可道,非常道。告诉我们:道由两部分组成:一部分叫常道。一部分叫非常道。道之可以说的那一部分,并不是所谓的长恒不变之道!道理可以讲出来,但是道理并不是不变的,随着时间、空间、环境的改变,道也会变,因为世界上唯一不变的就是变化。

(2) 道可,道非,常道。告诉我们:有人说你对,就有人说你不对。只要有人这样说,就有人那样说,这是常态,这个就叫常道。

(3) 道可道,非常道。这句话才是具有高度危险的话。告诉我们:道可道,道是可以讲的,但是你只能讲出一部分;非常道,没有人能讲出完整的道,因此,只要你讲出来的就不是真正完整的道。

以上每种的都代表不同的意思。对于《道德经》开篇的这六个字,我们现在最常用的解读方式就是:道可道,非常道。

这里再把《道德经》开篇“道可道非常道”的下一句解释一下,更有助于对上面论述的理解,即“名可名,非常名”。这句话的意思是说:道理可以用文字或者名词来描述,但是一个词的含义并不是恒久不变的,如许多词汇的含义都在改变,像小姐、同志这样的词,才产生几十年,含义就改变了。

“道”是《道德经》的核心范畴。可以说,老子的《道德经》就是围绕着道展开的。道是生养万物的本体。“道生一,一生二,二生三,三生万物。万物负阴而抱阳,冲气以为和。”(第四十二章)道生出气,气又分化为阴气和阳气;阴阳两气、阴阳交合所生的阴阳之气,加起来就是三,这个三分化衍生出了万物。

在《道德经》里面,道不仅是产生万物的最高存在,还是万物变化运动的规律。“反者道之动。”(第四十章)意思就是万物循环往复的运动变化都是根据道的规律进行的。

道是永恒不变的。万事万物,因为有生,所以就会有发展和灭亡种种变化,而道自身不生不灭。万物灭亡后,都要复归于道:“夫物芸芸,各复归其根。归根曰静,静曰复命”(第十六章)。这个万物的根就是道,道就是万物灭后最终的归宿。

由此观之,生灭只是一个变化。灭亡不是终结,而是万物回归于道的一个环节。因此,从道的角度,你也可以说,一切变化都是假的,因为道没有变过,只是相在变,所以庄子说“齐生死”。

老子说,人法天,地法天,天法道,道法自然。自然是对道法的修饰,也就是说,这里的道法是名词,道的法则。自然也不是我们现在理解的大自然,在古人著作中没有这种用法。道法自然,意思是说,道的法则是自然的,绝不可理解为道师法自然。自然说的是,万物自然地遵循道的法则。道不是强加于万物的,而是万物内部的动力,强调的是万物发展变化的动因是内在的,万物自然而然遵循道的法则。

《道德经》对道的描述可以归纳为三个字,即"一""无""玄"。

在《道德经》中,道和一是同义词。因为道是最原始的,产生世界的一。一有两层含义,首先是说道是唯一的本源;其次,说明道是一个整体,道是原始的事物尚未分化的形态。

《道德经》第三十九章:"天得一以清,地得一以宁;神得一以灵,谷得一以盈;万物得一以生。"这里的"一"就是指"道"。

无也是道的一个方面。道家认为,天地万物都是从无(道)生出来的,道的一个属性就是无。无不是绝对的空虚,不是没有的意思,而是说在道的层面,万物都没有产生,没有分化,没有名字,无象无状。

玄,也是《道德经》中对道的一种描述。玄一般指道的某一方面的性质,也可以代指道。《老子》第一章多次提到"玄"字,自王弼以下,诸家多作"幽暗""深远""无形""不测"解。

德

《说文解字》解:"德,升也。"因此,"德"可解为人的道德、人的"心性"往上升华之意。因"德"有往高层次上攀登之意,也指修炼者修炼的精进,所以"德"字从"彳"(chi 斥)旁。"彳,小步也,象人胫三属相连也。凡彳之属皆从彳。"(《说文解字》)"彳"就像人下肢的股、胫、足三节相连,意思是小步走。但"德"的这个小步走,不是跑,不是跳,不是在平地散步,也不是在原地踏步,而是一步一个脚印地往上走,向上攀登。

对常人而言,"德"的大小决定了一个人能力的大小、幸福的程度、轮回的方向和层次。因此,要"得"就得有"德",要"得"就得"失",要"得"就得"舍",要"得"就得付出。对修炼者而言,"德"的大小决定了修炼者修炼的难易程度、“功”的高低、可能达到的层次和果位。

“德”右边是“十目一心”。我们先说这里边的“一”字。我们现在都把“一”理解为数字，认为一就是最简单的了。实际上这个数字最复杂，在《说文解字》里对这个字的解释最多，里面谈“一”是什么呢？“惟初太极，道立于一，造分天地，化成万物”，所以这个“一”是万物之祖，是一切东西的始祖和本源。从一中派生出阴阳、派生出天地。因此，这一横实际就把天地分开了，上面是天，下面是地，而“十”就是“十方世界，四面八方”。大家看这个“德”字很有意思，在一的上面的“十目”就是说满天是眼。“一”的下面的心，当然就是人心，所以老天的眼睛看着人的心。过去有“三尺头上有神灵”“暗室亏心，神目如电”之说，就是说老天的眼到处都是，满天的眼看着地上。这就可以看出古人认为什么是“德”，就是不管有没有人看着你，有没有法律追究，你的行为都得符合天理才是真正的“德”。

现代人一看到“德”字，很自然地就会联想到“道德”，而且毫无疑问的，“道德”就是代表好人，而不好的，便叫他“缺德”。其实，把这两个字联系在一起，是汉、魏以后，渐渐变成口语的习惯，尤其是从唐代开始，把《老子》一书称作《道德经》。因此，道德便成为人格行为最普通且又是最高的标准了。

但是，根据传统的五经文化，又有另一种解释，“德者，得也”。这是指已经达到某一种行为目的，便叫德。《尚书·皋陶谟》篇中的定义，共有九德——九种行为的标准是“宽而栗，柔而立，愿而恭，乱而敬，扰而毅，直而温，简而廉，刚而塞，强而义”。在《尚书·洪范》篇中，另外说到三德：“一曰正直，二曰刚克，三曰柔克”。在《周礼·地官》篇中，又有讲到六德：“知、仁、圣、义、中、和”。孔子在《论语》中讲“仁、义、礼、智、信”五德。古人对天地神灵非常敬畏，能尊道守德，故德性好，福分大。

另外有关“德”字，在魏、晋以后，因为佛教、佛学的普及，提倡“布施”，教导人们必须将自己所有，尽心施放恩惠，给与众生，这样才有修行的功绩基础。由此采用《书经》上的一个同义词，叫作“功德”。后代人们有时讲到“德”字，就惯性地与“功德”一词的观念连在一起，这里附带说明，以便大家了解。

老子曰：“万物莫不尊道而贵德”，万物非道不能生，非德不能成。天、地、人和万物之所以能生存发展,皆是源于道德的养育。德是一种看不见、摸不着而确实存在的高能量物质。可以说,“德”字决定着人的一切,德行的多寡深浅,决定着人的福分和命运。正如古人所言:“有德者得”“失德者失”。对于常人来说,没有“德”,就没有福气;对于修炼者来说,没有“德”,就修炼不上去,因为修炼是“以德化功”,没有“德”去转化“功”。因此,“心性”(包括“德”)是使修炼者提高层次、得到高“功”的最基本的和最关键的东西。人的吉凶祸福与德紧密相连,有德为福,无德为祸,这便是“天道无亲,常与善人”的真义。

今之世人往往将道德虚无化、肤浅化,以为道德二字仅是一种说教,并无真实内涵,挂在嘴上说说而已,不能真心诚信,不知道德的深层含义及其巨大的物质与精神能量。故今天的人离道甚远,缺失德,福分浅薄,灾多难大。

德的一种高级形式是玄德。《道德经》第十章中说:“生而不有,为而不恃,长而不宰。是谓玄德。”玄德就是道的一种特质:生育万物而不占有它们,有了功劳不自恃,养育万物却不主宰它们的命运。刘备,字玄德,就出自此处。

玄德是一种难以表述、微妙的、具有道的完全特质的德。《道德经》第五十一章说:“故道生之,德畜之,长之育之,亭之毒之,养之覆之。生而不有,为而不恃,长而不宰,是谓玄德。”玄德的境界,就是道的境界,万物有了道,也就有了德,德即是万物生长的一种内在信息和内在能量,故而能“畜之,长之育之,成之熟之,养之覆之。”在人的身上体现出来,这种德就像母亲的爱一样,无私地为他人储蓄力量,为他人的成长付出,为他人的成熟和成功付出,也爱护他人,护持他人。

在《道德经》第六十五章,老子感叹说:“玄德深矣,远矣,与物反矣,然后乃至大顺。”玄德的境界非常深远,深远到了遍及宇宙万物,但与万物的运行相反,因为万物和人类最终会有成住坏空、生老病死的生灭现象,而玄德作为道体的功能,并不会消失,永远与道同在。即便物质的存在形式消亡了,但信息和能量还存在,因此,玄德之德性依然存在。万物都保持着内在的玄德不丧失,万物的发展就会非常和谐,这便是“大顺”的意义。

严格来说，玄德是“道”的德，但是这同样适用于人，因为“人法地，地法天，天法道”。

我们了解到上古传统文化关于“德”字的内涵以后，把它归纳起来，再加简化一点来讲，“道”字是指体，“德”字是指用。所谓用，是指人们由生理、心理上所发出的种种行为的作用。

《道德经》中的管理之“道”

《道德经》与管理的内在逻辑

第一，《道德经》的宗旨在于管理。《道德经》特别提示说：“言有宗，事有君。”（第七十章）。就是说，言说要有宗旨，办事要有主次。《道德经》的宗旨或主旨不是要让人懂得那些深奥的哲理，而要让人（主要是管理者）懂得如何管理。其书八十一章除极少数章外，几乎章章落到管理上。基本模式是先讲哲理，最后落于管理上。只有少数是先讲管理后以哲理说明，如第三十五章等。例如，第一章虽纯属哲理（管理要用的“道”），但第二章就开始直接讲管理了，说管理人要“处无为之事”；第三章讲“圣人之治”，管理人“为无为，则无不治”；第四章讲管理要用到的“道”，“而用之，或不盈”，即用之不竭；第五章讲管理人要少发言论，“多言数穷，不如守中”；第六章讲管理要用到的“道”，“绵绵若存，用之不勤”；第七章讲管理人要“后其身”“外其身”“以其无私，故能成其私”；第八章讲管理者要“处众人之所恶，故几于道”，包括“政善治，事善能，动善时”；第九章讲管理者要“功遂身退”；第十章讲管理者“爱民治国，能无为乎？”如此等等。

第二，《道德经》管理的对象是国家社会。老子说的“治大国”（第六十章有“治大国，若烹小鲜”）、“托天下”（第十三章有“爱以身为天下者，若可托天下”）、“爱民治国”（第十章）、“邻国相望”（第八十章）等都说明他要传播的是治国之道，要管理的对象是国家社会。在第六十五章特别指出“以智治国，国之贼；不以智治国，国之福”。第八十章认为“小国寡民”、社会和谐是国家治理的理想状态。

第三,《道德经》认为管理的主体(即管理者)是“王”(第十六章有“公乃王”)、“君”、“天子”(第六十二章有“立天子,置三公”)、“王侯”(第三十二章有“王侯若能守之”)、“人主”和圣人。不过,圣人只是“佐人主者”(第三十章有“以道佐人主者”)。老子认为统治者又分四等,人民对其都有不同的态度,如在第十七章中说:“太上,下知有之;其次,亲而誉之。其次,畏之。其次,侮之。”

第四,《道德经》研究管理国家有多个方面。除研究管理的主体即管理者——“人主”“王侯”等外,还研究了管理的对象包括人民——“民”“百姓”等,涉及人事关系(如第八章“处众人之所恶”)、教育、司法、赋税、军事、外交关系、预测、管理方法论等。

第五,《道德经》管理的思想方法论是“道”。很多管理学著作讲管理思想方法要占较大的篇幅。《道德经》分上下篇,讲“道”不少。第一至第三十七章为“道”经,第三十八至第八十一章为“德”经。“道”经是讲管理者应掌握的思想方法论,也就是管理哲学,这是管理的理论基础,即“众妙之门”。

老子认为,这个理论基础就是效法自然的“道”,是圣人是管理国家的人应该掌握的,其核心就是辩证法尤其是其中的对立统一规律。“德”经讲管理者应如何运用“道”这个辩证法管理国家的方方面面。换句话说,德就是运用“道”在管理国家社会种种方面的表现。老子认为永远应按“道”来管理国家社会的方方面面,并认为这就足够了,他对那些离开“道”讲仁、义、礼、智比较藐视。

《道德经》最根本、最核心、最概括的管理思想或原则是“无为”,老子认为“道常无为”(第三十七章),“上德无为”,“无为而治”;要“为无为”,认为“无为而无不为”(第六十四章),“无为故无败”(第六十四章),这是《道德经》中蕴含的管理根本之道。

第六,历代一些统治者也认为该书是管理学著作。据王崇静先生考证,明代开国皇帝朱元璋就说过《道德经》是“南面王之术”。汉、唐一些皇帝用过这部关于帝王之术的书。又章太炎先生说过:“老聃之书,称南面之术也。韩非解喻备矣,未及内心也。”

中国历史上有一种规律性的现象,即凡是兴盛的朝代,除了统治者开明、顺应历史发展之外，还有一点就是老子的道家思想在朝野形成一种潮流。比如“汉唐盛世”是中国古代历史上最辉煌的时期。在这两个朝代，老子的道家思想，无论是在统治集团内部，还是在民间文化的传播中都达成了广泛的共识。

汉代之初，西汉王朝的许多大臣如陈平、曹参、司马谈等对老子的道家思想都有深刻的理解和深入的研究。特别是到了汉惠帝刘盈统治时期，接替萧何为相国的曹参以黄老学说治国理政，使得老子的政治思想成为统治者的治国理念。在这种文化背景下，汉文帝刘恒、汉景帝刘启又很好地实践了老子的道家思想，注重“与民休息”，安定百姓生活，形成了“文景之治”的盛世。

唐朝建立之后，唐高祖李渊不但追认老子为其先祖，还要求朝廷官员和民间百姓都来习读《道德经》。历史上还有唐高祖李渊派遣道家学者到高丽等藩属国宣传《道德经》的政治思想的记载。“玄武门之变”后，唐太宗李世民登上皇位，他下诏：“朕之本系，起自柱史。”“柱史”指的就是老子。他的政治思想体现了以“清静无为”思想为基础的治理方略，崇尚“以静养民”的道家学说，从而开创了“贞观之治”的繁荣局面。盛唐之际，唐玄宗李隆基还亲自为《道德经》作注释，颁示天下，诏令《道德经》为必备、必读的书目，成为整个社会的普及读物。由于唐玄宗李隆基以“道”治国方略的实施，以及老子道家思想的深入人心，社会安定，创造了“开元之治”的繁盛局面。

“道”是企业管理的中心目标

“道”取自于老子的《道德经》，意指一种客观规律，一种人类无法抗拒的自然力量。企业中的“道”，从管理角度来说，这个“道”是企业管理的中心目标。《道德经》五千言，通篇讲“道”。明了“道”的含义和基本思想，就可以运用老子的智慧搞好现代企业管理的核心问题。

“道”虽然难于说清楚，但可以感受到它的存在。举个例子，抛硬币 20 次，出现正面和反面的次数也许是 1.4∶0.6。但是，如果抛 20 000 次，那出现正面和反面的次数就接近 1∶1。这个正反面均衡的规律就是抛硬币的“道”。

老子管理思想之“道”是企业经营中必然会遵循的一种规律,是发展的、客观存在的无形力量。就像抛硬币一样,这个规律,就是老子管理思想中的管理之“道”。

企业中的“道”是多种多样的,人是“道”,物是“道”,环境是“道”,天时、地利、人和还是“道”,凡是能影响企业的发展变化的规律都是“道”。

老子管理思想也是一种哲学,老子管理思想的核心内容仍然没有变,其核心即是“道”。研究老子的管理之“道”,是老子管理思想的中心,也是基础。如同老子思想把“道”作为天地、万物、人类社会运行的最根本的规律一样,老子管理思想的应用也必须符合“道”这一规律运行。

有研究显示,卓越的企业之所以能够不断发展,其根本原因是企业有指引、激励公司上下的核心理念。这个核心理念就是老子所谓的“道”。

“道”是真实的最高存在,不是创造出来的,人们只能发现并遵循“道”而行。企业的核心理念也不是制订或创造出来的,吉姆·柯林斯(Jim Collins)和杰里·波勒斯(Jerry I. Porras)在《基业长青》一书中指出:“你不需要‘创造’或‘制订’核心理念,你只能去发现核心理念。理念的制订不是来自于对外部环境的观察,而是来自于内心的审视。”

从企业文化中发现核心理念,这个“理念”便是企业自身的,便易于得到企业员工的认同。企业的核心理念不是企业的文化标签,而应通过各种方法取得企业员工的认同,并使之内化为员工的自觉行为。

有没有一种具有普世价值的核心理念呢?老子从来没有告诉我们“道”是什么,但不影响“道”真实地存在着。有人在研究卓越企业的核心理念时发现,没有任何一个理念普遍而一贯地出现在所有的企业中。每个企业都有自己的发展之“道”,关键在于是不是对企业的发展之“道”有深刻的理解和领会,并以之引导和激励企业中所有的人。

日本京瓷公司的创始人稻盛和夫说:“领导者首先应该明确集团应有之目标,即确立符合大义名分的企业目的,同时努力使这种目的为员工所共有,全体员工都乐于齐心协力为企业做贡献。”稻盛和夫为京瓷公司确立的经营理念是:“在追求全体员工物质和精神两方面幸福的同时,为人类、为社会的进步与发展做出贡献。”他认为,“正因为有了作为经营理念之大义,京瓷公司的全体员工才能齐心协力,团结一致,推进创造性的技术开发,继而多方面拓展事业。而这,也成为公司发展的原动力”。

老子说:“为学日益,为道日损。”学习与“为道”不同,学习需要积累,“为道”则需要减损非本质的内容,这一减损过程就是“道”的彰显过程,“为道”就是一个去蔽的过程。

对企业来说,“为道”就是寻找并确立企业的核心理念。企业核心理念的发现也是一个去蔽的过程,去除非本质的、非核心的内容,核心的内容就会自然呈现。

在面对哪些内容应成为企业的核心理念这个问题时,人们总是难以取舍,非难在“取”,而难在“舍”。

核心理念必须表述简洁,内涵丰富,如海尔的“真诚到永远”,日本京瓷的“敬天爱人”等。

核心理念一经确立,就不能随意更改,能更改的就不是核心理念。惠普公司的某任 CEO 说:“我们的基本原则,从创办人构思出来后一直维持不变。我们把核心价值观和实务分得清清楚楚,核心价值观不改变,但是实务做法可以改变。我们也清楚地表明,利润虽然重要,却不是惠普存在的原因,公司是为了更基本的原因而存在。”

老子思想的精髓,是强调人与自然和谐、尊重客观自然规律,是阴阳相生相克、相互牵制、相互平衡。那么老子的管理思想也是强调管理的尊重规律、和谐平衡。这与老子思想是一脉相承的。

老子管理思想尊“道”而行是管理的目的也是管理的最高境界,只有管理中尊重客观规律、不违背规律,适应这些规律并利用规律,管理才能达到更好的效果。

老子管理思想的特点

老子管理思想的特点就是“道法自然”“反者道之动”,即管理按自然规律发展发生,管理按照规律发展变化而变化。管理活动必须顺应自然。

1. “道法自然”

“道法自然”就是按客观规律办事,不能逆自然而行,无知妄为。老子这一管理思想的核心,是放之四海而皆准的真理。自然无为的管理,使事物各得其所,各逐其生,万事迎刃而解。

当前中国的企业非常多,各种企业的兴与衰、发展速度、利润等都不同。即使同样的行业,为什么有的企业发展顺利、利润可观,而有的企业却问题一大堆、甚至难于维持经营?根本上是因为企业中未遵循“道”,也许仅仅遵循了少数人的意志。然而,意志的力量和“道”的力量相比,根本无法抗衡,观察时间越久,就越清楚。

“人法地,地法天,天法道,道法自然”(第二十五章),“以辅万物之自然,而不敢为”(第六十四章),这些用在企业的管理中说明企业的发展过程中,符合规律是最重要的事情。企业的任何经营决策,都要顺应其客观规律,按规律进行经营管理,使其循着规律自然发展,而不可强作妄为。违背企业发展规律,就会让企业陷入危机,停滞不前甚至消亡。这就要求企业的管理和决策者要审时度势,把握企业发展的大方向,做正确的事,要尊“道”而行,不要背“道”而驰。

在企业管理活动过程中,预测、分析、决断、执行都需要有根据。预测不仅需要经验,也需要掌握规律的知识;分析不仅需要掌握足够的信息,也要掌握相应的方法。根据《道德经》的思想,既然“道”是万物之本和万物的规律,那么了解和掌握这个根本,依据“道”行事,则能够把握正确方向。“执古之道,以御今之有。以知古始,是谓道纪。”(第十四章)根据客观的规律来支配当前的具体事物,来控制现在和未来,就是符合“道”的规律。

在老子看来,“夫物芸芸,各复归其根”(第十六章)。在现象上虽然繁杂纷纭,但其背后有可循之规。掌握了规律也就掌握了主动,否则就会陷入混乱。“知常曰明。不知常,妄作凶。”(第十六章)综观《道德经》全书,总的宗旨就是要人们“循道依法”,即坚持按照已知的规律来应对未来。虽然未来相对于现实而言是不可预测、不确定的,但无论是企业还是国家,只要其领导人能够按照规律行事,就不至于陷入大的挫折。

即使在21世纪的今天,“道法自然”依然是指导人们实践成功的大智慧。在管理活动中,不管面对的形势如何复杂,环境如何恶劣,五光十色的诱惑如何多,最基本的规则仍然是“道法自然”,这是一种保持住自己的根本,使自己保持正确方向的基本原则。

“循道”首先要认识“道”，即掌握规律，这并不是很容易的，因为“道”是无形、无象、无体的，视之不见，听之不闻，搏之不得。要通过学习和思考（涤除玄览）两个层次，加上实践积累，才能达到“道”的境界。

2. “反者道之动”

“道”的另一个特点是“反者道之动”。即企业经营具有向相反方向转化的规律，也是管理的作用所在。在这里，“反者”既是管理轨迹也是“道”，表明管理是随时变化发展的，这就是客观规律，又是辩证管理思想中矛盾对立面相互转化规律的体现。

在企业经营中，当推动企业发展的大环境、大势一旦发生转变，那么企业一定要顺应变化，顺势而为，不能等待，更不能搞对抗。因为企业经营具有循环往复发展的特征，只要企业还在、人还在、企业精神还在，就会再次把握发展大势，就会有东山再起的那一天。

在当今的中国企业中，就有很多这样的现实案例，让我们更加清晰地认识尊重“道”、恪守“道”对于企业的经营和发展是多么的重要。

1996年，名不见经传的秦池酒厂以3.2亿元人民币的“天价”，买下了中央电视台黄金时间段广告，从而连任两届成为“标王”，万人瞩目。但是秦池酒业并没有做大做强，仅仅过了几年时间就在市场中又销声匿迹了。简单地说，秦池酒业的发展模式就是一种以市场为龙头，以广告为依托，高风险、高回报的经营方式。但是在广告投入的初期，广告的回报是递增的，而到达顶点后，广告的回报逐步递减。秦池酒业过分依赖广告，没有考虑企业现状，没有考虑投入、产出、收益，没有考虑企业的发展等诸多问题，秦池酒业急功近利的做法违背了企业发展的规律，因而失败就是必然。这种企业的发展并不是尊“道”而行，那么企业经营发展必定是失败的。秦池酒业的发展可以用两个词概括：昙花一现、黄粱美梦。可以说，秦池酒业就是企业逆经营之“道”发展的典型案例。

另一个完美诠释企业管理之“道”的典型案例是巨人集团。

史玉柱是在中国特殊的改革大潮中沉浮出来的企业家,他的成败如同起伏的海浪,每一波都能够溅起耀眼的浪花。2001 年 CCTV 颁奖词对史玉柱的评价是:第一次,他上演了一个成功的版本;第二次,他演绎了一个失败的案例;这一次,他从哪里跌倒就从哪里爬起来,并完成了对企业家精神的定义:执着、诚信、勇于承担责任。

多年以前,史玉柱曾在一夜之间成了“首负”,欠债上亿元,穷到连打官司的钱都没有了。但是即使在这样的情况下,他依然信誓旦旦地说:“即使巨人破产,我个人也还要还老百姓的钱。”在当时的情况下,我国法律制度还不完善,《公司法》也尚未颁布,要是他钻法律空子的话,谁也拿他没有办法。

但是,史玉柱却认为,原则,是一个企业家必须坚守的底线,这是每个企业家立业的根本。他坚守了自己的原则,第二次创业就是要把 1.5 亿元的旧债还清。他跟手下人说:“我们最大的目的就是还钱,老百姓的钱一定要还,我现在年纪还不算大,还想再做点事,不愿背着这个污点,除非我自己将来甘心只当个小老板。”

联想创始人柳传志对史玉柱的还债行为也抱着一种很欣赏的态度,他说:“当史玉柱做脑白金赚了第一桶金以后,忙着要还账。当时对这点我很认同,而且觉得他也很不容易。摔了跟头的人,甚至饿了肚子,知道钱有多金贵,拿到了这个钱以后,还想到先把该还的债还清,然后再重新起步。我觉得他就有做大事的这种潜质。”

史玉柱还了债,从表面上看是亏了一亿多元,但回报他的却不止一个亿。因为这种责任和信用不仅赢得了下属的信任,也赢得了合作者的信任,可以更轻易地找到合作伙伴。

行业低利润的大趋势无法避免,但是如果因为利益触碰了绝对不能碰的原则,只会带来更大的灾难。面对着众多的受害者,企业家始终难脱其咎。有的原则是必须坚守住的,史玉柱就是一个榜样,他是秉承着还钱的原则崛起了。

“前车之鉴,后事之师。”在这个被网络推平的世界里,每个人的所作所为都是公开透明的,尤其是备受关注的企业家。只有坚守企业的道德底线,企业品牌才会越来越好,规模越来越大。

史玉柱是怎么成功的我们不去详细论证了，但是史玉柱的发展如同他的企业的发展是一样的，起起落落如同“道”一样，是运动发展的，史玉柱成功的可贵之处在于他的每一步都抓住了企业发展的核心，适应其中“道”的变化，并总能找到企业适合这种变化的方法，而这种变化运动正符合老子管理思想“反者道之动”的思想特点。能够适应“道”的变化发展，能够绵延持久、循环往复，这样的企业和人势必会取得成功。

综合上面的两个案例，可以看出企业运用管理之“道”是保证企业健康发展、持续发展的基础，企业管理人员要认识“道”、体悟“道”、把握“道”。只有对自身有清晰明了的认识，对推动“道”发展的大势有清楚的判断，对经营环境的变化有应对之策，企业才能实现稳健发展。

管理案例之一：日本企业家的管理之“道”及中日企业寿命对比

一、“经营四圣”的管理之“道”

在日本创造“经济奇迹”时代，有四位享誉全球、最为优秀的企业家，被尊称为日本的“经营四圣”，他们分别是：松下幸之助（松下公司）、本田宗一郎（本田公司）、盛田昭夫（索尼公司）、稻盛和夫（京瓷公司）。

1. 松下幸之助

松下幸之助（1894—1989 年）出生于日本和歌山县的一个农户家庭，是横跨明治、大正及昭和三世代的日本企业家，是松下电器的创办者，他奠定了日本商业的精神，在日本被称为“经营之神”。

在日本的企业家中，松下幸之助无疑建立起了一座丰碑。他不但创立了一个神话般的企业，而且提出了一套具有普遍意义的经营哲学。从少年辍学转当学徒开始，他一步步滚爬摸打，在商海中走出了自己的一条独特的道路。

松下幸之助通过对经营实践的总结和自己的感悟思考，提出了一整套经营哲学。概括起来，以“自来水哲学”“堤坝式经营”和“玻璃式经营”最为重要。尤其是“自来水哲学”，被松下幸之助看作经营的根本理念，并以此作为他自传的书名。

松下电气器具制作所创立于1918年3月7日,但是,松下幸之助却把公司的创业纪念日确定在1932年的5月5日。原因就是,这一天他提出了"自来水哲学"。

在松下幸之助看来,企业的形体远远没有企业的精神重要。尽管松下电器已经运行了十几年,但是,在"自来水哲学"诞生前,它不过是一个与其他企业一般无二的制造商而已。直到这一天,在松下幸之助脑海中长期盘旋、苦苦思索的问题终于有了答案,他明白了企业的使命。因此,这一天才是松下的创业开端。

所谓"自来水哲学",是松下幸之助对企业使命的比喻。对于这一使命,最简单的表述就是消除世界贫困,使人类走向繁荣和富裕。松下幸之助自己说:"企业的使命究竟是什么?一连几天我思考这个问题直至深夜,终于有了答案。简单来说,就是消除世界贫困。比方说,水管里面的水固然有其价值,然而喝路边的自来水不用付费也不会受到责备,因为水资源相对丰富。企业的责任不正是让世界物资丰富以消除一切不方便吗?""经营的最终目的不是利益,而只是将寄托在我们肩上的大众的希望通过数字表现出来,完成我们对社会的义务。企业的责任是:把大众需要的东西,变得像自来水一样便宜。"用松下幸之助的话来表达,经营就是从"无"当中制造"有",通过生产活动给所有人类带来富足丰裕的生活。

从本质来看,"自来水哲学",就是通过工业生产手段,把原来只能供少数人享受的奢侈品变成普通大众都能享受的普及品。企业经营者眼睛要盯住人们追求生活进步的欲望,而不是盯住顾客的钱袋。市场是靠价廉物美的产品创造出来的,而不是靠对经销商回扣打折算计出来的,更不是靠坑蒙拐骗欺哄顾客推销出来的。由此,奠定了松下经营的基本方针:质量必须优先,价格必须低廉,服务必须周到。正是这种经营方针,使松下得到顾客的信赖,渡过了一个又一个难关,逐步走上壮大之路。

松下电器自1918年松下幸之助创业以来,始终以"为了使人们生活变得更加丰富、更加舒适,并为了世界文化的发展做出贡献"为经营理念从事着企业经营活动。

松下幸之助为人谦和，无论见了谁都点头致意，他用一句话概括自己的经营哲学：“首先要细心倾听他人的意见。”

2. 本田宗一郎

本田宗一郎(1906—1991 年)出生于日本静冈县，是日本本田汽车创始人。世界著名的企业家、日本实业家、工程师。

提起本田，人们立刻会想到摩托车，这一知名品牌一度几乎成了摩托车的代名词，在世界摩托业雄踞霸主地位，在全球汽车业中声名显赫。

本田摩托车受到用户青睐，主要是因为其技术总在不断革新，始终代表国际先进水平，并且型号种类齐全，顺应用户的各种需求；本田汽车也因其高技术低公害发动机的开发成功，独具特色地立于世界汽车之林。这一切主要归功于创始人本田宗一郎。这位被誉为“摩托之父”的产业巨子虽不如松下幸之助那样擅长企业经营，却是一位伟大的发明家。虽然只受过小学文化程度的教育，他一生竟获得了近 150 项专利。

作为当代著名技术专家的本田宗一郎并不是“技术唯一主义者”，而是一位具有社会责任感的企业家。1960 年代，当美日政府公布限制汽车排放废气的“马斯基法”(1970 年美国净化空气法)以后，美国三大汽车制造厂均以“技术上不可能开发出来”为借口，使该法案延误一年出台。然而，本田宗一郎却敢于率领企业承担社会责任，经过大量艰苦卓绝的努力终于研制成功低公害 CVCC 发动机，树立了本田公司良好的企业形象。

本田宗一郎宽广的胸襟和远大的目标还体现在他对家族式经营的否定。他认为要办成一个完全现代化的世界性企业，不断向现代化迈进，亲族经营会有很多障碍和弊病。1971 年，65 岁的本田宗一郎辞去董事长职务，把亲手创建的跨国大企业的经营权交给了与自己毫无血缘关系的河岛喜好，成为日本企业经营史上破天荒的壮举，在世界经营史上也被传为佳话。

1991 年 8 月 5 日，为世界汽车业留下了光辉一笔的本田宗一郎去世了。但他提出“三个喜悦”(购买的喜悦、销售的喜悦、制造的喜悦)的企业口号和“三个尊重”(尊重理论、尊重创造、尊重时间)的经营经验继续闪耀着智慧的光芒。

本田宗一郎在经营中一直遵循着以下一些原则和规定，这些原则和规定已经渗透到企业的每个角落,成为人们所说的本田管理模式。

(1) 充分尊重个人,公平合理授权。

早在经营东海精机时,本田宗一郎就能很好地与性格完全不同的人一道工作,并以此作为自己的工作信念。他认为同类型的人固然好相处,易交往,但要把一个公司办下去必须有各种类型的人才行。

为了保证权力确实能够交给有能力的人,在企业中担任领导人的亲属一律不得进入公司工作。本田变成大企业后这个原则依然保留着,中途录用者占职工人数的一半,实施混血主义,以保持公司的创造力。

进入公司,无论是高级干部还是一般职工均以“先生”相称,而不是以职务相称。公司董事没有个人单独的办公室,而是采取同用一个大房间的“董事同室办公制度”。

本田宗一郎的语录“为自己工作”是这种尊重个人精神的高度概括。他告诫职工不要考虑向公司宣誓忠诚,而是要为自己工作;在本田这种尊重人的精神到处可见,人员安排、调动贯彻“自我申请制”是这种精神的体现之一。

本田既无官僚色彩,也不存在派系和宗派主义,职工可以轻松愉快地工作。高级干部到 50 岁就为后来的年轻人让位,最大限度地尊重年轻职员。力戒害怕失败的谨小慎微作风,按照本田的说法是不工作才不失误。在对本田职工进行的一项关于“本田精神的核心是什么”的问卷调查中,回答顺序分别是独创性、要为自己工作、人尽其才、不要怕失败。

(2) 造就独创型人才。

要造出风格独特的产品,企业职工就必须具备独创性的头脑。本田采取了下列一些措施:

引进合理化建议制度。在 1953 年,本田率先引进了合理化建议制度。到 70 年代,一年所提建议总数突破 10 万件,每 4 件中就有 3 件被采纳。

建立“新设想工作室”。本田在其国内各工厂设有名为“新设想工作室”的实验工作室,室内备有机械设备。职工一旦产生好主意就可以到实验室中把设想具体化,当然,原则上是利用业余时间。

举办违反常规作品的展览会。展览会的宗旨是提出自由奔放的设想并给予实施的“头脑运动会”，是彻底的群众文娱活动。这与本田“不论工作、娱乐，只要心情舒畅就干到底”的素质相吻合，在大会上能看到许多异想天开的作品。

技术面前人人平等。在本田，技术面前人人平等，没有上下级的区分，经常发生被称为“以下克上”的事情。在汽车发动机由空冷改为水冷时，本田宗一郎是空冷的绝对拥护者，在看到水冷式的优点后，本田发出“今后是年轻人的时代了”的感叹，从而决心退役。在开发集成电路时，当时已经是顾问的本田宗一郎不喜欢电子技术，认为电气用眼睛看不到，技术则是实实在在看得见的。但是机器人开发小组不顾本田宗一郎的反对，完全独立开发出第一流的焊接机器人和生产线系统，在事实面前本田不得不低头。

(3) 顾客第一的原则。

本田宗一郎指出独特的发明创造，如果不能及时地提供给社会，它将毫无价值。在本田，研究人员认为他们不是在研究技术，而是在研究人们的心理，在想尽一切办法、用尽一切技术满足人们的心理需求。

本田历代的领导者们总是强调顾客满意第一，在使用户满意方面力争第一。

本田没有专门的市场调查研究机构，它依靠的是开发小组。开发部门的全体人员都是市场调研员，他们用自己的眼睛、耳朵探索市场动向，这比依靠市场调查部门得到的信息更有感性认识。

3. 盛田昭夫

盛田昭夫(1921—1999 年)出生于日本爱知县，毕业于大阪帝国大学理学部物理学科，是索尼公司的创办人，日本著名企业家。

1946 年，他同索尼公司的另一位创始人井深大合伙创立了“东京通信工业株式会社”，1958 年，盛田昭夫先生将公司的名称由“东京通信工业株式会社”改为“SONY 公司”。

盛田昭夫将公司的品牌当作生命，为“让 SONY 享誉全球”而勤奋工作，他的全球战略眼光使索尼公司成为日本第一家在美国发行 ADR(Alternative Dispute Resolution，美国预托证券)的企业，索尼公司的股票随后又于 1970 年在纽约股票交易所挂牌上市。他的努力终于使 SONY 今日的品牌魅力成为现实。

从拓展美国市场、创造极为成功的 Walkman“随身听”品牌到收购哥伦比亚电影公司,一路将 SONY 品牌行销推广至全世界。

盛田昭夫是日本战后协助国家从废墟中重新站起来的重要企业家之一。他极力宣扬日式的管理风格,但也是日本早期少数去美国学习西方管理精神的企业家,东西方管理文化的精华在他的手中发扬光大。他被赞誉为 20 世纪最具影响力的企业家之一。

亨利·基辛格这样评价盛田昭夫:“我感到日本人不太容易沟通。他们一旦走出自己的圈子,需要与其他文化交流时,沟通起来很困难,因为他们觉得自己不具有独立做出决定的权力。盛田昭夫是个例外。尽管他是个非常爱国的日本人,一个坚定的日本观念捍卫者,但他能够以一个非日本人的方式进行交流……他可能是我所见过的最具外交能力的日本人。”

索尼的成功在于创造市场,永远领导新潮流。一般企业经营只是夺得市场,而索尼更善于创造市场;一般企业的经营宗旨是跟随市场的需求而经营,而索尼却敢于创造需求,使需求随着索尼的新品而出现,随着它的发展而增加。

索尼公司创造市场的秘诀就是不断开发新产品,以新制胜。索尼的发展过程可以说是不惜投入创新的过程。盛田昭夫说:“我们的计划是用产品领导潮流,而不是问需要哪一种产品。”索尼公司就是要生产某些市场上从未销售过的产品——实际上是未制造出的产品。索尼公司常常是独占市场一年或一年多以后,其他的公司才会相信该种产品会成功,于是其他品牌的同类产品也随着上市了,这期间索尼公司已赚了大把的钱,并且又有了新的创新、新的产品问世,又会以新产品重新占领市场。

索尼公司以创新制胜,甚至改变了人民的生活方式。索尼开发出手提式半导体收音机、家庭录放机以及随身听,从而改变了人们的听、看和工作方式,使旧生活一去不复返。

盛田昭夫不断告诉员工,不能满足于取得的成就,因为一切都在迅速变化,不仅工业艺术领域如此,而且人们的观念、见解、风尚、爱好和兴趣也是如此,任何企业如果不善于领会这些变化的意义,就不能在商界生存,在高技术的电子领域尤其如此。

盛田昭夫深信公司必须要领导消费者的口味，而不是落在消费者之后，最典型的例子就是随身听。他深信，如果当初在随身听撤出之前去做市场调查，问消费者想不想买这样的产品，他们所获得的答案必然是否定的。不过，盛田昭夫对随身听的发展前景非常具有信心，他看到自己的小孩整天在玩音乐，许多人在汽车里听电台的音乐，有的人甚至带着大型收音机在街上听音乐。索尼的工程师原本对于生产没有录音功能的随身听感到迟疑，但是盛田昭夫非常坚持。他要求工程师务必把随身听做到方便人们随身携带的尺寸。盛田昭夫把这项产品命名为“Walkman”，果然，盛田昭夫的大胆预测是没错的，随着产品上市，“Walkman”受到全世界消费者的热烈欢迎。

4. 稻盛和夫

稻盛和夫(1932—　)出生于日本鹿儿岛县，1955 年毕业于鹿儿岛大学工学部应用化学专业。他一人创建了两家世界 500 强企业——京都陶瓷株式会社(Kyocera，京瓷)和日本第二电话电报株式会社(KDDI)。

在日本四大“经营之圣”中，稻盛和夫是年龄最小也是目前唯一健在的一位。

1959 年，稻盛和夫在京都设立京都陶瓷株式会社(即现在的京瓷株式会社)，起初员工仅有 8 人。10 年后，公司在日本的股票市场上市交易。1984 年，稻盛和夫设立日本第二电话电报株式会社，目前在日本是仅次于 NTT 的第二大通讯公司。如今，这两家公司都是世界 500 强企业。

他缔造了京瓷 40 余年从未亏损的奇迹，带领企业冲破了两次石油危机、日元升值危机和日本泡沫经济危机，深谙危机中的经营之道和企业经营的智慧哲学。其广为人知的经营管理手法被称为“阿米巴式经营法”。

2010 年，日本航空向东京地方法院申请破产保护，在民主党鸠山政府的三顾茅庐下，稻盛和夫以 78 岁的高龄出任日航的 CEO，重整问题重重的日航，并很快扭亏为盈。

稻盛和夫完整地经历了日本经济从战后恢复，到创造奇迹，直至泡沫破裂的完整过程。他刻苦勤奋的精神以及深植于佛教的商业道德准则，也使其成为日本本土企业家的代表人物。他认为企业最重要的在于三个要素：

专业人才、金钱、技术,只要有这三项要素,就有经营。在这三者之中,人才又是最重要的。他坚信只要能将拥有朴素、开朗的心的人才齐聚一堂,让大家团结一致,就一定能够成就大的事业。

“君子爱财,取之有道”“君子散财,行之有道”,稻盛和夫说,“这是利他之心的回报,为对方着想似乎伤害了自己利益,但却带来意想不到的成果”。

在近半个世纪的时间里,稻盛和夫亲身所经历的经济周期有很多回,但是凭借其胆识和远见,反而使企业不断在逆势中成长。对于所谓萧条,他认为商业经营者实在没有必要感到悲观,有萧条的时期,必然就有往上走的时候,在不景气的时候,最重要的大事就是要为未来做好准备,一定要有远见,不要慌张,要忍耐。不妨利用这段宝贵的时间,认真思考自己的产品、服务和市场,针对可能的研发、细分市场进行准备。每次当经济不景气的时候,稻盛和夫都会专注于研发,去探究各种新业务、新产品的可能性,KDDI 便是他在不景气的时期所创立的新业务。

稻盛和夫认为管理者的选拔标准是德要高于才,也就是居人上者,人格第一,勇气第二,能力第三。

稻盛和夫指出,无论做人还是做事,讲求的是用“心”。心理作用是影响一切的根基。在市场中做企业,在企业中做员工的心理工作,是简单而复杂的事情。“复杂”是因为作为企业管理者要根据不同员工的情况,进行以“心”的感染。“简单”是因为我们只要掌握多数员工的心理共性,施以影响,便会产生很好的效果。企业只有对“心灵”进行经营,才能使员工感到自身的幸福与公司的发展是紧密联系的。只有坚持为全体员工谋求物质和精神两方面的幸福,并以此为企业的奋斗动力,才能使全体员工与企业同心协力,共同前进。

1974 年底,石油危机席卷全球,日本也受到巨大影响,经济第一次出现负增长,社会上甚至出现抢购卫生纸的风潮,京都制陶当年的利润也减少了 50.36 亿日元,纯利润下降 11.31 亿日元。稻盛和夫面对如此困难的局面,把它当作“上帝给我们的考验”勇敢地接受了。

首先,他把营业员、科长、部长的工资削减了 10%,并制订了严格的规章制度以求节省,而且他宣布京都制陶即使只靠苔藓生存下去,也绝不停工,绝不裁员。

稻盛和夫把因产量减少而多余的人力全部编入总务部管辖之下，禁止他们进入厂房。这主要是因为订货量下降，如果还用以前的人手，每人所分担的工作量减少了，工厂内紧张忙碌的气氛就会消失，生产效率也将随之下降，一旦订货量恢复时，就不能马上进入增产体制。

稻盛和夫对多余人员所采取的对策可谓一箭双雕，不仅让员工有绝对不裁员的安定感，而且使员工明了不景气的事实。维持生产现场的紧张感，使得京都制陶在不景气结束之后能够马上恢复元气。危机过后，稻盛和夫领导的京都制陶在多个领域都大施拳脚，取得了巨大的成功。

稻盛和夫神态祥和，温文宽厚。白手起家的艰辛和人生际遇的坎坷，这些对他宛如过眼烟云。他重视全体员工在价值观上的一致，强调全体员工同心协力，共同前进。稻盛和夫始终不渝为全体员工谋求物质和精神两方面的幸福，并以此作为自己的奋斗法则。

他从博大精深的中国文化中汲取精华，形成了独特的经营哲学。他认为，办企业和做人一样，都应遵循一些伦理原则，比如“敬天爱人”“诚实公正”“满招损，谦受益”等。为了思考人生和社会，他甚至一度遁入佛门。著名学者季羡林先生评价稻盛和夫说：“他讲他成功的历程，讲他对人生的看法，讲许多与他的本行陶瓷业有关或无关的问题，到处洋溢着表面浅显、实则深刻的哲学思维，说来头头是道、娓娓动听。”

二、中日企业寿命对比

根据《资源再生》2017 年第 4 期的数据统计：中国中小企业的平均寿命仅 2.5 年，中国集团企业的平均寿命仅 7—8 年，与欧美企业平均寿命 40 年、日本企业平均寿命 58 年相比，简直就是天壤之别。

日本调查公司东京商工研究机构数据显示，全日本超过 150 年历史的企业竟达 21 666 家之多，而在明年又有 4 850 家将满 150 岁生日，后年大后年大大后年将又会有 7 568 家满 150 岁生日……世界最长寿企业日本金刚组，已有 1 400 多年历史。

在中国，最古老的企业是成立于 1538 年的六必居，之后是 1663 年的剪刀老字号张小泉，再加上陈李济、广州同仁堂药业以及王老吉三家企业，中国现存的超过150年历史的老店仅此5家。经过计划经济时期的变异,其字号的传承性其实已大打折扣。

为什么中、日企业会有如此大的差距呢?我们尝试从以下方面进行分析。

1. 精益求精的工匠精神

日本被誉为"工匠国",其企业群体的技术结构犹如"金字塔",底盘是一大批各怀所长的几百年的优秀中小企业。这些企业或许员工不足百名,但长期为大企业提供高技术、高质量的零部件、原材料。很多中小企业在世界市场上掌握着某种中间产品、中间技术的绝对份额,甚至不乏独此一家。

日本人天生性格追求极致完美、严谨、执着、精益求精,当自认为技术还不够完美时不会拿出手。在技术研发方面,日本有三个指标名列世界第一:一是研发经费占GDP的比例列世界第一;二是由企业主导的研发经费占总研发经费的比例世界第一;三是日本核心科技专利世界第一,占全世界80%以上。

这意味着日本整个国家对技术研发的重视,同时也告诉我们为什么日本科技能独步天下。经济不只是单纯地建造工厂,然后高效运作。中、日在经济基盘建设上仍有很大差距,日企不只在于表面上的丰田、松下、索尼、佳能、日立……,而是更多在国际市场上众多领域的"隐形王者"。

2. 对事业的专注

日本长寿企业长盛不衰的原因有很多。日本长寿企业比欧美做得更好,日本企业投资都讲究战略,注重长远投资和利益回报,每次投资都考虑几十年以后的市场定位和变化。

日本企业是家社会,重视员工利益。西方则重视股东利益。从现代资本理论来看,日本企业的资本利率不一定有西方企业那么高,但是它们可以保持长期利益不断延续。

更重要的是,日本的企业家给人的印象似乎对产品、对事业本身比赚钱更感兴趣,更强调专业与社会责任。

反观中国企业,是如何经营思考的?

中国的许多企业家似乎对赚钱有着某种天赋。因此,很多人在主业上小有成就之后,便立马开始"多元化"战略,投资房地产、投资股票和证券。

其实，我们仔细来看一看全球著名的品牌，无论是任天堂、微软、尼康、奔驰、丰田、麦当劳……他们似乎都永远只专注于某一个领域，始终在他们的行业里面越做越深，越做越有乐趣，越做越大。

我们的企业，包括某些著名的中国品牌，本行都没有完全成功，也开始搞投资，做房地产，甚至做保健品，忙着赚钱而严重忽视本行。这恐怕就是我们中国的品牌和日本品牌之间的差距所在。

中央电视台曾报道过浙江某个地区，这个地区可以迅速拥有某个产品全球前几名的加工生产能力，但同时在很短的时间之内又放弃了原来的行业进入另外一个行业，然后又迅速成为另一个行业里的前三名。

但是无论做什么行业，厂房永远是那么破旧，设备永远是那么简陋。因此，他们经不起任何的风吹雨打，虽然确实是赚了一些钱，但是这种财富的积累是不可持续的，他们也没有获得同行的尊敬。

企业的管理之“道”在于企业家爱的应该是产品和品牌，而不是钱。赚钱只是经营的结果，而不是经营的目标。

3. 对人才的培训

在中国企业家眼里，技术基本上等于先进的设备，所以中国老板的设备一个比一个买得先进，但花钱培训技术员却舍不得，培训全员的老板则更是少之又少。

有这样一个真实的故事：某位家具公司的老板愿意花 750 万元买一台日本的设备，但是需要花 40 万元培训一批技师却舍不得，以至于被不懂操作的人把机器搞坏，只好再花 50 万元去修。其实，这样的例子在中国比比皆是。

日本人跟中国人不太一样，他们买设备可能精打细算，但是学习技术比较舍得花钱，而消化技术则更舍得花钱和精力。打个不太恰当的比方，我们的设备是 100 分，他们的设备可能是 80 分，我们用的能力可能只有 30 分，人家用到 95 分，这样 $100\times30\%$，只有 30 分，而 $80\times95\%$ 有 76 分。他们用 80 分的设备却胜过我们 100 分的设备，这就是技术的差距，也是软实力的差距。因此，设备并不是最主要的，技术才是最重要的。

技术的关键就是全面消化和全员掌握。事实上，如果一个企业长期从事某一种产品的设计和生产，它所掌握的信息、资源和技术就一定越来越系统和深入,优势也就越来越明显,任何一个新的进入者要想在短期内赶超是根本不可能的。

4. 知易行难

正如老子所言,“吾言甚易知,甚易行。天下莫能知,莫能行”。看似简单的事情往往能体现出差距:表面看得懂,根本学不会,更是坚持不了。

举个简单的小例子,日本企业要求车间的地板每天要清洁10次,这样才能保持环境的清洁和产品的品质。日本员工听了以后,保证每天10次,1次不少,坚持不懈。我们的员工头三天每天10次没问题,一个星期过去,10次就变8次,慢慢地8次变5次,5次变2次,最后3天1次、5天1次、1周1次也保证不了。

究其原因,一种是外在的约束,一种是内在的、发自内心的追求,这样的解释可能比较合理吧。

很多的技术指标、细节,就是在这样的自我松懈中变形,进而影响产品的品质和企业信誉。长此以往,何来品牌?

5. 对速度的理解

中国人做事特别喜欢追求速度大跃进,好大喜功、急功近利的思想极为严重。同时,做事喜欢讲究立竿见影,讲究所谓效率和速度。日本企业员工看起来比较程序化和呆板,背后是严谨、精细、执着、精益求精、专注、专业、认真。中国企业大都比较灵活,背后是小聪明、偷工减料、自以为是、粗制滥造。

这不能不令我们深思:何为快?何为慢?

正如老子所言,“企者不立,跨者不行”“九层之台,起于垒土;千里之行,始于足下。”其中哲理,发人深思。

像中国新兴城市的马路一样,刚刚修好又刨开铺煤气管道,过半年又来铺水管,没过几天又刨开铺液化气管……我们修建高速公路的速度之快也是令世人惊讶。可惜每每你走到高速公路上会发现,这里在修路,那里也在修路,高速公路修好没两三年就得翻修。

这些都计算在GDP里,修一条路要1个亿,再修一次又得花8 000万元,再修一次还得花5 000万元,我们的GDP就有2.3个亿了。人家一次花1.2亿元就搞定,表面上看起来花的钱多一点,速度是慢了一点,但是一次到位，用不着折腾和浪费。

所谓“快”，首先要以保证品质为前提，只有这样的快，才有意义，否则来得快也去得快，生得快也死得快，建得快也倒得快。这一点，先贤老子也早就指明，“飘风不终朝，骤雨不终日”“物壮则老，是为不道，不道早已”。任何的发展都应该遵循自然科学规律，不要想一蹴而就，违背自然规律的拔苗助长，注定要以失败而告终，做品牌也是如此。

日本的品牌，比如索尼、松下、丰田、佳能等，最少都花了几十年、上百年的时间来打造自己的品牌，而中国除了屈指可数的几家老字号之外，真正市场化的品牌也不过二三十年。

因此，我们不要急躁，不要急功近利，静下心来，耐得住寂寞，专心专注地发展，再过五十年中国肯定会出一批大品牌。但如果中国一如既往地如此急功近利、浮躁，自以为是，好大喜功，恐怕很难出现世界级品牌。

品牌是什么？品牌对消费者而言就是一种体验，或者是一种可以信赖的承诺，而对企业而言就是获利的工具。因此，做品牌从根本上讲是一种投资。当然，有些投资可以立竿见影，而有些投资可能短期内看不到明显的回报，而是需要等很长时间以后才能够看到成效。

有长远目光的人懂得在品牌建设上加大投入，因为他有耐心。有些人看到自己在品牌上的投入短期内没有回报，便心灰意冷，觉得还不如炒股、买楼来得实惠。久而久之，他会发现自己犯了一个非常严重的错误，而到那时候，这个错误已经无法挽回。

6. 对规则的理解和执行

所谓“规则”，就是规定和法则。在这方面，中国人总是比日本人“聪明太多”，总可以找到规则的漏洞，总要耍点小聪明。日本人则不一样，他们看起来很傻，只懂得死心塌地地严格遵照执行。

因此，日本人做事非常守时，从不迟到。此外，日本人之间都是文质彬彬，特别尊重，即使是特别熟悉的朋友，分手时也是点头哈腰。这让很多中国人不习惯，看起来总觉得有点假，都那么熟了还那么客气干嘛？后来才发现他们这种客气是发自内心的真诚。

这一点也与“规则”有关。因为日本是一个非常注重礼仪、文明的高素质国家,这样就形成了一个非常有规则和秩序的社会。在日本等车,看不到中国特色式的争先恐后,而实际上按规矩排队不但不会耽误时间,反而会节省大家的时间。如果都去挤,总体而言反而会浪费时间。这个道理可能大家都懂,但很多中国人就是做不到。

因此,很多中国人只有小聪明,从地方官员到企业老板、高管,再到普通百姓,时刻都在表演小聪明。我们不断在为自己的小聪明付出沉重代价,但却依然如故。

一个社会的进步和文明程度,与人们对规则的理解有着直接的关系。规则越多的地方,秩序越好,自由其实也就越多。没有规则,就会一盘散沙,一片混乱,效率也就无从谈起。中国有句古话叫“聪明反被聪明误”,说的恐怕就是这个道理!这一点,千年之前圣人老子也有绝妙的论述:“绝圣弃智,民利百倍。绝仁弃义,民复孝慈。”值得每一位管理者深思。

企业家为什么要读《道德经》?

中国文化素养高的企业家,普遍都喜欢道家老子思想。企业家为什么会喜欢老子?老子思想中有什么是与企业家心态相通的呢?

喜欢老子的企业家,他们的习惯是,包里常常带上一本薄薄的《道德经》,空闲时就随便翻看一下、想一想。老子已经成为他们思考自己企业问题的导引。

张瑞敏对《道德经》推崇备至,曾经读过无数遍。联系到企业管理,张瑞敏说有两点是他一直当座右铭来记取的:一是“天下万物生于有,有生于无”;二是“柔能胜刚”。前者强调的是无形的东西比有形的东西更为重要。张瑞敏对此曾深有体会地说:“企业现存的最大的弊病是从各级领导一直到下层的员工,总是看重太多有形的东西,而忽视无形的东西,无论哪一位上级领导来检查都是看一下获得了多少利润,生产了多少实物,却没有几个去注重企业的文化,并且众多单位根本没有企业文化。其实,没有企业文化的企业就等于失去了灵魂。”

对于无为和有为的关系，张瑞敏称：“无为和有为的关系，不光对企业，对所有部门都一样，其实是非常关键的。所谓无为，就是企业的价值观，它是无形的，但非常重要。如果把企业当成人的话，它就是一个人的灵魂；如果把企业比作一艘船的话，它就是罗盘。在这个无形价值观的指导下，可以产生有形的成果，也就是老子所说的‘为无为则无不治’。如果能做到‘无为’，则没有什么是做不到的，有形的东西生于无形的东西。”

冯仑说万通的价值有两个：一是守正出奇，二是学习。冯仑“守正出奇”的提法在企业中有相当的影响，而“守正出奇”脱胎于老子的“以正治国，以奇用兵”。冯仑在《大象和小鸟的启示》中称：“做企业，第一是不争，不要企图吃掉别人。我们不去寻求垄断的机会，不把自己的存在建立在别人痛苦的基础上，而是力求让所有消费者、股东、员工及社会各界都喜欢我们，认为我们是个不错的公司，大家都需要你。老子说‘夫唯不争，故天下莫能与之争’就是这个道理。”

蒙牛集团的牛根生也称他最推崇老子思想，精神上受老子影响最大。

有网友问SOHO董事长潘石屹：“中国古代思想家里，谁对你影响最大?”潘石屹的回答是“老子”。

马云的工作包里总是放着几本书，别的书换得很快，而其中一本书一直没换过，是一本最薄的《道德经》。薄是因为没有注解，马云不希望看到别人对《道德经》的理解而影响自己的感悟。马云有一次看《道德经》时突然很兴奋地说：“哎呀！这哪是我在读老子，明明是老子在读我，而且他读到了我内心的最深处。”马云认为，2 000多年对一个人来说太久了，但对一个物种来说却是一刹那。2 000多年来知识大爆炸，但智慧还是那些智慧，古代圣人完全能够解读今天的人心。

不仅中国企业家，外国企业家到中国拓展业务，也喜欢学习和运用老子思想。1987年，美国总统里根曾经在国情咨文报告中引用了《道德经》中“治大国，若烹小鲜”这句话，让美国人领略到了东方管理的智慧，使《道德经》一书在美国畅销。美国管理学家约翰·海德在他的著作《领导之道——新时代的领导战略》一书中，十分推崇老子“清静无为”的思想，同时也引用了《道德经》中的很多警句箴言。诺基亚总裁奥利拉自称以老子为师,他常引用老子的话是:“太上,下知有之。……功成事遂,百姓皆谓我自然。”法国阿尔斯通总裁安南博格到中国前,就找人教他老子哲学,他说:“在中国做生意,要懂老子。”

企业经历不同、特点不同、气质不同,企业家对老子思想中的不同方面也会有不同的特殊体会。张瑞敏可能对“无为与有为”的关系体会深,冯仑可能对“正与奇”的关系体会深,潘石屹可能对“能婴儿乎”体会深。在他们深有体会的那个点上,研究老子的学者往往比他们要差得多了。

张瑞敏从老子“道生之,德畜之,物形之,器成之”的说法中,悟出企业管理的四大要素就是“器、物、德、道”。“器”为企业提供的产品和服务的效用(器用),“物”为企业生产产品和提供服务之物质基础,“德”为企业的规章和文化,“道”则是源于企业家内心的根本价值取向和动力。海尔就是按这四个环节进行企业管理的。这样深刻而务实的体悟,一般学者是不可能达到的。

对企业家来说,悟透老子思想的某个方面,可能受用一生。老子如果是一口生生不息的智慧古井,企业家不过是从中汲取了自己所需的智慧。《道德经》对企业家的引领作用,可大致总结以下几点:

(1) 诵读《道德经》引领企业恪守道德,顺应社会发展潮流。凡是能够生生不息发展的企业,都是因为它符合道德规律,符合社会发展的潮流。如果你只是为自己创业,可以赚些钱,也可以让企业发展出一定规模,但是如果不改变的话肯定做不到基业长青。

企业最后做大的都是来自于社会的需要和推动,绝对不是因为创业者很想把企业做大,因为商业的本质是用来服务生命的,是服务人的,而不是为创业者赚钱的。通过诵读《道德经》,“道法自然”的思想将重铸企业家的灵魂,企业家能够深刻地体味其中的哲理,就可以拥有一双透过现象看本质的火眼金睛,在道德规范下和社会发展趋势中引领企业发展。

老子说:“圣人常无心,以百姓心为心。”(第四十九章)优秀的治理者,不以自己个人的心愿为方向,而是以百姓的心愿为方向。社会大众的自然选择,就是“道”的选择,就是企业努力和发展的方向,只能顺,不能逆。

《道德经》包含着很多值得借鉴的创业思路和经营之道，当创业者和企业家在读到这些书里的内容时，会受其启发和影响，对企业发展和创业之路产生很大的影响力和价值创造。在讲求道与德的基础上，对于人类的发展和思想都有一些共同点在其中，即老子所言的“道”。当一些悟性较强的企业家从中有所领悟，就会沉浸其中，并将自己的感悟融入到生活、工作中。

企业家学习《道德经》就是在深刻领悟老子的思想智慧的同时，提升领导力，做一个有道德的人，获得做人办事连绵不绝、永不枯竭的动力和信心。

(2) 诵读《道德经》有助于把握企业成功的精髓——利他哲学。《道德经》中有八个字——“将欲夺之，必固与之。”(第三十六章)意思是所有的企业经营必须得先让顾客获益，然后顾客才能够愿意购买你的产品，要让顾客先了解企业产品的价值。成功企业的本源都来自于先给予顾客价值，就是“利他”。利他才是企业经营的核心与关键。当然，也可以把它当作一种谋略、一种技巧、一种策略，但是深层次的核心是利他哲学，所以高层次的企业管理，企业家必须得懂得无私才能成其私。

面对消费者，企业家则是“不敢为天下先”(第六十七章)，他们先要弄清消费者的心理动向，顺势而为，顺着消费者的毛梳，服务得让人开心，才有钱赚。企业家个性再强，也不能拿枪顶着别人的脑袋让别人买自己的东西。让客户满意，让客户开心，让客户自愿掏钱，凡有点长远打算的企业家这些话不会天天说，但得天天做。企业家无不在这上面下功夫。

“利他”应该作为所有真正成功企业的核心驱动力。树立企业家利他型人格，打造利他型企业，只有人人和企业都利他的时候，企业才能长久成功。中国非常成功的企业家，包括世界上著名的企业家，他们之所以能取得不凡的业绩，都是遵循了这个核心原理。比如马云、张瑞敏、牛根生、冯仑、丁磊、任正非，他们都是学习研究《道德经》的高手，并把其中的哲理运用到了非常深的程度。《道德经》论述的是宇宙级的价值观，讲究的是养育而不主宰，这个才是打造一个世界级基业常青企业的核心关键。

(3) 诵读《道德经》使企业家学会放弃。全世界最著名的战略大师迈克尔·波特说：什么是战略？他说战略就是放弃，战略就是聚焦，战略是减少，而不是增加什么。《道德经》中老子只用六个字，“少则得，多则惑”(第二十二章),追求的越少,可能得到的越多,而追求的越多,可能越迷惑。今天,成为一个创业者或一个企业家很容易,就会想做这,也想做那,想做的东西很多,但是其实企业真正能做的东西非常少,决定不做什么才是真正的企业战略。因此,老子说是"是以圣人抱一为天下式"(第二十二章),其他章节也提到了,如"道生一,一生二,二生三,三生万物"(第四十二章),所以只要抓住了"一",企业就能生生不息,聚焦"抱一"才是企业真正的成长之道。

(4) 诵读《道德经》可有效提升管理水平。老子有句名言:"天下难事必作于易,天下大事必作于细。"(第六十三章)意思是做大事必须从小事开始,天下的难事必定从容易的做起。海尔总裁张瑞敏说过,"把简单的事做好就是不简单"。伟大来自于平凡,往往一个企业每天需要做的事,就是每天重复着所谓平凡的小事。一个企业即使有宏伟、英明的战略,没有严格、认真的细节执行,再英明的决策也难以成为现实。可以毫不夸张地说,现在的市场竞争已经到细节制胜的时代。不论是企业的内部管理,还是外部的市场营销、客户服务,细节问题可能关系到企业的前途。对此,《道德经》提供了理论指导。

"自见者不明,自是者不彰,自伐者无功,自矜者不长。"(第二十四章)企业家从中可以领悟到怎么让自己成为一个有道德的人,也知道怎么去应对一些事情,如何用道德去处事儿,去看待事物。让企业家更加能理解下属、员工、客户以及竞争对手,知道怎么去跟各方沟通和打成一片,在管理中更加如鱼得水。

《道德经》阐述了管理的最高水平,就是"无为而治"。怎么能做到无为而治?其实就是顺应规律,让规律帮助管理者去做事,而不是单纯靠努力。当今一个普遍认识是努力辛苦才能成功,很多的管理者或很多老板也是这么认为,而且他们认为公司一定要很好地管。管,其实是不对的。人最讨厌的是被管理,所有的人都不是被管好。高明的管理就是顺应人性的规律,顺势而为,然后管理者再设定一些游戏规则,防止员工跑偏。因此,高明的管理就是无为而治,顺应宇宙规律,让规律帮助企业成功。"无为而无不为",无为只是一种手段,无不为才是真正的目的。

(5) 诵读《道德经》使企业家学会修心。林语堂曾经说:"老子微笑待人,老子说给心听，《道德经》帮助人解决心灵上的困顿。”俄国伟大的文学家托尔斯泰，在其 1827 年 3 月 27 日的日记里提到，他的良好的精神状态是因为读《孔子》且主要是读《老子》的结果。日本学者卢传芳郎说过，《道德经》有一种魅力，它给在世俗世界压迫下疲惫的人们以神奇的力量。鲁迅认为，不读《道德经》一书，不知中国文化，不知人生真谛。

企业家要学会修心。一个真正的企业家，最重要的能力就是掌控自我的能力。怎么样掌控自我，必须得学习智慧，看清事物的本质。只有看清事物的本质的时候，才更容易把握自己的行为。因此，从《道德经》中学习心的修炼也是企业家的必备功课。

如果一个企业家控制不了自己的内心，那么就无法掌控其外在的世界，所有真正顶级成功者其实都是能够很好地把控自己的行为。老子说：“知人者智，自知者明，胜人者有力，自胜者强。”（第三十三章）战胜自我才是最大的关键。对于如何战胜自我，《道德经》中有很多深入的论述。管理者只有看到真相，并具备看清真相的能力，才能真正地把控自己，才能够顺应未来变化的趋势，引领企业走向成功。

老子说：“江海所以能为百谷王者，以其善下之，故能为百谷王。”（第六十六章）“善用人者为之下。”（第六十八章）做事要人才、要资源，再强大的企业家，也永恒处于人才和资源的稀缺状态，也因而充满着永不满足的“求贤若渴”的心态。要求得人才和资源，企业家就要和刘备三顾茅庐一样，不得不放下自己的架子。

老子思想中，充满了戒惧心态，“豫兮若冬涉川，犹兮若畏四邻”（第十五章）。企业家处于永恒的竞争和风险之中，要随时保持如履薄冰的状态。为了竞争和抗拒各种可能的突发危险，他们随时保持着需要吸纳资源以强化自己的冲动。有的企业家说要保持“零心态”，或是要保持“孤儿心态”，这与老子的“虚无”“婴儿”思想一脉相承。有“零心态”方能兼容，有“孤儿心态”方能吸纳，而老子所倡导的“虚无”心态，是最大的兼容和吸纳的心态。有了“一无所有”的心境，才会爱惜与充分利用已经和即将拥有的一切。

老子的领导哲学智慧是中国古代极其重要的哲学智慧，《道德经》对于企业家拓宽视野、提升思想高度有非常重要的意义。企业家能把《道德经》

的管理思想、方法论学会,对事业、对企业会产生重要的影响力和价值。因此,每个企业家都应该好好学习《道德经》。

管理案例之二:海底捞是怎么火起来的?

创业20多年,张勇所带领的海底捞一直是一些大公司的学习对象。华为指定要求公司高管体验海底捞的服务;小米创始人雷军不仅要求高管体验海底捞,还要在服务上向海底捞学习。

若谈到中国公司情感文化管理中的佼佼者,很多人的第一反应也都是海底捞,因为它做到了让员工死心塌地跟着公司。

一、张勇的一次演讲

1. 服务就是差异化

我18岁进工厂,成为拖拉机厂的一名电焊工人,上班几年后觉得无聊,就在街边摆起了四张桌子,开始卖麻辣烫。

这种状态持续了两年,1994年3月,海底捞第一家火锅城在四川简阳正式开业,我、我太太、同学和同学太太四人,就是海底捞的创业团队。

那时我连炒料都不会,只好买本书,左手拿书,右手炒料,就这样边炒边学,可想而知,这样做出来的火锅味道很一般,所以想要生存下去只能态度好点,客人要什么就速度快点,有什么不满意就多赔笑脸。

因为我们的服务态度好、上菜速度快,客人都愿意来吃,做得不好客人也乐意教我做。我发现优质的服务能够弥补味道上的不足,从此更加卖力,帮客人带孩子、拎包、擦鞋……无论客人有什么需要,我都二话不说去帮忙。这样做了几年之后,海底捞在简阳已经是家喻户晓。

我做火锅是偶然,但也算歪打正着,因为火锅相对于其他餐饮,品质的差别不大,因此服务就特别容易成为竞争中的差异性手段。

1999年,我决定将"海底捞"的牌子做到外地去,海底捞走出简阳的第一站,选在了西安,因为西安那边有人愿意和海底捞合作。

但事与愿违,海底捞刚到西安头几个月都接连亏损,眼看就要把我们之前辛苦积攒下来的老本赔个精光,危急关头,我果断要求合伙人撤资,委托我派过去的得力助手杨小丽全权负责，重拾海底捞的核心理念——服务高于一切！短短两个月内，西安海底捞店居然奇迹般地扭亏为盈。

我这个人想法也比较开明，没有“餐饮服务”的定见——什么能做，什么不能做。只要顾客有需求，我们就做。

比如，早几年被网友们热评的“火锅外卖”，起因是我在开会时提了一句：现在网络营销很火，咱们也可以尝试一下嘛！实际上这一形式自2003年就开始了。

受到“非典”的影响，餐饮行业陷入低谷，海底捞也未能幸免，营业额直线下降，往日宾客满座的火锅店变得冷冷清清。

身为西安店的经理，杨小丽开始寻思对策：客人不愿进店就餐，那可以给客人送上门去，她马上就在报纸上发布了一条关于海底捞火锅外卖的消息。送火锅上门，这很新鲜，海底捞的订餐电话立刻响个不停。

为了送货方便，我们将传统的煤气罐更换为轻便的电磁炉，前一天送餐，第二天再去取回电磁炉。记得这事当时还被“焦点访谈”栏目作为餐饮业在“非典”时期的重大创新进行了专题报道。

2. 服务好你的员工

海底捞的服务员很多都是经人介绍过来的：老乡、朋友、亲戚甚至是家人……这种招聘方式在很多人看来简直是匪夷所思。

餐饮业属于劳动密集型行业，来就餐的顾客是人，管理的员工是人，所以一定要贯彻以人为本。

我始终认为，只有当员工对企业产生认同感和归属感，才会真正快乐地工作，用心去做事，然后再透过他们去传递海底捞的价值理念。试想你可以和亲朋好友一起工作，自然就很开心，这种快乐的情绪对身边的人都是很具感染力的。

海底捞为员工租住的房子全部是正式住宅小区的两、三居室，且都会配备空调；考虑到路程太远会影响员工休息，规定从小区步行到工作地点不能超过20分钟；还有专人负责保洁、为员工拆洗床单；公寓还配备了可上网的电脑；如果员工是夫妻，则考虑给单独房间……

光是员工的住宿费用，一个门店一年就要花掉50万元人民币。

为了激励员工的工作积极性,公司每个月会给大堂经理、店长以上干部、优秀员工的父母寄几百元钱,这些农村的老人大多没有养老保险,这笔钱就相当于给他们发保险了,他们因此也会一再叮嘱自己的孩子在海底捞好好干。

此外,我们出资千万在四川简阳建了一所寄宿学校,让员工的孩子免费上学。我们还设立了专项基金,每年会拨100万元用于治疗员工和直系亲属的重大疾病。

虽然这样的福利和员工激励制度让海底捞的利润率缩水很多,但我觉得这些钱花得值当。

加入海底捞的员工,流动率在头三个月以内会比较高,因为生意太好了,确实太累了,三个月到一年之间有所降低,等过了一年就比较稳定了,能做到店经理就非常稳定了。海底捞员工的薪酬水平在行业内属于中端偏上,但有很完善的晋升机制,层层提拔,这才是最吸引他们的。

绝大多数管理人员包括店长、经理都是从内部提拔上来的。我们会告诉刚进来的员工,你只要好好干,我们一定会提拔你,这是我们的承诺。

在我看来,每个人都有理想,虽然他们中的大多数人来自农村,学历也不高,但他们一样渴望得到一份有前途的工作,希望和城市居民一样舒适、体面地生活,他们也愿意为追逐梦想而努力,用双手改变命运。

我要让他们相信:通过海底捞这个平台,是能够帮助他们去实现这个梦想的。只要个人肯努力,学历、背景这些都不是问题,他们身边的榜样的今天,就是他们的未来。

我们对每个店长的考核,只有两项指标:一是顾客的满意度;二是员工的工作积极性。对于服务员,不可能承诺让所有的顾客都满意,只要做到让大多数顾客满意,那就足够了。我们会邀请一些神秘嘉宾去店里用餐,以此对服务员进行考核。

我看到有的餐厅训练服务员,微笑要露出八颗牙齿,嘴里夹着根筷子训练,我说这不是笑啊,简直比哭还难受,他们脸上僵硬的笑容,并不是发自内心的。海底捞从来不做这类规定,激情+满足感=快乐,这两条都满足了,员工自然就会快乐,并把这种情绪带到工作之中。

3. 海底捞的章法

海底捞的员工有很多级别，有合格、优秀、标兵、劳模等，还有一个晋升的机制，只要干得好，就可以慢慢获得晋升。海底捞的很多店长、小区经理都是来自企业底层，很少有空降的。

我们会这样告诉中层，前两天你还是一个民工，现在你做店长了，甚至做小区经理了，还给你配了车。你改变了命运，现在你底下这些员工，他们还没有改变，你的今天就是他们的明天。你该不该把他们带起来？将心比心，这些道理他们就很容易接受，而且下面的员工也很努力，因为他看到了自己的未来。

海底捞提拔干部，我有一个重要的原则是看这个人是不是与人为善。之所以定了这个标准，是我亲身经历的一件事，它对自己的触动很大。

这件事发生在我的家乡四川。因为开店，我在外面的时间比较多。有一年回家，我向我妈问起“傻子”的情况。我妈说：“你问他干什么？”我说：“他们家很困难，我现在条件好了，想给他送一万块钱过去。”我妈说：“你怎么不早问？他早死了。”

“傻子”是我的同龄人，他的父母可能是近亲结婚，所以他先天弱智。父亲据说是去外地打工了，再也没有回来，大家都猜测实际上是把娘俩给撇了。母子两个相依为命，生活非常艰难。

起先，“傻子”的母亲在一个机械厂工作。后来下岗了，靠在机械厂门口摆小烟摊维持生计。后来机械厂改制，负责人不让她在门口摆摊了，实际上就是把娘俩的生计给断了，没办法，母亲就决定带着儿子一起自杀。

听街坊的描述，那天“傻子”特别高兴，到处跟街坊说，他要吃方便面了。那时候，方便面对于他们家还是个奢侈品。母亲带着“傻子”到了一座小山上，用暖瓶里的水冲开一包方便面，放上老鼠药，娘俩就这样死了。只有一包方便面，做母亲的给了儿子，她自己喝的白水。

那个机械厂的负责人，完全可以让“傻子”的母亲再接着摆摊，或者随便安排一下，但是他没有，直接导致了两条生命的消失。因此，我坚持要求一个中层干部要能与人为善，这一点很重要。

海底捞是没有专门的人力资源部的。我一直觉得人力资源部门是人为地分裂出来的一个组织;对公司的企业文化建设很不利。说实话,人力资源的负责人不可能了解每一个人的能力。通常,他们做事的原则是不得罪人。

其实每个企业都想打造一种宽容、正确的价值观和企业文化,但总是会有一些异类,不认同企业文化。

我觉得一个好的领导一定要有这种变革的勇气和能力。至于怎么处理,这个就千差万别了。有些是很野蛮的,直接剥夺他所有的东西,我觉得也不对,应该互相考虑。但是这个问题一定是要处理,并且不能拖太久。

管理有时候是慈不掌兵,作为企业老总一定要轻而易举地越过这些障碍,在很短的时间内平息这种纠纷。我觉得这跟性格有关,有的人性格上就不太善于处理这种关系,总是有很多理由,比如说老员工啊,他的贡献啊,这样处理起来,就会比较犹豫。

我天然就缺乏这种念旧的情感,没有这种所谓道德上的压力。老婆说我天生六亲不认。不过海底捞很少用极端方式。大多数是降职、训斥,犯了错误的员工以后还是有机会的。开除人也不是经常干的,做老总的,能干一两次就差不多了。我这么多年都没有干过一次。

4. 用服务连接人和信息

提到海底捞,每个人都觉得服务很好,我们能得到这么一个评价也非常不容易。像很多科技公司是用技术把人和信息连接起来,做成一个平台的模式,但是,我想用服务把人和信息连接起来,有可能是前面一种方式的补充。

换句话说,你可以模拟这样一个场景:

一个火锅店的服务员小黄在这里工作十年,然后你老去这个火锅店,你们就会形成一种很好的朋友关系,有一天你加班的时候某个亲戚要来,你可以把钥匙给这个服务员,然后告诉你的亲戚——自己在加班,钥匙由海底捞的小黄给你带上去,这样一来,我们和社区的联系就会比较紧密。

还有一个场景,比如说,一对夫妻来火锅店,先生是山东人,太太是四川人,我们推菜的时候肯定是推四川菜,因为老公的胃口会被老婆改造。

如果他喝酒,喝酱香型还是醇香型,这些在他消费的过程中都能体现出来,这些数据对未来的一些更精准的服务会有很大的帮助。很多人问我,你经历了公司从小到大、人员扩张,有没有什么建议或者经验可以分享?

说实话，我不知道该怎么建议，管理一个有大量人力的公司，我每天都在解决很多解决不了的问题，我解决不好，可能我的同行们也解决不好，只能说大家都尽力了。

我在尽力做的时候，市场也给我机会，还让我活得好好的，我觉得海底捞到今天主要还是幸运，硬要说有什么建议，就好好做呗，别去东想西想的。

因为有十个人去做同一件事情的时候，总有九个人中途会分心去做别的事情，如果你认认真真把这一件事情做好，最后留下来的就是你。

二、海底捞的秘密：把员工当人看，把服务做到极致

1. 授权

海底捞的核心是授权，这是其企业文化的一大核心。

海底捞的授权到了什么程度？

海底捞的服务员，有权给任何一桌客人免单。对了，是服务员不是经理，是免单不是免一两个菜品。送菜、送东西之类的就更别提了。请查一下网上那些“人类已经不能阻止海底捞了”这个关键词吧，段子太多了。

杨小丽是跟着张勇打天下的第一人，也是海底捞的第一副总。当年海底捞走出简阳的第一站，是西安，店长就是杨小丽。有一天，张勇讲述到，杨小丽给他打来电话，兴奋地说：“张哥，我们有车了。”张勇问：“什么车？”杨小丽说：“一辆小面包车，刚买的。”张勇就傻了，一家刚刚异地开分店的小火锅店，店长买了一辆车，竟然没跟老板请示。张勇却也完全没怪罪她。后来，这也就成了海底捞的文化。

这种授权，如何不让员工有主人感？

2. 待遇

待遇不仅仅是钱的问题。餐饮行业大多包吃包住，但很多餐饮企业服务员住的是地下室，吃的是店里的伙饭。海底捞的宿舍一定是有物业管理的小区，虽然挤一点，但是档次是高的。房间还有电脑，有 Wi-Fi。海底捞的服务员不用自己洗衣服，有阿姨洗；吃饭也不在店里，是由阿姨做菜。

有人说海底捞的培训好啊，先培训标准再上岗。可你们知道吗，海底捞的新员工培训，包括如何使用 ATM 机，包括如何乘坐地铁：买卡、充值等。这家企业，在帮助自己的员工（多数都是农民）去融入一个城市。

这种待遇,如何不让员工心存感激?

3. 真诚

海底捞真是一个奇怪的企业。作为餐饮行业最常考核的指标(KPI),比如利润、利润率、单客消费额、营业额、翻台率,这些都不考核。张勇说,我不想因为考核利润导致给客人吃的西瓜不甜、擦手的毛巾有破洞、卫生间的拖把没毛了还继续用。

西方管理学家说:"没有考核,就没有管理。"海底捞则丢掉了所有的硬性 KPI。海底捞既要正式化管理,也要非正式化管理,其实是在强调——管理有模式,无定式,讲严谨性,也讲艺术性。因为在这背后,绕不开人性。

那么,他们考核什么?考核客户满意度、员工积极性、干部培养。

按照一般的管理理论,这三个指标是无法解决内部公平问题的。但是,顾客看到的海底捞员工真诚的微笑,就来自于这里。

海底捞不考核翻台率,但是海底捞的员工比谁都重视翻台率。回到开头的那句话,企业文化才是魂,所有的利润和翻台率,都是附加的、随之而来的、不重要的。

这种真诚,如何不让员工有积极性?

4. 尊重

尊重不仅仅来自待遇,不仅仅是让他们住得好、吃得好,而是尊重每一个想法。现在被诸多火锅店抄袭的眼镜布、头绳、塑料手机套,这样的一个个的想法,竟然是出自一些没有什么文化的服务生。并且,这一个个点子,就如此复制到了每一家店面。

这种尊重,如何不让员工有成就感?又如何不让员工有创造力?

5. 承诺

在海底捞有个说法,叫"嫁妆"。一个店长离职,只要任职超过一年以上,给 8 万块的嫁妆,就算是这个人被小肥羊挖走了,也给。

张勇解释:因为在海底捞工作太累,能干到店长以上,都对海底捞有贡献,应该补偿。

他说,如果是小区经理(大概管 5 家分店左右)走,给 20 万元;大区经理走,送一家火锅店,大概 800 万元。

海底捞至今十几年的历史，店长以上干部上百，从海底捞拿走嫁妆的，只有三个人。

这种承诺，如何不让员工有忠诚度？

海底捞刚进北京的时候，租第一个店面就被骗了。整整300万元，是张勇账上所有的现金。对方背景强劲，这笔钱完全追不回来。

张勇说，当时负责的主管经理急得好几天吃不下饭，张勇都不敢给他打电话。后来听说这群人要找黑社会解决骗子，他才给主管经理打了电话。

他说：“你们就值300万元？干点正经事吧。”

他心疼，但是他不怨员工。他说，将心比心，是他自己去办也会受骗。

张勇有一次被问到，有今天的成功，是因为什么？

张勇答：“可能是因为我比较善良吧。”

三、海底捞“变态”服务故事集锦

(1) 一网友说一次在海底捞吃完饭，要赶火车却打不到的士。门口的小弟看到他带着行李箱，问了情况转身就走。结果紧接着海底捞的店长把自己的SUV开出来，说“赶紧上车吧，时间不多了”……海底捞要冲出宇宙了……

(2) 海底捞的服务无敌了！今天救天井小猫被蚊子咬了好多包！结果海底捞服务员居然跑到马路对面买了风油精送给我……下面的止痒药也是服务员一起买来给我的，因为药店的人说那个止痒效果比风油精好。

(3) 已经无法阻止海底捞了。周六去吃火锅，朋友不小心把丝袜给挂了，她饭后还有第二轮，正郁闷得不得了，结账时服务员居然递上了全新的丝袜!! 还是3双!! 我一下就怔住了……此时那位服务员小妹妹微笑着对我们说，所有海底捞都常年订有袜管家丝袜和棉袜，随时给袜子挂坏或者弄脏了的客人更换。

(4) 海底捞居然搬了张婴儿床给儿子睡觉，大家注意了，是床！我彻底崩溃了！为顾客解决每一个问题，结果就是创新。

(5) 跟孕妇朋友去海底捞吃饭，刚坐下来，服务员就搬来舒服的沙发椅，专门提供给她哦。然后立刻又贴心送我们一盘酸辣口味的泡菜，要不要这么Sweet呀！

(6) 刚接到朋友的电话,说他们单位楼下的海底捞跑到他们公司去,一人发了一杯酸梅汤,说天热辛苦了! 擦!!! 海底捞,你是来消灭地球的吗!?人类已经无法阻止海底捞了!! 看来以后找工作得选公司楼下有海底捞的地点,说不定加班还送夜宵外加送你回家……

(7) 海底捞倒错了汤,居然送了个玉米饼,我晕,对不起饼!

(8) 来海底捞吃饭的朋友的手机掉了,服务员做了一个水果拼盘。太谢谢了,以后谁掉了手机就来这里……

(9) 实在难以淡定! 前面的车是海底捞在送火锅! 野炊火锅啊!

(10) 点名表扬海底捞送餐员冯波同志,顶着寒风为十人送来丰盛晚餐,并餐布、插线板、垃圾桶、电磁炉一应俱全。来后发现餐点不够,主动要去超市买菜,回来后洗菜、切菜。做到这个地步了! 怎么我们家就没有海底捞呢?

(11) 在海底捞发现服务员帮顾客代练游戏,地球已经抵挡不住海底捞了……

(12) 海底捞的外卖终于登陆上海,被震撼了。送来的东西包括:垃圾桶、两个可降解垃圾袋、锅、底料、汤、备用加汤、围裙、木头筷子、碗、口香糖、爆米花、真空包装的调料(包括香菜和葱花)、餐巾纸、各种菜品、勺子、眼镜布、两个皮筋、电磁炉……太牛逼!!! 人类已经无法阻止海底捞了……

(13) 一小时前我发微博说自己肚子很痛,不确定和昨晚的海底捞火锅有没有关系。没过几分钟就收到海底捞在微博上的邀请,询问我的情况。很快店员就联系了我,说如果很难受就先去看病,他们给报销医药费。还问我在什么地址,他们可以过来看看我。额的天哪,人类已经不能再阻止海底捞了……

(14) 海底捞服务员听到我嘶哑的嗓音,默默端来姜汁可乐,对我说,"小姐,这个对感冒好的,我特意为你准备的,亲"。

(15) 昨天在海底捞,无意中跟朋友抱怨京东抢的奈良美智大画册怎么还没到货,结果服务员结账的时候问了我京东会员账户,今天一早三本大画册都送来了!

第三章

《道德经》蕴含的管理哲学

面对当前经济发展全球化的时代，现代管理学在理论上面临巨大的转型压力，在实践上面临更加复杂的管理环境，老子哲学视域内的管理观，无疑对现代管理理论的发展具有积极的启示，对管理实践的价值具有提升作用。

老子管理思想的哲学基础

管理哲学是随着哲学的成熟与发展，在管理实践和管理科学的基础上诞生的。老子管理哲学面向现代管理的实际，借鉴当代管理科学和哲学的最新成果，根植于中国丰厚的传统文化。

管理是科学，也是艺术，其顶端是哲学。因此，管理哲学的价值就在于管理要效法自然、顺其自然，无为而无不为，以达到管理的最高境界。

作为中国古代第一哲人的老子，揭示了事务的抽象存在形式，总结出人们认识事物的抽象思维方法，把中国传统的感性思维方式引领到形而上层面的理性思维方式，是宇宙观、方法论，是认识方法、思维方法和行为方法。

从管理哲学的维度，《道德经》中涉及管理的地方有很多，内容涵盖政治管理、军事管理、文化管理、企业管理等各个管理领域。老子区分了管理的主体与客体，又明确了彼此的职责所在，但老子不是就管理而谈管理，而是从哲学的高度来思考这些问题。

在管理实践中，每一个领导者都会自觉或不自觉地运用“道”的思想，只不过是“日用而不知”。如果能够系统地把握《道德经》的哲学思想,强化自身心智的修炼,那么,不但会使管理者的精神境界更加成熟,更会使其管理境界得到不断提升。

《道德经》是写给每一个领导者的管理哲学,其内涵是为政之“道”、为官之“德”。他不仅告诉管理者要做正确的事,而且告诉我们如何正确地做事。

老子对管理的本质的把握是基于对生命本质的认识。生命的本质是周行的圜道,所以管理的本质只是让其按照大化流行自然的复归其根而已。任何外力控制和多余的制度约束都是违背自然规律的,不仅无法起到积极的作用,反而更容易使其偏离道的轨迹。

因此,在管理实践活动中,要求管理者适度管理、勿忘勿助,要尽力而为、量力而行,同时激发管理者与被管理者自发、自主的管理意识,以“辅万物之自然”的“辅”的位置和心态来认识管理与践行管理,深刻领悟管理的本质,摒弃管理的“有为之心”和妄动,去构建更自然、更平和的管理,顺天应时,把形而上的理论基础与形而下的管理实践有机地结合起来,这即是老子所倡导的管理哲学。

老子管理哲学的特征

老子的思想博大精深。在老子思想中,谈论管理的地方有很多,而且谈得很全面。因为它不是局限于某一领域,也不是在讲具体的管理理论、技巧,可以归于形而上层次上的管理哲学。更为重要的是,他对管理问题的全部论述,都是建立在自己“道”的哲学基础上的。

老子管理哲学思想根植于中国传统文化的土壤,必然带有鲜明的中国传统思想的痕迹。但同时老子又是一位先哲,其独特的思想与表达,不仅在历史上,而且在现在都具有极其重要的价值和影响。老子管理哲学思想有哪些特征呢?

(1) 重本轻术。《道德经》蕴含的管理哲学博大精深、包罗万象,如果依照现代管理学的要素进行研究,我们发现,老子的思想几乎涉及所有的内容，如“决策”“计划”“实施”“监督”“评价”等。但老子不是论述个别的、具体的、特殊的问题的，而是用象的思维和道的理念来说根本原理。老子管理哲学重在给人以思维方法上的启示和引领，是意象性的、观念性的、精神性的，而不是知识性的。因此，他不在意构筑一个完整的明显的框架体系，而在于精神上的追求和哲学范式的思索。

(2) 重于体悟。老子继承了《周易》的“观象”的思维认知模式，在对事物的认识上，老子提倡“观象而知”，整个老子管理哲学思想都是在“观象”的思维模式中一气呵成的，不时闪烁着智慧。自道而德，进而降落到形而下的个人和组织层面，自然无为思想一以贯之；在表达上，老子同样继承了《周易》“立象以尽其意”的表达模式，提倡“不言之教”，他超越了一般语言的限制和框架体系的束缚，行无言之境，言有尽而意无穷，形散而神聚。他超越了西方建立在概念、判断基础上的逻辑推理、思辨的思维认知和表达模式。老子的思维是中国上古三代主导的思维模式，经由《周易》而流传下来，是中国传统文化所特有的思维模式。但是随着近代的西学东渐，在我们对传统文化的批判和丢弃中，已经几乎完全失去了这种“独立守神”的思维认知模式，这是大智慧之失。

(3) 内在相连。现代西方社会是从企业出发认识管理的，而中国却是从哲学走向管理的，所以中国管理思想天然地亲近哲学。尤其是中国早期的管理思想，与哲学思想是共生的、混合交融的，分而言之则是万，和而言之即是一。老子便是如此，老子管理思想本身就是从哲学出发的，管理思想与哲学思想是一体的，从哲学的层面看它是哲学，从管理的视域看就是管理。可以这样说，《老子》既是哲学的，也是管理的。

(4) 修身求道。修身求道是老子个人管理的精髓，而以道治国则是老子整个管理哲学的落脚点。老子管理哲学强调内圣外王，仰望星空，胸怀天下。他完整继承了《周易》推天道以明人事的天人合一的思想体系，在对生命的深刻体悟的基础上，特别强调以修身为本，遵循从修身到治国平天下这样一个由内而外、由己推人的路径。修之身，修之家，修之乡，修之邦，修之天下。修身，在整个传统文化中占有极其重要的地位，“自天子以至于平民，皆以修身为本”，所以历代先哲都极其重视修身的意义和价值，在自己修身成德的同时,留下了极其丰富的遗产。

老子管理哲学的形成路径——效法天地

一个哲学家必从整个宇宙来考察人生,明了宇宙发展的法则,以确定人生活动的方向。老子的管理哲学建立在他的宇宙观之上,也就是说,老子的宇宙观与哲学思维是合一的。

老子通过对天地万物的观察来对事物的本质进行认知,下面从观"道"、观"天地"、观"水"、观"有道者"几个方面对老子管理哲学的形成路径进行分析。

观 "道"

老子认为,如果是观一般的物、事,以生理五官即可,即"视之""听之""搏之"(第十四章),亦即以目视其形、以耳听其声、以手搏其力,由此而知之。因为一般的物、事是可名的,"始制有名,名亦既有"(第三十二章),有形之物方可名之,百姓由名而知之,此之谓"为学日益"(第四十八章)。而道大,"绳绳不可名"(第十四章),不可像观一般物、事那样"视之""听之""搏之",因为道"视之不见""听之不闻""搏之不得"(第十四章),所以老子提出,观道之象,要整体把握、宏观认知,即"视之""听之""搏之","此三者不可致诘,故混而为一"(第十四章)。

老子这里所谓的"视之不见""听之不闻""搏之不得",即"夷""希""微"三象,乃是超越视、听、搏这些感知觉而想象和体悟之象。这种想象和体悟乃是非常合理和深刻的。因为这种想象和体悟打破了感知觉之思的局限性,开辟出一种力图把握整体和无限的思路,即"象思维"的思路。模糊神秘之处就在于,"夷""希""微"三象的存在是不能否定的,因为不能说在感知觉之外就无物存在,但是又不能在概念思维的意义上说出它们是何物,即所谓"不可致诘"。因此,道之象是无以言表、难以名状的,是谓"无状之状,无物之象"(第十四章)。

道自然无为,一气流行,生化万物,即"大道氾兮,其可左右。万物恃之以生……衣养万物”（第三十四章）大道生养天地万物，“天地相合，以降甘露，民莫之令而自均”（第三十二章），天地法道而自然运化，人间的百姓也自然而然地无令而自化，一切皆自然和谐。

大道皆自然无为，侯王亦当如此，民亦当是如此。因此，《老子》第三十二章有言：“道常无名。朴，虽小，天下不敢臣。侯王若能守之，万物将自宾。”

基于此，老子言简意赅地概括管理的实质，一言以尽之：“以辅万物自然，而不敢为。”（第六十四章）

“辅”，是老子管理哲学的一个非常有韵味的用语，即依道而自然相助，使自然万物归道而自然，这便是管理的本义和实质所在；“万物自然”是说作为管理对象的万物自然浑成；“而不敢为”则是对管理者的要求，即遵循天地万物之自然的规律，不可轻举妄动、任意妄为，其结果是侯王无为而百姓“自化”（第五十七章）。

管理的实质遵循生命的根本，即“各复归其根”（第十六章），所以真正的管理只是让其“各复归其根”而已，其他任何的举动，哪怕是纯粹善意的帮助都是无意义的，甚至会起反作用。

“以辅万物自然，而不敢为”是老子对管理实质的高度概括，贯穿于老子管理哲学思想的始终，即“无为而无不为”。

在管理活动开始之前，要明无为之理，即管理者应该明白“无为”的道理，以此面对天地万物之管理，“取天下常以无事，及其有事，不足以取天下”（第四十八章）。

在管理活动进行中，应行无为之事，即遵循无为的原则，不能恣意妄为，避免言语、行动上的冲动，“为者败之，持者失之”（第六十四章）。

在管理活动完成之际，需秉无为之志，即始终如一，自始至终，避免功败垂成，“民之从事，常于几成而败之。慎终如始，则无败事”（第六十四章）。

管理活动达至“无不为”的理想状态后，则当持无为之心，“功成而弗居”（第二章），而不能执着于争功、抢功和居功。

观“天地”

“天地之间，其犹橐龠乎？虚而不屈，动而愈出。”（第五章）这里的“橐籥”是一个极其普通的意象,即鼓风的风箱。老子正是立“橐籥”之象以达“天地”之义,正如王弼注云:“橐,排橐也,籥,乐籥也。橐籥之中空洞,无情无为,故虚而不得穷屈,动而不得竭尽也。天地之中,荡然任自然,故不可得而穷。”

这样,老子通过“橐籥”之“空洞”将天地“荡然”之象完整地呈现出来。同时,又通过“虚而不屈,动而愈出”,将地气上升、天气下降、地天交泰之势充分展示。“道”为天地之母,所以观天地以知“道”。

“天长地久。天地所以能长且久者,以其不自生,故能长生。”(第七章)天地长久亘古不变。它们之所以能够长久存在,原因在于它们的存在不是为了自己,所以能够这样持久。

老子通过观察天地无私无情,更无意求其长生,反而能得到长生久存的道理,倡导人类亦应如此。顺其自然,无私无为,不为自己求荣贵而处先,不为自我身存而贪其厚享,事事为国为民,时时为天下生灵,把己身置之度外。如此日久,必将德望日重,万民钦佩。

“万物并作,吾以是观其复。夫物芸芸,各复归其根。”(第十六章)万物繁茂地生长起来,而我却在平静中观看着它们循环往复。万物纷纷纭纭,但最终都要返还到自己的初始状态。

天地万物虽然复杂万端,但终会复归于寂静虚无的本初。虚无自然、清静无为,是天地之根、万化之宗,无吉凶、无危险,不生不灭,永恒存在。

万物并作,生了长,长了化,化了收,收了藏,藏了已,已而再生。它们就这样反反复复地生了死,死了又生。

万物一次次回归到造化之门那里,它们生前的喧动都在回归造化之门的那一刻戛然而止。喧动的生命结束了,走向极致的虚静。从极致的虚静里,又再一次造化出生命的喧动。如此往复循环,永不停息。

不了解天道,也就不懂得如何顺应天道。不顺应天道,做事情就会失去凭据和道理,那么就会根据人为的想法,胡乱妄为。这样的做法,则会导致损害万物和自己的后果。

把人的本性从现实中抽离出来,达至一个虚无之境。这时,一切喧哗与躁动,都不复存在,唯留一片静寂。守着这样的静寂,渐渐地感到它变得又厚又重,引领我们去向生命的本真。

“希言自然。故飘风不终朝,骤雨不终日。孰为此者?天地。天地尚不能久,而况于人乎?”(第二十三章)清净无为才合乎自然法则。所以说狂风刮不了整整一早晨,暴雨下不了一整天。是谁造成的这种情况呢?是天地。天地尚不能长久维持剧烈变动的状态,何况人呢?

老子把自然现象的因果规律,用飘风、骤雨这样的天地现象来反复说明,一切都在无常变化中。世间万象,分秒在变,无法把握,亦无须把握,人们应该用生命本有的道来以不变应万变。企业经营也是如此,市场环境瞬息万变,但无论内、外部环境如何变化,管理者恪守经营之道,造福社会,诚信为本,则可以不变应万变。

“天之道其犹张弓与?高者抑之,下者举之;有余者损之,不足者补之。天之道,损有余而补不足。人之道则不然,损不足以奉有余。”(第七十七章)天的运行规律不是很像张弓拉弦吗?高了就压低一点,低了就抬高一点;紧了就松一点,力不够就再补上一点。天的运行规律是减去有余的而补给不足的,社会的法则却不是这样,而是剥夺不足的去供奉给有余的。

天地对任何事物都平等,它损有余而补不足,也就是说,大道对满的、强的损之,对谦的、弱的益之,大道始终保持中和。为此,老子将天道的规律比作拉弓射箭,太高了就放低一点,太低了就举高一些,拉得太满了就减损一点,拉得不够就补充一些。

自然之道如此,可人们做事却恰恰相反,喜欢减去不足而补充有余。越有钱的越追求钱财,越有权的越追求权力,贪婪的欲望永无止境,结果穷人越来越穷,民不聊生,揭竿而起,推翻压迫者,重新分配,这是大道的规律,不可违背。

天道的合理性在于追求均衡协调的发展,所以要雪中送炭。人间的现实是“朱门酒肉臭,路有冻死骨”。人性的缺失在于追求片面的、短期的发展,所以热衷于锦上添花,而穷人似乎永远是被损害和被侮辱的。

因此,高明的管理者便会从“损有余而补不足”的天之道中得到智慧:当自己功成名就时,绝不去炫耀,反而会贬损自己。

观　“水”

在《道德经》这部书里，以水来比喻无为之道的地方不少，诸如：“上善若水。水善利万物而不争，处众人之所恶，故几于道”（第八章）；“天下莫柔弱于水，而攻坚强者莫之能胜”（第七十八章）；“天下之至柔，驰骋天下之至坚”（第四十三章）；“江海所以能为百谷王者，以其善下之，故能为百谷王”（第六十六章）；“譬道之在天下，犹川谷之于江海”（第三十二章），等等皆是。孔子也是赞美水的，他说：“知者乐水，仁者乐山；知者动，仁者静”（《论语・雍也》）；“子在川上曰：“逝者如斯夫！不舍昼夜”（《论语・子罕》）。这真所谓圣贤所见略同。

老子把水生动地形容和比喻为道家崇奉的“道”，这里因为水是“善利万物”的，它的运动是顺应自然之势。水的流动有它本身的规律和特性，如水的自发性、至柔性、不争性等。从管理哲学意义上讲，水式管理的最高原则和指导思想就是“道”。

水在方为方，在圆为圆，染红则红，染蓝则蓝，去高就下，顺其自然，可以说是柔之至、弱之极。然而，水斩关夺道，决堤冲坝，穿石毁物，无坚不摧，无所不至。水的体性至柔，其用至刚；体性至弱，其用至强。老子通过对水的观察，形成了独具特色的哲学思维。

“上善若水。水善利万物而不争，处众人之所恶，故几于道。居善地，心善渊，与善仁，言善信，政善治，事善能，动善时。夫唯不争，故无尤。”（第八章）水之性“处下”，随遇而安、顺势而行、自然而然、“善利万物而不争，故几于道”，就如同“道”的品质。安居于很卑下的地位，思想深邃幽远，交往仁慈关爱，言语真实坦诚，为政清净廉明，做事德才兼备，行为择时而动。正因为它与世无争，所以没有灾祸。

水是生命之源，地球上一切原始生命都孕育于水。水生育万物，滋润群生而与万物无争，不求后报。它柔弱温顺，总是处于为人们所鄙弃的最低下的地方，所以水最相似于道。

水的第二个精神就是“不争”，能顺势而为。水无常势，水无常形。道也如此，道不跟万物争，而天地万物则无法与道相争。人要学水的精神，抱着利他、不争的心态做事，才会如鱼得水。

常言道："人往高处走，水往低处流。"人总是喜欢奉上欺下、攀高附贵、青云直上，而水则总是流向低凹的、最安全的地方，无倾覆之患。人心总是有私心杂念、七情六欲之烦扰，而水静则清澈湛然、可鉴万物，如心灵之善渊。

水善养万物，施恩不求报，为了净化他物而把自身弄得全是污浊，最后还要流到最低的地方，不再被人重视。这种"甘愿付出，不求回报"的精神就是"道"的品质，这种品质在《道德经》里也叫"柔弱"，即永远把自己的私欲放在最柔弱的位置，而把付出放在最强大的地方。

水的特性，虽有"居善地，心善渊，与善仁，言善信，政善治，事善能，动善时"这"七善"，但都是出于自然，与物无争。因此，水才没有过失。老子以水喻道，阐明了近道之人所应具备的品格。

"江海所以能为百谷王者，以其善下之，故能为百谷王。"（第六十六章）江海之所以能容纳百川，原因在于它乐于处于百川的下游，所以才能使百川汇集。老子通过对江海的观察，用江海来比喻人的处下、居后，同时也以江海象征人的包容、大度。正是因为海的位置最低，所以才笑纳百川，包罗万象。

"天下莫柔弱于水，而攻坚强者莫之能胜，以其无以易之。"（第七十八章）天下没有比水更柔弱的东西了，然而穿透坚硬岩石的力量没有能够比得过它的，也没有能够代替得了它的。洪水泛滥时，什么东西能抵挡住它呢？再看，屋檐下的点滴雨水，日复一日，就能把一块坚石滴穿。由此证明，水是世界上最柔弱的，却能摧毁世界上最坚强的东西。这不就是柔弱的作用吗？

"知其雄，守其雌，为天下谿；……知其白，守其黑，为天下式；……知其荣，守其辱，为天下谷。"（第二十八章）明知道什么是雄强的，却安守于雌柔的位置，甘愿做天下的溪涧，这就接近永恒的"道"了。儒家思想中提倡的"仁，义，礼，智，信"，用这种社会的约束力来规范人们思想的道德约束力，老子是反对的。老子主张自然无为，"复归"就是老子所崇尚的生活法则。复归的意思就是返璞归真，达到一种自然的状态，让人们真正回到自然素朴的状态。老子的这种为人处世的态度，就是一种退守的原则，为了保身处世。但是这不能仅仅理解为退缩或者逃避，老子的思想还含有主宰性，"守雌、知雄"，让人们主动地把自己处在最妥当、最恰当的位置。

《道德经》以水喻“道”,用水的柔弱与顽强来形容“道”的特征。我们总是强调要无私奉献,无私就是私心欲望要柔弱,奉献就是付出的愿望与力量要强大。无私奉献的精神源于水的“道”的特征,也是管理者应该具备的品性之一。

观“有道者”

老子的“古之善为士者”即有道者,老子对其进行了详尽的描述,即“豫兮若冬涉川,犹兮若畏四邻,俨兮其若客,涣兮其若凌释,敦兮其若朴,旷兮其若谷,混兮其若浊。”(第十五章)以此,对有道者之象进行整体表达——“微妙玄通,深不可识”(第十五章)。老子对有道者“强为之容”(第十五章)的观象与对“道”“强为之名”的观象则是一致的:“有物混成,先天地生……吾不知其名,强字之曰道,强为之名曰大。大曰逝,逝曰远,远曰反。”(第二十五章)这里的“物”“道”“大”“逝”“远”“反”都是对“道”整体之象的表达。

“圣人之治,虚其心,实其腹;弱其志,强其骨。常使民无知无欲,使夫知者不敢为也。”(第三章)老子的管理哲学认为,“圣人之治”即高明的管理,是满腹而虚心、实体而无欲、强身而弱志、身壮而无邪。同时,达到“使民无知无欲”,即让百姓保持其自然之本性,没有太多的私心和欲求,“使夫知者不敢为”即让私心用智的人不敢随意妄为。

“企者不立,跨者不行。自见者不明,自是者不彰,自伐者无功,自矜者不长。其于道也,曰余食赘形,物或恶之,故有道者不处也。”(第二十四章)有违大道自然、私心用智之人,即“企者”“跨者”“自见者”“自是者”“自伐者”“自矜者”,其结果即是“不立”“不行”“不明”“不彰”“无功”“不长”,“其在道也,曰余食赘形”,而“不自见,故明;不自是,故彰;不自伐,故有功;不自矜,故长”,“是以圣人抱一为天下式”,“夫唯不争,故天下莫能与之争。古之所谓曲则全者,岂虚言哉!诚全而归之”(第二十二章)。

“孰能有余以奉天下?唯有道者。是以圣人为而不恃,功成而不处,其不欲见贤。”(第七十七章)谁能够把富余的东西奉献给天下人?只有懂得道的人才会这样做。因此,圣人帮助万物而不凭仗它们,居功而不自傲,并且他也不愿张扬自己的美德和才能。有道的管理者从“损有余而补不足”的天之道中得到智慧:当自己功成名就时,绝不去炫耀,反而会贬损自己。他们怀着“先天下之忧而忧，后天下之乐而乐”之心，甘于奉献，功成身退，这才是管理的至高境界。

“夫兵者，不祥之器，物或恶之，故有道者不处。”（第三十一章）兵器是不祥之物，人们都很厌恶它，所以有道之人不去使用它。有道德的仁人君子，用道的规则治理国家，以无为的治理方式让百姓信服，不主张依靠强兵利器强于天下。他们深知武器不是吉祥之物，在不得已的情况来临时使用。企业管理也是如此，对外仰仗自身优势恶性竞争，欲致竞争对手于死地；对内以严格的规章制度来约束员工，让员工没有一点灵活和自由，这些都不是管理之道。

有违大道自然的管理者由于私心用智，所以祸国殃民：“天下多忌讳，而民弥贫；民多利器，国家滋昏；人多伎巧，奇物滋起；法令滋彰，盗贼多有。”（第五十七章）又，“民之饥，以其上食税之多，是以饥。民之难治，以其上之有为，是以难治。民之轻死，以其上求生之厚，是以轻死”（第七十五章）。最终导致“民不畏威”（第七十二章）、“民不畏死”（第七十四章），而“大威”降临到无道侯王身上，致其身死，国破家亡。因此，与其妄动，不如无为。

因此，在侯王与百姓之间，最佳的管理原则应是：“我无为，而民自化；我好静，而民自正；我无事，而民自富；我无欲，而民自朴。”（第五十七章）老子所说的民自化、民自正、民自富、民自朴都是无为而治的效果，或许人们不明白，为什么无为而治会有这样神奇的效果，不相信这样的结果是因为老子基本上只是提出了自己的理想和价值，并没有详细论证如何实行无为而治。老子哲学是“学”而不是“术”，并不是落脚在提供社会管理的具体的方法和细则上。

老子管理哲学的核心——以人为本

人是“道”的行为主体

管理系统的构成有三部分：人、组织、环境。人是构成管理的基本要素，只有人是主导整个系统的，管理就是把人的理念、目标、计划等落实到具体的实施措施当中去。人、组织、环境,成为管理系统的层次性的构成,而且三者之间存在着复杂的关系,如何以人为本处理好它们之间的关系对管理的成功与否有重大的影响。

管理哲学最终要落脚到人。老子认为,作为行为的重要主体——“人”的行为的最高境界,就是要效法天地自然,而达至天人合一。道生万物,天地生人,即“朴散则为器”(第二十八章),生命的本质即是“复命”。人类作为大道自然运化的一部分,自然应该服从大道运行的规律,而不得私心妄为。

生命的本质在于效法自然

生命运行的轨迹是在单向度的时间维度内做圆道的“周行”。人的个体生命存在许多循环,它们隶属于不同的层级,但都处在一个大的自然循环往复的过程中,即“大曰逝,逝曰远,远曰反”(第二十五章),如四季更替往复一样。既然生命运行的轨迹是“不殆”之“周行”(第二十五章),那么,生命的本质,就是“反”(第二十五章)和“复”“归”(第十六章)了,即“夫物芸芸,各复归其根。归根曰静,静曰复命”(第十六章)。老子以“复命”明示,要像士兵服从军令一样地遵循自己生命的本质。由生命的本质所决定的行为的本质,就在于自然地返回、复归,即效法天地自然。

依据天人合一,人的行为理应遵循“道”,即“道法自然”(第二十五章)、“功成名遂身退,天之道”(第九章)。人们往往“不知常,妄作凶”(第十六章),这是由于私心萌动、欲望横流所导致的破坏自然“复命”的“妄行”“妄为”所致。现实中存在着众多的行为之“妄”,为君者有“妄”,为臣者有“妄”,为百姓者亦有“妄”。

1. 为君者之“妄”

为君者之“妄”有哪些呢?老子一一列举:“自见……自是……自伐……自矜,与天下争”(第二十二章)、“万乘之主,而以身轻天下”(第二十六章)。这些人生之“妄”,世俗之君还以为是高明的智慧,引以为傲、自以为宝,但“其在道也,曰余食赘形。物或恶之,故有道者不处”(第二十四章)。

对于这些“妄作”,老子告诫:“企者不立,跨者不行。自见者不明,自是者不彰,自伐者无功,自矜者不长。”(第二十四章)而且,“五色令人目盲,五音令人耳聋，五味令人口爽，驰骋畋猎令人心发狂，难得之货令人行妨”（第十二章）。同时，“持而盈之，不如其已；揣而锐之，不可长保。金玉满堂，莫之能守；富贵而骄，自遗其咎”（第九章）。

老子还认为，侯王之“妄”有其更大的危害性：“侯王无以贵高，将恐蹶。”（第三十九章）如果侯王妄动，将身死国亡。当时各个诸侯都想通过战争攻伐一统天下，自己做天子，号令诸侯，因而战争残酷异常，造成极大的人力和物资的损失。老子有言：“天下无道，戎马生于郊。”（第四十六章）对于“取天下”之霸道，老子持坚决反对的态度：

“将欲取天下，而为之，吾见其不得已。天下神器，不可为也。为者败之，执者失之。”（第二十九章）

老子认为，“天下”当“以时为正”，顺势而动。只有这样，“侯王得一以为天下正”（第三十九章），“执大象”方能自然“天下往”（第三十五章），而达到“往而不害，安平太”（第三十五章）的理想状态，如同老子在第十六章所描述的“知常容，容乃公，公乃王”。基于此，老子力劝侯王，“夫亦将知止，知止可以不殆”（第三十二章），“知”无为之妙，而“止”于无为。

2. 为臣者之“妄”

为臣者之“妄”，老子亦有专门论述。为臣者往往因争“宠信”“宠爱”（第十三章）而献媚君上，患得患失。对此，老子以“宠”为“辱”。在老子看来，究其本质而言，“宠”始终是“为下”的，为臣者若怀着争“宠”的心态，必然是“得之若惊，失之若惊”（第十三章），因此，为臣者当“以道佐人主”（第三十章）。

为臣者首先自己要修道而得之，即执一、抱道，以修道者自处；而作为臣下，则应该依照自然之道来辅佐君上，“处无为之事，行不言之教”（第二章），而防止君上之“妄”言、“妄”行，以使邦国太平顺治。

在“取天下”（第二十九章）的问题上，君臣是一致的：侯王都想争霸天下，而为臣者纷纷力主侯王合纵连横，“以兵强天下”。结果造成连年战乱，即“师之所处，荆棘生焉；大军之后，必有凶年”（第三十章）的局面。对此，老子认为“兵者，不祥之器，非君子之器，不得已而用之，恬淡为上”（第三十一章），且“果而勿强。物壮则老，是谓不道，不道早已”（第三十章）。基于此，老子倡言“侯得一以为天下贞”（第三十九章）的“王天下”之大道，同时主张臣子当“以道佐人主者,不以兵强天下”(第三十章)。

3. 为百姓者之“妄”

至于百姓之“妄”言、“妄”行,如“民不畏威”(第七十二章)、“民不畏死”(第七十四章)、“民之难治”(第七十五章),在老子看来皆是在上者之“妄”言、“妄”行所致。百姓本自然,君臣“无为”,百姓之“妄”自然也就不存在了。

在管理哲学的领域内,老子的“我”“民”即是管理者与被管理者,是对管理角色的区分。老子管理哲学中管理者与被管理者角色的划分的用语是“我”和“民”,更有亲和力、相容性和紧密联系性,管理者与被管理者之间不容易产生对立。

以人为本重在无为而治

针对管理者,老子从管理哲学的高度明确了其管理职责:“是以圣人处无为之事,行不言之教。”(第二章)这正是老子的高明与独特之处,他对管理者职责的确定不是具体到该做什么和不该做什么,而是通过“处无为之事,行不言之教”达到“无为之治”的目的。这是一种很高的管理境界,是智慧而不是知识,是理念而不是技术,是管理哲学而不是管理之术。

同时,老子还对领导者在管理过程中的管理态度提出要求:“万物作焉而不辞。生而不有,为而不恃,功成而弗居”(第二章),这是有道者的境界,是管理者应有的胸怀。这又是老子之慧,不是具体地提出管理者素质能力的要求,而是管理哲学高度的境界上的升华。

如此,领导者的行为遵从“道”,管理者与被管理者之间就可以互动作用、良性循环了,于是理想的管理目标便可以实现:“我无为,而民自化;我好静,而民自正;我无事,而民自富;我无欲,而民自朴。”(第五十七章)

老子是从管理者与被管理者之间上下一致、良性互动中自然而然地实现管理目标的,这中间没有强求,没有刻意,甚至没有任何管理痕迹。管理者“无为”“好静”“无事”“无欲”,被管理者“自化”“自正”“自富”“自朴”,这就是老子“无为而无不为”的思想理念,是老子管理哲学的智慧与独道之处。本部分旨在表明老子管理的哲学特征,对“以人为本”的深入论述,如为什么要“以人为本”、如何做到“以人为本”等内容请参见本书第五章的相关部分。

管理案例之三：来自餐厅的改革

日本著名的企业家盛田昭夫先生多年来一直保持着与职工一起吃饭、聊天的习惯。这天，他按照惯例来到公司餐厅，与职工一起就餐。在聊天的过程中，他无意间发现了一个满面愁容的年轻员工，该员工只是黑着脸闷头吃饭，谁也不搭理。

盛田昭夫知道这个年轻人一定是遇上了什么不开心的事儿，于是就主动坐到年轻人对面和他交谈。一开始，年轻职工有点排斥坐在对面的盛田昭夫，不太愿意和他说话。

当他们一起喝了几杯酒后，年轻人终于开了口："我是东京大学毕业的，来索尼工作前有一份待遇优厚的工作，但是因为崇拜索尼公司，要在索尼公司做出一番成就，就辞掉工作来到索尼。我原本以为在索尼能实现自己的价值，但是我发现我什么都做不了。因为我不是在为索尼工作，而是在为课长服务。"

"我在这里一点自由都没有，也没有成就感，所有的建议和行动都必须得到课长的批准才能执行，可是课长根本就不把我当回事儿。课长不仅从来不支持我自己的一些小发明，而且还经常挖苦我是想出风头、有野心。是的，我在这里工作没有任何乐趣可言，我已经心灰意冷。为什么当初我要放弃那么好的工作，来索尼过无聊的生活？老实说，我已经打算辞职了。"

听了年轻员工的话，盛田昭夫非常震惊，他马上想到类似的问题并不会少，之所以出现这类问题，都是管理者的错，因为管理者不够关心员工，没有了解到员工的真实需求。他知道如果这个问题不解决，索尼就会流失大批人才。

于是，他立即着手对公司的人事管理制度进行了改革，索尼公司开始每周在内部刊物上刊登公司各部门的"求人广告"，鼓励员工自由应聘，而且规定他们的上司没有权力阻止。另外，索尼公司原则上每隔两年就让员工调换一次工作，为那些精力旺盛、干劲十足的人才提供施展才能的机会，满足他们的需求。

案例分析：

现实生活中，很多企业的管理者每天都在忙所谓的大事，他们没有时间坐下来倾听员工的心声,没有时间去了解员工的真实需求。因此,这样的企业是做不长的,这些管理者的做法也只是舍本逐末。因为如果连员工想要什么都不清楚,企业又怎么会得到好的发展呢?

那么,企业的员工都有哪些基本的需求呢?按照美国心理学家马斯洛提出的基本需求层次理论,一个正常的人基本上有五种需求,这五种需求就像阶梯一样从低到高,按层次逐级递升,它们分别是:生理上的需求、安全上的需求、情感和归属的需求、尊重的需求、自我实现的需求。这五种基本需求的内容如下:

1. 生理需求

这种需求是级别最低的需求,人类对水、食物、空气、性的需求都是生理需求。当生理需求没有得到满足时,人们不会考虑别的事,只是想活下去,而且道德观、思考能力明显变得脆弱。当企业发现员工的生理需求无法得到满足时,就要给员工增加工资福利,改善员工的劳动条件,等等。

2. 安全需求

这种需求也属于低级别的需求,主要表现为希望人身安全得到保障、拥有稳定的生活以及避免遭遇痛苦、威胁和疾病。当这种需求无法得到满足时,人们会认为自己周围的一切都是危险的,从而变得紧张不安,不相信别人,不相信企业和社会,不敢拥有社交生活。因此,当管理者发现员工无法满足安全需求时,就要强调规章制度、福利待遇和职业保障,并保护员工不至于失业。此外,还要努力为员工提供失业保险、医疗保险和退休福利。

3. 情感和归属的需求

这种需求又被称为社交需求,属于较高层次的需求,比如说对爱情、友谊以及隶属关系的需求。社交需求无法满足的结果是:因为无法感受到来自亲人、朋友的关怀而认为自己活着没什么意思。对于存在社交需求的员工,企业应该鼓励员工之间的正常交往,支持员工寻找与建立和谐温馨的人际关系,还要多开展有组织的体育赛事和员工聚会。

4. 尊重需求

这种需求属于较高层次的需求,人们对名声、成就、地位和晋升机会的需求都算是尊重需求。尊重需求既包括对自我价值或成就的自我感觉,也包括他人对自己的尊重和认可。当一个人没有办法满足这种需求时，就会变得很在意面子问题，或是很积极地通过某些行动让别人认同自己，也很容易为了满足虚荣心而去做某件事。当企业的管理者发现自己的某些员工存在这种需求的时候，就要公开表扬和奖励或是颁发荣誉证书，等等。

5. 自我实现需求

这是最高层次的需求，包括对于获得真善美至高人生境界的需求。需要注意的是，当前面提到的需求都得到满足时，最高层次的需求才能产生，这是一种衍生性需求，具体表现为要求自我实现或是发挥潜能。当这种需求没有得到满足时，人们会很想做点事，让自己变得更加充实，或是很想超越自己，等等。企业在面对拥有这种需求的员工时，应该给那些有特长的员工委派特别的任务，在给员工安排工作时，要给员工留下发挥的空间。

了解了人类的五种基本需求后，企业的管理者就可以根据员工的真实需求采取相应的措施。那么，管理者怎样清楚了解员工的真实需求呢？

(1) 从外部进行了解。具体来说，就是通过对员工的家人、亲戚、朋友、客户以及离职员工的调查和访谈来间接了解员工的真实情况。

(2) 换位思考。企业的管理者应该尝试着站在员工的角度去体验员工的心理，去认真考虑他们的需求，了解他们所处的真实环境和真实感受。

(3) 加强与员工的沟通与交流。具体来说，就是要在企业内部建立正式的与非正式的互动式沟通和反馈渠道，通过情感方面的沟通，了解不同员工的不同需求，也能了解员工在不同时期的需求重点。

(4) 运用内部营销的技术和方法。具体来说，就是把员工当作企业的内部顾客，再运用营销调研技术，比如说问卷调查、实地观察、圆桌会议等技术去了解员工的真实动机、信仰、情绪、价值观、潜在的反抗和恐惧等。通过这些方法去了解和把握员工的真实欲望、需求和情感。

本案例从管理者的角度看，考虑的重点是如何能防止组织的思维定势僵化、固化，从而妨碍组织的发展和阻挠企业的决策，以至于组织的损失或解散。这也是任何组织都要面对的问题，大到国家，小到家庭都会遇到。

很多无论是传统型团队还是自我管理型团队，时间久了，其内部成员由于互相熟悉，就会缺乏活力与新鲜感，从而产生惰性。尤其是一些老员工，工作时间长了就容易厌倦、懒惰、倚老卖老,严重影响团队的战斗力,如何应对呢?

管理学上有一个“鲶鱼效应”的概念,来自于一个真实的故事。有个国家的人喜欢吃一种鱼,尤其是活鱼。市场上活鱼的价格要比死鱼高许多,所以渔民总是想方设法让鱼活着回到渔港。可是虽然经过种种努力,绝大部分鱼还是在中途因窒息而死亡。但却有一艘渔船总能让大部分鱼活着回到渔港。他们是怎样做到的呢?出于众所周知的原因,船长严格保守着秘密。直到船长去世,谜底才揭开。

原来是船长在装满沙丁鱼的鱼槽里放进了一条以鱼为主要食物的鲶鱼。鲶鱼进入鱼槽后,由于环境陌生,便四处游动。沙丁鱼见了鲶鱼十分紧张,左冲右突,四处躲避,加速游动。这样,沙丁鱼缺氧的问题就迎刃而解了,沙丁鱼也就不会死了。这样一来,一条条沙丁鱼活蹦乱跳地回到了渔港。这就是著名的“鲶鱼效应”。

鲶鱼效应的本质就是:鲶鱼在搅动小鱼生存环境的同时,也激活了小鱼的求生能力。市场运作上运用鲶鱼效应,即采取一种手段或措施,刺激一些企业活跃起来投入到市场中积极参与竞争,从而激活市场中的同行业企业,其实质是一种负激励。同时也是企业内部激活员工队伍的必杀绝技。

当一个团队发展到一种相对平稳的状态时,团队内成员的主动性就会变低,相应的生产效率也会跟着下降。此时,需要领导者利用鲶鱼效应,开展竞争机制,建立奖励制度,引起队员之间的良性竞争,从而在提高个体素质的同时达到加强整体能力的目标。或者是人际关系中遇到具有鲶鱼特质的人物,大可以使其充分发挥出自身的奇思妙想,发挥他们的创新思维。

鲶鱼效应作为负激励的一种技术,会涉及一些心理学的概念:

正激励,特指对激励对象的肯定、承认、赞扬、奖赏、信任等具有正面意义的激励艺术。

负激励,是指当组织成员的行为不符合组织目标或社会需要时,组织将给予惩罚或批评,使之减弱和消退,从而抑制这种行为。

正激励和负激励作为两种相辅相成的激励类型,它们是从不同的侧面对人的行为起强化作用。正激励是主动性的激励,负激励是被动性的激励,它是通过对人的错误动机和行为进行压抑和制止，促使其幡然悔悟、改弦更张。

正激励与负激励都是必要而有效的，因为这两种方式的激励效果不仅会直接作用于个人，而且会间接地影响周围的个体与群体。通过树立正面的榜样和反面的典型，扶正祛邪，形成一种良好的风范，就会产生无形的正面行为规范，能够使整个群体的行为导向更积极，更富有生气，最终使企业管理尽善尽美。

从沟通方式来看，盛田昭夫是亲和的人，一贯保持和基层人员的沟通，这种方式就是我们常提到的南风效应。南风效应来自法国作家拉·封丹的一则寓言，叙述了下面这个故事：

北风和南风比威力，看谁能把行人身上的大衣脱掉。北风首先来一个冷风凛凛、寒冷刺骨，结果行人为了抵御北风的侵袭，便把大衣裹得紧紧的。南风则徐徐吹动，顿时风和日丽，行人觉得春暖上身，始而解开纽扣，继而脱掉大衣。南风获得了胜利。

南风与北风，延伸出北风效应与南风效应。北风效应，运用强势手段征服他人，反而迫使他人产生抗拒心理。南风效应，通过与对方交流，告诉他，我可以帮助你什么，你其实是在为自己做事，你需要的是自我实现，而非为他人做嫁衣。“南风”法则也叫作“温暖”法则。这个效应里包含了很多沟通的态度和技巧，比如态度真诚和热情，鼓励，善于聆听和共情，都是不可缺失的，这也是亲和力的重要体现。

从员工自身的发展看，要避免晕轮效应。

年轻人说：“我是东京大学毕业的，在这里一点自由都没有，也没有成就感，所有的建议和行动都必须得到课长的批准才能执行，可是课长根本就不把我当回事儿。课长不仅从来不支持我自己的一些小发明，而且还经常挖苦我是想出风头、有野心。是的，我在这里工作没有任何乐趣可言，已经打算辞职了。”这就是典型的晕轮效应。

晕轮效应又称“光环效应”，是指当认知者对一个人的某种特征形成好或坏的印象后，他还倾向于据此推论该人其他方面的特征。本质上是一种以偏概全的认知上的偏误。就像我们经常感叹的“理想很丰满，现实很骨感”。尽量建立正确的认知体系，才能有利于个体的发展。

老子管理哲学的思维方法——辩证思维

《道德经》通篇都蕴含着丰富的辩证法思想。它以整体的观点客观地说明世间的万事万物，强调对自然、社会、人的整体性和统一性认识，对各种事物的现象进行综合、归纳，从而提炼出其本质。朴素的哲学辩证法思想是老子哲学思想体系中最具有价值的地方。

矛盾普遍性

老子认为，世界上万事万物的运动发展和变化是在事物矛盾双方对立的状态之中产生发展的，事物对立着的双方是相互依存、相互渗透、相互联结、相互包含、相互转化的。“反者道之动”，蕴含了丰富的哲学辩证法思想，其在产生、发展和成熟的过程中，渗透到意识形态等多个领域，对我国的政治、经济、哲学、文学艺术、科学技术、民族心理、社会习俗等各个方面都产生了深刻的影响。《道德经》中“有无相生、难易相成”的辩证思维被广泛地运用在现代经济生活的各个方面，展现出其独有的智慧与魅力。

老子哲学把相反相成、物极必反看作万物发展变化的基本规律。在思维方式上，他长于逆向思维，强调要“正言若反”，即善于从对立的角度去发现隐蔽在事物中的相反的因素和负面价值，从矛盾转化的角度去预测事物发展的趋势和反面的作用。

“天下皆知美之为美，斯恶已；皆知善之为善，斯不善矣。故有无相生，难易相成，长短相形，高下相倾，音声相和，前后相随。”(第二章)如果世间的人都明了美的东西是美的，那么丑恶的东西就暴露出来了；都知道善良的行为是善的，那么不善良的行为就显露出来了。有和无产生于相互对立，难和易形成于相互对应。长和短显现于相互比较，高和下存在于相互依赖，音和声和谐于相互应和，前和后出现于相互对比。

通过对常见的自然现象和社会现象的观察与研究，老子得出一个普遍真理：世间万事万物都是相互依存、相互联系、相互作用的，由此提出了朴素的辩证法思想。

为了进一步形象地说明这一理论，老子举出了一些相互对立的概念，天下事物，在表观上总是分为真、善、美和假、恶、丑两个对立的方面。然而，任何事物或善或美、或恶或丑都具有两重性和可变性，都是相对的而不是绝对的，它们可以"正复为奇，善复为妖"。美的可以造成恶的结果，善的会造成不善的影响。

一切事物都处于运动变化之中，美会转化为不美，善会转化为不善，这是事物发展的必然规律。把美的事物当成永恒的美，把善的事物视为绝对的善，必然事与愿违，导致恶的、不善的结果。

"大道废，有仁义；智慧出，有大伪；六亲不和，有孝慈；国家昏乱，有忠臣。"（第十八章）社会秩序遭到废弃，才有仁义的产生；智慧得到应用，才有邪恶的虚伪；看到家庭不和的危害，才有对孝慈的提倡；国家动乱，才显出谁是忠臣。老子把辩证法思想应用于社会，分析了智慧与虚伪、孝慈与家庭纠纷、国家混乱与忠臣等的对应关系。国家大治、六亲和顺，就显不出忠臣孝子。只有六亲不和、国家昏乱，才需要提倡孝和忠，这也是相互依属的关系。这是说，社会对某种德行的提倡和表彰，正是由于社会特别欠缺这种德行的缘故。

由此，老子告诫我们——做人要抛弃对"智慧""孝慈""忠臣"的过分追求，安守本分才无大碍，如此社会才会安定，家庭才会和睦，国家才能长治久安。这些话充分体现了相反相成的辩证哲学。

"祸兮，福之所倚；福兮，祸之所伏。"（第五十八章）福祸常在一念之间，这是一种辩证思想，即使是看起来很坏的事情，也会带来意想不到的好处。任何事情都有它的两面性，关键是看你如何从不利的一面当中看到有利的那一面。"正复为奇，善复为妖。"我们一般人对一件事物，只能看到已成之局而不能预料它的将成之势，好就是好，坏就坏，福就是福，祸就是祸。但是老子却认为天下事没有绝对的，正的可以忽然转变为奇的，善的可以忽然转变为恶的。

"大成若缺，其用不弊。"（第四十五章）最圆满的却像缺少什么，但它的作用却不会衰竭。获得了很大的成功还要表现得有所欠缺，做事留有余地，才能使自己进退自如。在管理中，领导者凡事要把握一个度，不可追求圆满无缺,避免物极必反,才不至于走向极端、一败涂地。

一位著名的企业家在作报告,一位听众问:“你在事业上取得了巨大的成功,请问,对你来说,最重要的是什么?”

企业家没有直接回答,他拿起粉笔在黑板上画了一个圈,只是并没有画圆满,留下一个缺口。他反问道:“这是什么?”

“零。”“圈。”“未完成的事业。”“成功。”台下的听众七嘴八舌地答道。

他对这些回答未置可否:“其实,这只是一个未画完整的句号。你们问我为什么会取得辉煌的业绩,道理很简单:我不会把事情做得很圆满,就像画个句号,一定要留个缺口,让我的下属去填满它。”

留个缺口给他人,并不说明自己的能力不强。实际上,这是一种管理的智慧,是一种更高层次上带有全局性的圆满。

每一个成功的企业家,无不通过超人的智慧和努力才取得事业上的成就。每一步的成功都体现了企业家的勇气和魄力,也使他们变得更加自信。因此,一些企业家往往一方面“求贤若渴”,一方面长久以来养成的习惯使自己很难在工作中留下一个“缺口”让下属去完善,把自己弄得心力交瘁不说,管理者事必躬亲也是对员工智慧的一种扼杀。再好的人才也需要锻炼,纸上谈兵,在实战的时候往往只会一败涂地。留一个缺口来锻炼下属,让下属去填满它,就显得非常必要。

给猴子一棵树,让它不停地攀登;给老虎一座山,让它自由驰骋。也许,这就是企业管理用人的最高境界。

在管理工作中,每个人都想实现自我价值。管理者成功地放下权力,让每个员工都有机会,都能为工作的完成而努力,员工才会更愿意对工作负责,有热情把工作做好。员工畏首畏尾,什么事情都请示领导,不仅降低了自己的主观能动力,长此以往,责任心也会大大降低。为下属画好蓝图,留下空间,让他们充分发挥自己的智慧,他们会画得更好。魏征曾经说过:“惧满盈,则思江海下百川。”有为人下的胸怀,才能吸引群贤毕至,以沧海的低位自居,才会达到“百川到海”的澎湃。

“甚爱必大费，多藏必厚亡。知足不辱，知止不殆，可以长久。”(第四十四章)意思就是说爱得越深，失的就越多；只有知道满足的人，才可以长久地保持拥有。现实中就是如此，当你期待某一事物时，你越想有，或许就越没有，因为它的变化并不是你所期待的那样。相反，你越不看重它，反而还可能会得到它。爱和恨、得与失本是一对矛盾，但双方是可以相互转化的，不是一成不变的，这种变化不以某人的个人喜好为转移。

老子十分重视事物矛盾双方的对立和转化，希望人们能够遵循客观规律来办事，能以无为的方式去正视矛盾、化解矛盾、消除矛盾。他还主张发挥人的创造性，用无为的手段方式来达到有为的目的。这是老子哲学辩证法思想的灵活运用。

老子对矛盾观念表述最深刻的是“万物负阴而抱阳”(第四十二章)这句话。他认为世上万事万物都包含着阴阳两个对立面。也就是说，世上一切事物，都存在着阴与阳的矛盾。阴、阳在中国古代哲学里是指构成万物最基本的原质，引申而指一切相互对立的两个方面。“万物负阴而抱阳”实质上就是明确地道出矛盾的普遍性这一重要的哲学原理。

《道德经》在辩证法的运用方面为现代企业管理提供了独到的见解。事物总是向对立面转化的，物极必反，阴极阳生，阳消阴伏，否极泰来。因此，管理者要学会辩证思维，学会随机应变。如果无法从事物的正面出发到达目的地，那就换一条路，从事物的反面入手解决问题。要学会“强大处下，柔弱处上”，要“知其荣，守其辱，为天下谷”。同时，对管理中千丝万缕的矛盾表象，要善于运用辩证的眼光来分析看待。“有无相生，难易相成，长短相形，高下相倾。”(第二章)难和易不是一成不变的，无下则无上，无高亦无低，二者是对立统一、相反相成、相互转化的关系。

因此，解决问题的高妙方法就是“将欲歙之，必固张之；将欲弱之，必固强之；将欲废之，必固兴之；将欲夺之，必固与之。”(第三十六章)要想收缩它，必定先使它扩张；想要削弱它，必定先使它刚强；将要废黜它，必定先是提举它；将要夺取它，必定先要给予它。这样，许多问题就可迎刃而解。很多人由此认为老子是一个阴谋家。其实并非如此，老子只不过是善于从道出发解释事物转换的规律。从辩证角度，老子主张自然无为、知刚强而守柔弱、以柔克刚、以退为进,最终达到“无为而无不为”的境界。

量变质变规律

老子在探讨矛盾引起事物变化的过程中,发现事物是一个由小到大、由低到高、由近到远、由易而难、积少成多的辩证发展过程。他提出了事物的质变是由量变引起,量变到一定程度就必然会发生质变这一重要的哲学命题。这一哲学命题,对现代企业管理来说,很有实用价值。

老子首先以生动的形象比喻,向人们直观地描绘了事物由量变到质变的过程。他说:“合抱之木,生于毫末;九层之台,起于累土;千里之行,始于足下。”(第六十四章)即合抱的大树,是从幼苗长起来的;九层的高台,是由一筐筐泥土筑起来的;千里远行,是一步步走出来的。毫末成大树,累土成九层之台,足下之步成千里之行,是事物的质变。这种质变,是由量的积累、量的变化所引起的,“生于”“起于”“始于”指的就是这个意思。

在这里,老子既讲清了量变与质变的关系,同时,也向我们提出了另一个重要的命题,那就是务实精神。“生于毫末”“起于累土”“始于足下”,就是要我们务实,一步一个脚印地去积累量的变化。

在一个正确、合理的决策出台以后,其实施要靠务实精神,靠扎扎实实的工作,靠排除困难的毅力。否则,再好的决策也只能是摆设,决而不行、决而不果,决策的预期效果就会落空。从这个意义上讲,“起于累土”“始于足下”的精神,是正确的决策能否取得预期成效的关键所在,也是事业能否取得成功的关键所在。

老子在指出事物由量变到质变这一客观规律的同时,又运用这一规律所体现的辩证发展的道理告诫人们完成一件大事、难事时,要从“易”“细”入手。

“图难于其易,为大于其细。天下难事必作于易,天下大事必作于细。是以圣人终不为大,故能成其大。夫轻诺必寡信,多易必多难。是以圣人犹难之,故终无难矣。”(第六十三章)这是说,解决困难的问题,要在它尚处于细微、容易解决的时候入手,不要等到问题成堆、难以解决的时候才动手去处理。这是因为天下的困难问题,在开始的时候并非是困难的;天下的重大问题，也绝不是开始就是重大的。

因此，掌握事物发展规律的圣人，总是注意解决“其易”“其细”。这样，从表面看，他们似乎不做什么惊天动地的大事，但总能成就大事。那些轻易发出诺言的很少能够兑现，把事情看得太容易，势必遭受很多困难。因此，有道的圣人总是看重困难，所以最后就没有困难了。

这个哲理，实际是这样一个三段体。前提是“难必生于易，大必生于细”，这是事物发展的客观规律，是“道”；思想和行为则应“图难于其易，为大于其细”，这是在认识“道”的前提下去用“道”，是“自然无为”，是顺应规律；最终结果是“终不为大，故能成其大”，这是顺应客观规律而进行管理的成效，是“无为而无不为”。

“天下难事必作于易，天下大事必作于细。”（第六十三章）天下的难事都是从容易的时候发展起来的，天下的大事都是从细小的地方一步步形成的。这是典型的辩证法思想，从量变到质变，重视量的积累，积少成多、集腋成裘。

对企业而言，阴阳平衡之道要做到面面俱到，是非常难的。不过，老子已经告诉我们：难事可以从易处开始，大事可以从小处着手。企业可以选择从现在比较容易入手的地方进行变革，找到一个合适的切入点，同时加强内功与外功，让阴、阳两个方面的力量进入良性循环中。以点带面、由此及彼地影响企业的方方面面、上下内外，进而让企业达到整体上的阴阳平衡。

上医治未病、防患于未然的智慧

老子在阐明了事物由量变到质变的规律，并告诫人们要“图难于其易，为大于其细”之后，又进一步指出要阻止某些坏事问题的发生，最佳的选择是在坏事问题尚未发生时就着手进行预防，在事情尚未紊乱之前就进行整治。只有把隐患消灭在萌芽之中，才能避免事物向相反方向的转化，才能防患于未然。这与上医治未病的道理是一致的。

魏文王问名医扁鹊说：“你们家兄弟三人，都精于医术，到底哪一位最好呢？”扁鹊答：“大哥最好，二哥次之，我最差。”文王再问：“那么为什么你最出名呢？”扁鹊答说：“我大哥治病，是治病于病情发作之前。由于一般人不知道他率先能铲除病因,所以他的名气无法传出去,只有我们家的人才知道。我二哥治病,是治病于病情初起之时。一般人以为他只能治轻微的小病,所以他的名气只及于本乡里。而我扁鹊治病,是治病于病情严重之时。一般人都看到我在经脉上穿针管来放血、在皮肤上敷药等大手术,所以以为我的医术高明,名气因此响遍全国。”比较起来,能防范于未然是最高明的,但往往因防范在前,不会出现恶果,使事物保持了原态,没有“明显”的功绩而被忽略。正如不见防火英雄,只有救火英雄一样。高明者不见得一定名声显赫。

管理所面临的难事、大事,并非一开始就难、就大。在其开始时,往往是“易事”“细事”。在这个时候,问题极易解决,也就不会再酿成日后的难事、大事。这就是我们日常所说的“防患于未然”“防微杜渐”的道理。

老子说“其安易持,其未兆易谋;其脆易泮,其微易散。为之于未有,治之于未乱。”(第六十四章)意思是局势稳定的时候,保持其稳定的局面是比较容易的。相反,局势混乱时,要使局面由乱变治,转为稳定,就困难得多。事物尚未呈现变化预兆的时候,就容易对付;事物很脆弱的时候,很容易把它打碎、分化;事物很微小的时候,很容易把它消除。因此,处理事故、解决问题,最好在事故、问题尚未发生的时候,预先加以处理治乱,在变乱发生之前就要做好预防。

这就是老子所说的“其安易持,其未兆易谋,其脆易泮,其微易散”的本意,也是解决事故、问题的客观规律。如果违反这一规律,对事故、问题不是“防患于未然”,而待它们发展成大事故、大问题时才去动手解决,那就十分被动了。

鉴于这样的认识,老子强调指出“为之于未有,治之于未乱”。这是管理中解决事故、问题所应遵循的基本准则。

防患于未然,是“防火”;相反,待事故、问题已酿成后去解决,是“救火”。“防火”省力、省时、省财,既易又无损失。高明的管理者应是“防火”者,而不应做“救火”者。要当“防火”者,就要掌握“火灾”的征兆,才能有的放矢地“防”到点上。要防患于未然,就要及时、准确地掌握“然”的征兆。否则,防患于未然只能是一句空话,“图难于其易,为大于其细”也难以真正成为现实。

正是由于这个缘故,老子讲“见小曰明”(第五十二章)。这是说,能及时、准确地发现、察觉隐微事故、问题的征兆,才算是高明的管理者。

“见小曰明”抓住了防微杜渐的要害、前提。实践证明,“见小”,光凭“悟性”是不行的,它既与领导者的素质有关,又与掌握的信息有关。没有客观、及时的信息,管理者素质再高,也无法“见小”。“小”是客观存在,“见小”只能从客观实践中去发现,而绝不能主观臆断。为此,作为一名管理者,要十分重视信息的收集工作,并不断对信息加以分析、判断、预测,从中发现问题的先兆,判断事物发展的趋向。只有这样,才能“见小”,才能“明”。

主要矛盾和矛盾的主要方面

老子说“大道废,有仁义。慧智出,有大伪。六亲不和,有孝慈。国家昏乱,有忠臣”(第十八章)。这段话,从字面上看,是老子对当时病态社会现象的一个描述,是对仁、义、忠、孝思想的讥评。大道普行的时候,自然无为,家家有孝子,户户有忠信,根本用不到仁义这个概念,更不用尽力提倡人为的仁义。

只是在大道废弃、民风不纯时,仁义才随之产生,才需要着力提倡。当民众淳厚朴实时,根本不存在伪诈。然而,当统治者用智巧、谋略、制度、法令来治理民众时,虚伪、诡诈等现象也就随之而生了。当家族中相互间都能推诚相与、和睦相处时,慈、孝的概念就不会产生,更不用去大力倡导。只是在家庭中出现不和、不诚、不慈、不孝的情况下,孝、慈的概念才会出现,才要着力提倡。当一个国家清明时,臣子各守其职,不存在忠臣、奸臣的概念,更无需弘扬“忠”心。只是当国家昏乱以后,臣子不能负责尽职,奸臣辈出,这时,忠臣的概念才会随之产生,才要大力提倡、重用忠臣。

说到底,这是一个管理中心的选择问题,而管理中心的选择必须一切以时间、地点、条件为转移。大道存在的时候,根本不需要去提倡仁义,管理的中心也没有必要放在提倡仁义方面;父慈子孝的时候,管理的中心也不需要放在宣扬孝慈上。

老子又说,“故失道而后德,失德而后仁,失仁而后义,失义而后礼”(第三十八章)。德,在老子那里是“道”之用,“道”显现于物、作用于物为“德”,是万物成长的内在基础。老子把治理社会分成道、德、仁、义、礼几个层次,认为合于“道”的社会最好,一切顺自然而行,自然无为。失道后,于是有德;德不能行了,然后才有仁;仁不能行了,然后才有义;义不能行了,然后才有礼。

老子认为这是退步、堕落。因为仁、义不是自然流露,而是有心作为;而“礼”往往与法并提,已含有勉强的成分。

当社会堕落到要用“礼”来维系时,祸乱蜂起、诈伪丛生,最终“礼”也失去作用。“礼失而后法”,必求之于法令刑赏,甚至法令刑赏也难以维系。

老子这两段话背后,隐藏着一个重要的哲理——事物的发展,依赖于事物的主要矛盾的转化。

面对众多矛盾,管理构成一个复杂的管理矛盾系统。在这个管理矛盾系统中,必有一个或若干个矛盾是主要的,它的存在和发展,规定或影响着其他矛盾的存在和发展。这个矛盾,就是管理的主要矛盾。

管理的基本矛盾,是管理全过程中的主要矛盾。但是,主要矛盾会随着条件的不同而发展变化。因时、因地的不同,管理的主要矛盾也不同。

比如,19 世纪初,西方企业实行的是传统经验管理。当时,管理中普遍存在工作效率不高的问题。这就是管理的主要矛盾。

形成这一问题的原因众多,但其中有两个是十分重要的,即动作、时间安排的不合理,以及工作定额和相应计酬上的“鞭打快牛”。

针对这一主要矛盾,以泰罗为代表,以动作研究、时间研究、合理定额、累进计件为主要内容的科学管理就应运而生。

科学管理的产生,有其历史的必然性,是那个时代的需要。由于它符合解决当时企业管理主要矛盾的需要,才使科学管理在 20 世纪初红极一时,在东、西方企业中普遍运用。

进入 20 世纪 40 年代,管理的主要矛盾发生了转变。西方企业员工结构出现了明显的变化,“白领员工”的比重增加,地位越来越重要。由此带来两个后果:一是“蓝领员工”的失落感;二是对“白领员工”,用科学管理,靠“胡萝卜加大棒”管理效果很差。

同时，由于经济的发展，随着员工收入的提高、失业保障的健全、就业机会的增加，即使对“蓝领员工”来说，仅靠科学管理也起不到过去所起的作用了。

这个时期，企业管理中人的问题突出了。怎样面对现实调动员工的积极性，成为当时管理的主要矛盾。

在这种情况下，心理学、社会心理学就自然与管理结缘，行为科学呼之而出。

到了20世纪80年代，西方企业经历了科学管理、行为科学管理、现代管理三个阶段，现代管理的基础已经打好。但是，在国际市场的竞争中，西方，尤其是美国企业，败在日本企业手下。经过寻找原因，发现关键是西方企业缺乏内聚力，以及由此而形成的强大整体力，这是当时管理的主要矛盾。于是，企业文化诞生了，并在西方企业界形成热潮。

在同一时代，企业文化虽然也引入中国，但大多数企业对企业文化建设多数表现为“不冷不热”，并不下真功夫去建设它。许多重视企业文化的企业，也没有取得很明显的效果。

这主要是因为中国的多数企业面临的管理的主要矛盾不在内部的内聚力、整体力上，而在于企业如何调整思路、适应市场经济的外部环境，使自己在改变了的环境中求生存、求发展。企业文化建设与解决此问题有关，但并非直接相关，“远水不解近渴”。因此，它就不可能被多数企业作为当前管理工作的重心。

管理矛盾的相互转化

1. 矛盾转化规律

如前所述，老子认为任何事物都有对立面，并认识到相反相成的道理。同时，他也注意到了矛盾对立面的相互转化。

老子基于对客观世界的观察，首次把矛盾对立双方的相互转化作为事物运动变化的客观规律提出来，使感性认识上升到理性认识，由现象而抽象为本质。这就是“反者道之动”(第四十章)。

老子认为,自然界中事物的运动和变化,无不遵循着某些规律,其中的一个总规律就是“反”,即一切事物无不向其相反的方向变化,这种矛盾双方向对立面的转化,是事物运动、变化的普遍法则,这就是我们平常说的“物极必反”的道理。

老子用“物壮则老,是谓不道,不道早已”(第五十五章)形象地进行了说明。万事万物,一到强大盛壮时,便开始衰弱老化。不明白这个道理,强行使事物壮大,这是违反“道”的。违反“道”,反会使它过早地走向死亡。

《道德经》中还多次运用具体事例来说明“物极必反”的道理。最典型的就是“将欲歙之,必固张之;将欲弱之,必固强之;将欲废之,必固兴之;将欲夺之,必固与之。是谓微明”(第三十六章)。要想缩小它,必须暂时扩张它;要想削弱它,必须暂时加强它;要想废除它,必须先要纵容它;要想夺取它,必须暂时给予它。这叫作韬晦。

“物壮则老”,符合自然发展变化的规律。这个规律,在管理中也很有用武之地。

2. 矛盾转化条件

在《道德经》中,既有大量篇幅在阐述“反者道之动”的道理及其在实践中的运动,也有不少地方明确指出了矛盾转化的过程、条件。

老子首先认为,事物向对立面转化有一个过程,并提出了事物由量变的积累可以引起质变的理论。如“合抱之木,生于毫末;九层之台,起于累土;千里之行,始于足下”(第六十四章)、“图难于其易,为大于其细。天下难事必作于易,天下大事必作于细”(第六十三章),讲的就是这个道理。

“累土”之积累,事物就由“累土”发展至“九层之台”。“足下”之积累,事物就由“足下”而转化为“千里之行”。

难与易是一对矛盾,然后“易”的积累,就转化为“难”;“大”与“细”是一对矛盾,随着“细”的累积,小事就转化为“大事”。老子清晰地告诉人们,矛盾的转化不是“随意”的、“不讲条件”的,而是一个由量变到质变的过程。这个量变,就是矛盾转化的条件。

在《道德经》中,老子还讲到了矛盾转化的具体条件。比如,他说“持而盈之,不如其已;揣而锐之,不可长保。金玉满堂,莫之能守;富贵而骄,自遗其咎”(第九章)。持而盈之,是讲执持盈满,含有自满自骄的意思。已,是停止的意思。“不如其已”,是指不如适可而止。

以水为例,水盛在器皿里,不可太满,太满了就会倾溢。因此,在水灌满器皿前就要停止注水。

揣,是锤击的意思。“揣而锐之,不可长保”,是以刀剑等武器为例,将其捶打得既尖又利,锋芒太露,就不能长久保持锋利。比喻人不可自骄自傲,太露锋芒。

“金玉满堂,莫之能守。”一个人拥有的金银财宝太多了,既会遭到别人的觊觎,自己也会因而生活糜烂,最后反而不能保有这些财产。

“富贵而骄,自遗其咎。”咎,是灾祸的意思。一个人富贵以后,自我炫耀,以此骄人,那就要自招祸害。

盈而溢、锐而钝、金玉满堂而失、富贵而咎,都是矛盾向对立面转化。同时,这些转化是有条件的,这些条件是“盈”“锐”“满”“骄”。

老子认为,矛盾转化的条件,可以是人为的。人可以创造条件,促使矛盾向有利于自己的方向转化。如《道德经》中所说的“将欲歙之,必固张之;将欲弱之,必固强之;将欲废之,必固兴之;将欲取之,必固予之。是谓微明”(第三十六章)。

在这里,“张”而“歙”“强”而“弱”“兴”而“废”“予”而“取”,都是矛盾的转化。为了促使矛盾产生上述人们所预期的转化,就要去努力创造一种符合其转化的条件。

这里,“固张之”“固强之”“固兴之”“固予之”,就是符合、促成这些矛盾转化的条件。

由此可见,老子对矛盾双方向对立面转化的论述是全面的、科学的,而不是随意的、无条件的。

在《道德经》一书中,关于矛盾对立面转化的具体化论述还有很多,如“正复为奇,善复为妖”(第五十八章)、“曲则全,枉则直,洼则盈,敝则新,少则得,多则惑”(第二十二章)。这里,正而邪、善而恶、曲而全、枉而直、洼而盈、敝而新、少而得、多而惑,都是矛盾向相反方向转化的具体表现。

祸福相倚、反者道之动的辩证思维

在“反者道之动”的基础上,老子又提出了“祸福相倚”的思想。“祸兮,福之所倚;福兮,祸之所伏。孰知其极?其无正也。”(第五十八章)最能形象地反映祸福相倚的例子是塞翁失马的故事,这个故事非常形象地说明了祸福相倚的道理。一般的管理者,遇到高兴的事情就喜不自胜,遇到坏事就垂头丧气。高明的管理者,则总是能从好事中看到危机,能从坏事中看到机遇。从好事中看到危机,就能够居安思危,及时处理危机。从坏事中看到机遇和希望,就能够化腐朽为神奇,甚至反败为胜。

祸福相倚是极为著名的哲学命题。冯友兰在分析此句时说,“老子哲学中的辩证法思想是春秋战国时期社会的剧烈变革在人们思想中的反映。在中国哲学史中,从《周易》以来,即有辩证法的思想,但用一般的规律的形式把它表达出来,这还是老子的贡献”。也就是说,老子的辩证法不仅已经具备了矛盾对立统一的规律的性质,同时,他又知道相反的东西可以互相转化。这种观察事物、认识事物的辩证方法,对管理学的贡献是不言而喻的。

老子在大量观察的基础上,运用“反者道之动”的原理,还提出了损与益、予与得的辩证法。他说:“故物或损之而益,或益之而损。”(第四十二章)任何事物,表面上看来受损,实际上却是得益;表面上看来得益,实际上却是受损。类似的提法在《道德经》中屡见不鲜,如“少则得,多则惑”(第二十二章)、“既以为人,己愈有;既以与人,己愈多”(第八十一章)。什么都毫无保留,尽其全力帮助别人,那么,自己反而更充裕;倾其所有施给别人,自己反而更富有。这种“为”“予”,施于顾客,则赢得顾客、赢得市场;施于社会,施于国家,就赢得知名度、美誉度。

“予”与“得”之间,就形成了辩证的关系。“予”从表面看是付出,是“失”。但是,“予”带来的是“得”,这个“得”大大超过了“予”之“失”。因此,“既以为人”,必“己愈有”;“既以与人”,必“己愈多”。

对于“予”与“得”的关系,老子还有一句发人深思的话,即“是以圣人执左契,而不责于人”(第七十九章)。契,是券契,相当于现在的合同。古时候刻木为契，剖成左右两半，券契的左半部分交债权人收执，类似今天的借据存根。债权人执此左契以责债务人，令其偿还债务。老子这句话的意思是掌握了“道”的圣人，对待人就好像是保存着借据的左契存根，只给予他人，而不向人索取偿还。

“执左契，而不责于人”与“既以为人”“既以与人”是同一个指导思想。然而，“执左契”者，越“不责于人”，被“予”者越会回报于你。从而，必然是“己愈有”“己愈多”。这个效果，比“责于人”不知要好多少倍，且毫无勉强的作用，一切是自觉、自为，符合“自然无为”的真谛。

管理案例之四：由农民工到绅士的量变与质变

这是一家被哈佛大学商学院纳入管理案例的企业；

这是一家员工流失率接近为零的企业；

这是一家极具匠心精神的企业；

这是一家上下班不用打卡，报销不需要领导签字的企业；

这是一家员工近千名，管理层只有13人的企业；

这是一家年营业额近8个亿，仅有一位销售专员的企业；

这是一家因为订单太多而设立“客户谢绝部”的企业；

这是一家把农民工培养成高度文明的产业化工人的企业；

这是一家被国际著名管理学家河田信教授誉为与“福特管理体系”“丰田管理体系”齐名的世界三大实体经济管理体系之一的企业。

德胜洋楼，是一家真实到令人震撼的公司。它建造的美制木结构住宅超过了美国标准，它把农民工改造成高素质的产业工人和绅士，它的员工手册被誉为中国企业的管理圣经，这一切成功源自德胜朴素的价值观。

德胜洋楼成立于1997年，它不是房产开发商，而是房屋建造商，主业是设计和建造美制木结构住宅。德胜洋楼的员工不足千人，大部分是负责建筑的农民工，却占据了7成以上的国内市场份额。

德胜洋楼可以说是洋和土的结合——用中国最土的农民工盖中国最洋的楼。然而，在德胜你找不到传统意义上的农民工。这里没有四处打游击干活、年底讨薪无门的农民,取而代之的是有正式编制和正式职工待遇的建筑工人。这些出身农民的木工、瓦工、电工在德胜公司不仅被训练成为合格的产业工人,而且被改造为文质彬彬的绅士。这个转变是如何发生的?在于德胜洋楼把管理当作一种教育:通过制度和文化的反复教育过程,把农民变成绅士,把小人变成君子,把管理贵族变成了精神贵族。

在这里,从六个方面告诉你德胜管理的制胜之道。

一、把话说透,把爱给够

"工友们,严肃紧张的制度学习会之后,团结活泼的拍卖会时间到了!"一位操着湖南普通话的小伙子快步走上前台,拿起话筒,以兴奋的语调宣布了一场拍卖会的开始。这是德胜(苏州)洋楼公司一间不大的中餐厅,里面摆放了五六张方桌和长条桌,员工们团团围坐在桌旁的藤椅和方凳上,瞪大了眼睛,张望着前方的台子——那里摆放着将要被拍卖的物品,有丝绸围巾、高山生态茶、迷你音响、浴巾,甚至还有特色小菜……

外行看热闹,内行看门道。在旁人看来,这样一场热热闹闹的拍卖会不过是一台自娱自乐的员工晚会。但是如果你了解了个中的良苦用心,就明白这绝对不是一场拍卖会那么简单。一场小小的拍卖会其实经过了深思熟虑的制度设计,背后体现了该公司独特的管理逻辑:其一,反腐败;其二,让员工有尊严地得到实惠;其三,培养员工的社会责任感,让员工为社会献出一份爱心。可谓一举三得!

《德胜公司员工读本》中的《反腐公函》明确规定:"员工在商业关系中不可夹杂有任何形式的腐败行为"。然而,每年都有一些客户出于感激与欣赏,赠送各种礼物给德胜员工。怎么办?如何对待这些来自客户的真诚回馈?德胜公司的解决办法是:首先,把礼品收受情况以简报形式公之于众,然后,把礼品拿到公司内部拍卖会上进行拍卖,所得款项全部捐献给长江平民教育基金会。这就是德胜公司在反腐方面的严格举措,此举既杜绝了员工受贿现象,同时也照顾了客户的一片心意。

然而,在制度上"把话说透"的同时,德胜公司在文化上还倡导"把爱给够"——让员工有尊严地获得实惠。拍卖会上的一条色彩优雅的素绸缎大方巾,商场里的价格在200元以上,而起拍价只有50元。员工们你拍我抢,三条绸缎围巾转瞬间在120～150元之间的价位被员工们拍得。一方面，员工为教育基金会捐献了一份爱心，自豪感油然而生(尽管他们并不属于高收入阶层)；另一方面，员工自身也得到实惠——会上所拍得的物品往往具有很高的性价比。

一场小小的拍卖会，既反映出德胜的制度之严，也折射出德胜的爱心之深！这是德胜公司一贯的管理之道，在制度上绝不放松对员工的严格要求，在私下里以润物细无声的方式把关爱渗透给员工。在这里，你看不到任何环节上的粗放式管理或草率处理；在每一个细微之处，你都会发现：这是一个“用心”在做管理、“用心”做制度设计的企业。

二、每个农民工都可以免费出国考察

机关干部和企业高管出国考察是常有的事情，但是有谁听说过农民工出国考察？苏州的德胜洋楼公司就有这项措施，只要工作满五年，每个农民工都可以免费出国考察一次。公司创始人聂圣哲的心愿是让所有员工今生都有一次机会出国看看外面的世界。

每年圣诞节，德胜公司还会把全体农民工请到苏州最豪华的五星级酒店开年会，这恐怕是国内绝无仅有的。酒店方面担心农民工会闹出尴尬，然而农民工们的端正行为远远超出了酒店的预期。不仅没有大声喧哗、乱撒酒疯、吐痰抽烟的现象，所有农民工都衣着得体、彬彬有礼，酒店经理赞叹他们有着民工的面孔、绅士的风度。

德胜公司希望让每位员工，尤其是处于社会底层的农民工享受绅士的待遇，感受高品质的生活，获得一份自豪感和尊严感。因为只有受人尊重、拥有尊严的员工才能反过来尊重自己的工作，把自豪感带入工作之中。

三、把“小人”变成君子

除了给予农民工绅士般的待遇，德胜公司改造农民工的重要一环是教会他们遵守制度，德胜公司董事长聂圣哲深信：“制度只能对君子有效，对于小人，任何优良制度的威力都将大打折扣，或者无效。德胜公司的员工应努力使自己变为君子，远离小人。”

德胜公司首先以君子示人。比如：

不实行打卡制；

可以随时调休;

可以请长假去另外的公司闯荡,最长可达3年,保留工职和工龄;

对于试用期的职工做出特别提示——您正从一个农民转变为一名产业化工人,但转变的过程是痛苦的;

公司不能接受员工因办公事而自己垫钱(支付)的事情发生;

工人发现劳保用品、劳保设备欠缺或质量太差无法使用,可以拒绝工作,在此期间仍享受正常的上班待遇;

带病工作不仅不受表扬,而且可能受到相应处罚;

公司不认同职工冒着生命危险去抢救国家财产、集体和他人财产的价值观,奉行"生命第一"的原则;

公司对包括执行长在内的施工现场工作人员实行强制休息法,强制休息期间享受休息补助,但不允许逛街或娱乐。

德胜要求员工做君子,最明显的例子是财务报销制度——员工报销任何费用,都不需要领导签字。在德胜公司看来,费用报销事关个人信用,既然是个人信用问题就应当让员工个人承担。德胜公司建立了一套个人信用计算机辅助系统。任何腐败与欺诈行为一旦通过抽样调查和个人信用计算机辅助系统被发现,员工就会为自己的不诚实行为付出昂贵的代价。

四、把管理贵族变成精神贵族

德胜公司拥有一个精简高效的组织结构,它的管理成本很低。因为它不设置总裁办,也没有副总裁,只有几个部门总监和经理,上千人的公司一共只有十几名管理干部。公司提倡"精神贵族",反对"管理贵族"——那些喜欢颐指气使地指挥别人做事,自己不愿意动手实干的管理者。公司重视劳动,无论什么职位,新员工都要首先参加三个月的体力劳动,劳动合格才能转正。同理,每位管理者都要"首先是一名优秀的员工",每月必须抽出一天参加一线劳动,或者打扫房间,或者做一天的工地泥瓦工。如果你在德胜公司,很有可能看到正在打扫街道的人力资源总监。

五、管理必须精细化

国人经常说要从制造大国到创造大国,但德胜认为现在制造还未做好,何来创造?中国需要培养创新型人才,但很多人本职工作都没有做好,怎么创新？对于普通员工来说，创新就是对自己所从事的工作极其熟练以后的提升与飞跃，只有重复地把工作做到极致才可能去突破、搞创新。由此，德胜认为，员工首先要培养的是“机械精神”，必须把日常工作做到精细、再精细，纯熟、再纯熟，在此基础上再谈创新和开拓。为此，德胜创立了程序中心，树立了质量至上的最高原则，建立了质量督察制度，真正做到精细化管理。

程序中心给公司的各个运营环节、各项工作都制订了明确的操作细则，包括：建筑工地的施工程序、物业管理的服务程序、值班程序、召开会议的程序、餐厅服务程序、采购程序，等等。

聂圣哲认为，西方人的思维习惯是把复杂的问题简单化然后认真处理，中国人的思维是把简单问题复杂化后草率对待。这两种方式的结果截然不同，而要把事情做好，就首先要把复杂问题简单化，再十二万分地认真对待。比如洗马桶是一件不值得一提的低贱劳动，然而把马桶洗到可以漱口的程度，就不是耍小聪明、走捷径可以做到的，必须严格按照程序完美地做好。聂圣哲就亲自给员工示范过洗马桶，并用马桶水漱口。

德胜根据程序的要求，提出了许许多多的细节规范：

旋空调的塑料螺丝，用旋铁螺丝的方法旋是不行的；

这栋房子，工地上 3 寸的 L 型弯头，计划用 3 个，结果用了 5 个，得写出理由来；

每 6 寸钉一个钉子，就不可以在 6 寸半或 7 寸处钉钉子；

洋楼里的一个死角，按程序要花 20 元的油漆，就不可以偷工减料；

钉石膏板要把施工者的名字写在板头上；

接待室规定天晴开哪几盏灯、下雨又加开哪几盏灯，必须严格执行，接待参观的样板房，规定范围内的灯、音乐唱机和电视必须打开；

小区的绿化有虫害，必须弄清楚食叶类和食汁类不同类别的害虫，前者用“敌杀死”，后者用“绿叶通”。

在德胜，做事情不允许“基本上理解”“大概这么做”。

老子曰：“天下大事，必作于细”，那么，聂圣哲及其德胜公司则在实践着细节管理，并且已经取得使人炫目的成绩。

六、做一家真实的公司

德胜的价值观把“诚实”放在第一位,这是德胜最令人敬佩的一点。德胜不喜欢做表面功夫,不重营销(整个公司只有一名销售人员),也很少做广告,而是扎扎实实练内功,完善内部管理,对产品质量的重视达到了苛刻的程度。

管理的本质是教育,德胜以自己的实践证明了通过制度强化和文化熏陶,“合抱之木,生于毫末;九层之台,起于累土;千里之行,始于足下”。从制度做起,从一点一滴做起,量变到质变,农民工可以成为“诚实、勤劳、有爱心、不走捷径”的精神贵族。

如果说他人学不会海底捞的原因在于公司很难真心对员工好(精明的老板爱打小算盘,结果往往丢了西瓜,捡了芝麻),那么,德胜洋楼别人学不会的原因在于两点:第一,公司很难真心对员工好,比如把农民工变成绅士;第二,公司很难制订详细的制度并且十二万分地遵守和执行。

老子管理哲学的方法论——对立统一

老子比较全面、系统地提出了事物对立统一的规律现象,如阴阳、美丑、损益、多少等。“有无相生,难易相成”的思想比较系统地提出了事物之间是相互依存而不是孤立存在的,是对立统一的矛盾体,矛盾的一方必须以另一方的发展为条件。

法约尔根据自己的劳动经验总结出了 14 条理论原则,体现出了一方的存在必须以另一方的存在为基础,如个体与整体谁服从谁的关系。在这一点上是与老子哲学思想不谋而合的。

我们把《道德经》中论述的对立统一规律简单概括为:“无”与“有”的对立统一、“争”与“不争”的对立统一、“无为”与“有为”的对立统一、“进”与“退”的对立统一、“刚强”与“柔弱”的对立统一五个方面,下面分别进行论述。

“无”与“有”的对立统一

“无”与“有”的玄同，是“道”的本质。

《周易》云：“一阴一阳之谓道。”《道德经》认为：“万物负阴而抱阳，冲气以为和。”这就是说，“道”涵阴阳，是阴阳二气的中和、平衡与统一。“道”分而为阴阳，阴阳合而为“道”。阴阳冲和之气，生成万物。

“道”是无极，阴阳则是太极；“道”是“无”，阴阳则是“有”；“道”用无极图可以表示，阴阳用太极图可以表示。阴阳二气，互相吸引，相互凝聚，必然生出一层一层的自然万物。自然万物皆分阴阳，植物与动物皆分雌雄，人则分男女。气、物、人皆分阴阳。阴阳并立，则为太极。因此，太极是相反的、对立的矛盾体。太极之阴阳是对立的、矛盾的，同时是统一的、互补的。这种关系，是对立统一的关系。

宇宙万物由阴阳二气合和而成，阴阳是一对矛盾体，因而由阴阳二气组成的万物无不包含着阴阳。没有阴阳就没有万物，没有矛盾就没有世界。阴阳即矛盾，太极图是对阴、阳矛盾的总括。无极即“无”，太极即“有”。

“天下万物生于有，有生于无。”(第四十章)这里的“有”可以理解为看得见、摸得着的物质世界；“无”的意思不是什么都没有的意思，它只是“视之不见、听之不闻、博之不得”。老子的“有无相生”被越来越多的管理者所研究利用，所谓用之不竭。天下万物“生于有”，是指具体的事物、看得见的事物，所以说“生于有”。在老子看来，天下万物生于可以看得见的具体事物，也就是“生于有”，而具体事物的“有”却是由“道”产生的，也就是不见于形，不闻于声的“无”。

“三十辐，共一毂，当其无，有车之用；埏埴以为器，当其无，有器之用；凿户牖以为室，当其无，有室之用。故有之以为利，无之以为用。”(第十一章)这段话意思是，三十根辐条汇集到一个毂中的孔洞当中，有了车毂的中空的地方，才会有车的作用。揉陶土坯做成的器皿，有了器皿的中空的地方，器皿才会起到作用。开凿门窗建造房屋，有了门窗四壁的中空的地方，才有会有房屋作用的存在。因此，“有”给人以便利，而“无”却为“有”提供了作用。这就是老子的“有无观”。

“有无相生”是对人的思维界域的极大拓展。老子认为,“道”生万物,但“道”是一种无形的主宰,不是具体的有形之物,因而可以说是一种“无”。但这个“无”却是具体事物“有”的来源。“无”中可以生“有”,“天下万物生于有,有生于无”,并且“有无相生”,具体之物也要死亡,复归于“无”。这一深刻的思想的启示是,人不要拘泥于眼前的现实,而要着眼于超越现实的新发展。眼前的一帆风顺,并不代表以后不会产生新的矛盾。一个产销两旺的企业,如果忽视市场变化和技术的进步,明天可能就陷入绝境,中外都有不少这样的实例。因此,要居安思危,常怀忧患之心。“生于忧患,死于安乐”就是这个道理;另一方面,还包含了发展和创新的思想。现在没有的东西,可以按照规律创造出来,新技术、新产品、新市场都是从无到有。企业的诞生、成长,从单一产品到系列产品,再到多元化经营,也是从无到有的转化。因此,人要勇于、善于打破“无”和“有”的界限,在“无”和“有”的转化中去思考。

“争”与“不争”的对立统一

“争”与“不争”是辩证统一的。老子说:“以其不争,故天下莫能与之争”(第六十六章);“夫唯不争,故无尤”(第八章)。这里的“不争”是无形的争,把“不争”作为“争”的一种策略和手段,达到最大的“争”,实现不争善胜。

一是不与对手争。从策略上讲,不争比争更高人一筹。不争可以使自己保持在一种较为弱小的地位,让自己继续拥有上升和发展的空间。不争可以让事物在达到一个高峰后,重新转移到另外一个新领域,在新领域中处于最低点,从最低点开始新的发展。相反,如果总是期望处在最高峰,很可能就会马上掉入深谷,且毫无准备,以至于无法东山再起。企业若是能够做到不争,能够时时保持上升与发展的空间,就可以延长企业的寿命,获得长存之道。

二是不与下属争。管理者如果能够做到与人为善,客观地看待他人,不把自己的意志强加于他人,就会吸收别人的优点,心情变得舒畅而深远,让自己不断获得进步。相反,若是欲望过于强烈,与人相争,不但对自己不利,还可能给周围的人带来伤害。对于一个管理者而言,则会带来整个团体的衰败。一些企业团队力量之所以消耗,原因就在于此。

面对挫折和变化带来的压力，很多企业领导会沉溺于进攻的行为模式——公然表示对下属的厌恶之情，在公众场合批评下属，给其施加压力，并采取一切方式惩罚下属。这种进攻的行为模式常常出现在哪些人中呢？就是那些行为欲很强的人。这种人喜欢冲锋陷阵，目标远大，工作勤奋，也能完成骄人的业绩；可一旦他身边的人不能达成他的期望，不能达到理想的结果，那他往往容易陷入暴躁。这种暴躁就如同一个陷阱，会将整个团队的能量消耗殆尽。

作为管理者，对别人发火，别人的反应可能会从消极的躲避升级为强烈的报复欲望，不论是躲避还是报复，都无益于问题的解决。相反，管理者若是能够做到与人为善，平心静气地问一问下属："如果给你们足够的支持、指导和培训，事情能不能变得更好？"甚至安慰他们："等我们渡过这个危机，我将会找时间和你们分享。"采取这样的方式，管理者不但能够获取员工的支持与信任，还能够使整个团队的士气更加充足。

"无为"与"有为"的对立统一

"为学日益，为道日损，损之又损，以至于无为。无为而无不为。"（第四十八章）研究学问，知识会一天比一天增多；研究"道"，欲望会一天比一天减少，减少了再减少，最后便会达到清净无为的境地。清净无为反而能够实现"有为"。

我们应该时刻剔除心中的杂念，保持一颗平常心，平常心即道。欲念一天天减少，直到最后达到无为的境界。无为不是真正的无所事事，而是不妄为。做到了不妄为，也就合乎了道的德性，合乎自然规律的不妄为就是无所不为了。

"无为而无不为"是老子提出的极富智慧的命题，它贯穿于老子《道德经》的始终。虽然在我国古代有不少学者提出了"无为"的主张，但真正将"无为"思想发挥到极致的只有老子。他从哲学的高度来论证"无为"的社会意义，表面上看起来"无为"是消极的、倒退的，实质是在前进中避开矛盾的对立面，使其畅通无阻，化被动为主动，从而达到"无为而无不为"的境界。

老子说："为无为，则无不治。"（第三章）老子还说："取天下常以无事，及其有事,不足以取天下。”(第四十八章)治理天下的君王,仍须以“无为”为本,不可以违反规律妄为滋事。如果管理者经常大胆妄为,不断滋事以彰显自己的权势,国家就难以治理。

老子认为“人法地,地法天,天法道,道法自然”(第二十五章),“无为”的最终要求的是遵循自然规律办事,也就是所谓的“顺其自然”“因势利导”。管理者的行为应当顺应自然规律,不恣意妄为,要实事求是地寻求现实可行的道路,才能“无不治”。

“无为而治”是老子提出、庄子秉承的政治理想,是道家态度,更是人类政治思想的极致。这个理想不属于集权,也不属于民主,而指向控制与自由、群体利益与个体利益的阴阳圆融、一体不分。

“无为而治”不仅是理想,也是路径。《道德经》第四十一章有“大音希声,大象无形”这样的句子,用在权力控制上即是“大控不控”,这即是“无为而治”的内核。再细分之,就是老子那句话:“太上,下知有之;其次,亲而誉之。其次,畏之。其次,侮之。”(第十七章)几千年的路,我们走到现在仍只在最低那两层艰难前行。

在现代社会信息爆炸的时代,面对大量的信息,要学会取舍、学会放弃。管理者要在“小事”上有所不为,在“大事”上有所为。企业决策时可能面对各种投资机会,但一定要服从于自己的核心能力,防止掉入“事事欲有为,事事不可为”的陷阱。

管得少不是不管,而是要抓住管理的关键,这个关键就是管理者的角色定位。它要求管理者做自己职责范围内的事,不越权管理,不越级管理;要求企业管理者透过复杂的表面现象洞察问题的本质,化繁为简。

那么,管理者的职责是什么?毛泽东认为,领导干部的主要任务就是决策、用人。这就要求管理者在决策时、用人上有所为,在职工具体工作上则无所为,不越位管理。

在中国古代,人们从历代治国成败经验中也总结出了“君逸臣劳国必兴,君劳臣逸国必衰”的规律。在用人上,对于贤臣必须高度信任,充分放权,做到“疑人不用,用人不疑”,充分调动并发挥企业各级管理者和全体员工的积极性和创造性,而不是越俎代庖。

“进”与“退”的对立统一

“将欲取天下，而为之，吾见其不得已。天下神器，不可为也。为者败之，执者失之。”（第二十九章）要想用强制的办法治理天下，我看他是达不到目的。天下这个神秘的东西，是不会任你的意志摆布的。谁想恣意妄为，谁就会把天下搅乱；谁想强行霸占天下，谁就会失去天下。

事物是不断地在大道中运化的。例如，天道的运行，有春生、夏长、秋收、冬藏。如果片面侧重于某一方，固守一隅，把持愈紧，反而愈失。强行执持，不但不能固守，反而会失去。

“明道若昧，进道若退。”（第四十一章）掌握大“道”的管理者，自然无为，清静自修，事事不敢为天下先，处处以为己不足。“退”是为了更好的“进”，企业实施“退出”战略，在本质上是为了更好的“进”。

一般来说，凡是不符合企业战略发展方向的产业、无竞争优势的业务、不良资产业务等，皆可实施退出战略。在退出方式上，可以采取兼并、出售、合资、租赁等形式，甩掉“包袱”，轻装上阵。

“吾不敢为主，而为客，不敢进寸，而退尺。”（第六十九章）我不敢主动地进攻别人，而宁愿被动地防守；我不敢贸然前进一寸，而宁肯后让一尺。战争的最高境界是主动退让，不战而屈人之兵，不战而胜；战争的最大祸患莫过于轻敌，说明哀兵必胜。

很多时候，面对竞争对手，主动不如被动，前进不如后退，进攻不如防守，而不是凭着一股意气或热情奋不顾身地主动挑战。为什么？因为竞争的时机更重要，不得时机，只能是白费气力。

一个人在世界上要想做人处事，必须要能谦恭礼让；一个人要想成功立业，必须要懂得以退为进。引擎利用后退的力量，反而引发更大的动能；空气越经压缩，反而更具爆破的威力；军人作战，有时候要迂回绕道，转弯前进，才能胜利。企业管理也是如此，当企业面临强大的竞争，甚至陷入绝境，这时候如果懂得以退为进，转个弯、绕个路，世界还是一样会有其他更宽广的空间，这正是古人所云“退一步，海阔天空”。

事实上，退是另一种方式的进。暂时退却，养精蓄锐，以待时机，这样的退后再进则会更快、更好、更有效、更有力。退是为了以后再进,暂时放弃某些有碍大局的目标是为了最后实现更大的成功。退中本身已必然包含了进,这种退更是一种进取的策略。

“刚强”与“柔弱”的对立统一

在《道德经》中,以柔胜刚的思想非常明显和突出,如“强大处下,柔弱处上”“是以兵强则灭,木强则折”(第七十六章)。老子认为,最刚强的东西,往往也是最易折断、最脆弱的东西,坚强者早死;水虽柔弱,却能攻坚。这是因为老子总是从对立统一、相互转化的观点观察事物,“反者道之动”,事物总是在相互斗争中依一定的条件向自己的对立面转化。暂时处于弱小的地位不要紧,关键问题是善于知己知彼,积极创造转化条件,以弱变强,以小变大。《道德经》中还讲了“哀兵必胜”的道理,“抗兵相加,哀者胜矣”(第六十九章)。“哀者”是处于弱势的一方,但它能激发对强敌侵凌的悲愤,同仇敌忾,最后战胜敌人。

老子认为,江海能成为百谷之王,是因为它处在下流的位置,所以能成为无数河流汇集的地方。高明的领导者必须谦下,柔弱胜刚强是为人处事立于不败之地的一条重要原则。老子提倡应该向水的柔弱品质学习,德行高的人处事总是像水那样安于卑下,心胸像水那样沉静深邃。

柔弱胜刚强是社会的一条法则,它比起刚能胜柔而言,是认识论上的一次飞越与升华。中国共产党领导下的人民军队,在南昌起义时因敌我力量的悬殊而失败,在井冈山创建红军时不到一千人,但他代表广大劳动人民群众的利益,最后战胜了敌人,成立了中华人民共和国。

老子管理哲学的落脚点——顺其自然

“道法自然”的管理范式

老子认为:“人法地,地法天,天法道,道法自然。”(第二十五章)“道法自然”,要求人们在工作和生活中要顺其自然,实质上是要求人们做任何事情都要遵循客观规律。

老子认为人性是自然的，人是宇宙万事万物的一员，因而人也是“法自然”的。人性以“道”为本源，人性来源于天道，人性也和天道一样是“自然”的。老子认为人性自然，表明了“自然”既是人生的起点，也是人生的终点，人是宇宙中最自然的一份，因而人的一生所追求的价值及意义也要以“自然”为准则，人的终极存在意义亦是以“自然”为依据，因而人及人生的管理也必须以“人性自然”为基本准则。“人性自然”为老子的管理哲学在宇宙论的层面找到了人的存在、价值及生命的终极意义，即“道”。

老子认为，管理者应该效法大道，顺应万物的自然属性。顺应自然，才能让万物自由自在地发展，发挥各自的特点，达到“无不为”的境界。

“庖丁解牛”可谓中国古代无为而治的典例，它说明，只要遵循世间万物的固有规律，在实践中做有心人，不断摸索，掌握规律，顺势而为，就能把事情做得十分漂亮。

“希言自然。故飘风不终朝，骤雨不终日。孰为此者？天地。天地尚不能久，而况于人乎？”（第二十三章）不要把自己的主观意志强加给事物，而要顺应各种事物本原的、特殊的、微妙的、丰富的、运动变化的情势去作为，对事物的发展“得其势、顺其流”，才能无往而不利。

管理者在管理实践中充分尊重事物发展的自然规律，因循事物发展的自然规律，重视事物发展的本性，尤其是在社会和组织管理中不以一己之主观意愿主宰整个组织的发展。

“道生之，德畜之，物形之，势成之。是以万物莫不尊道而贵德。道之尊，德之贵，夫莫之命而常自然。故道生之，德畜之，长之育之，亭之毒之，养之覆之。生而不有，为而不恃，长而不宰，是谓玄德。”（第五十一章）管理者在具体的管理活动中要做到尊道贵德，如“道”一般只生养万物而从不成为万物的主宰，不干扰万物的生长和发展，确保组织及其内部事物发展的独立性和自由性。

“莫之命而常自然”则说明了顺应事物发展本身规律的管理，就是保证事物在发展的过程中始终保持其自然本初的那种发展状态，要认识到“反者道之动”是事物运动、变化、发展的基本规律，不论事物在不同的阶段有什么不同的发展,最终都是要回归到最本初的自然状态。因此,保证事物发展过程的平稳,始终按照自身内在的发展趋势自然发展,不受外在强力的干扰,成为现代管理实践中最需要谨慎和注意的地方。因为外在强力的干涉,很容易促使事物的发展偏离原初的自然发展趋势,进而远离其本性,最终违背其发展的自然规律。

在现代企业管理中,经营者要充分认识并运用经济周期、行业发展周期、产品生命周期等经济规律,充分考虑项目投资的时滞性,在发展与调整的关系上把握好周期规律与时滞特点,以服务企业发展的需要。企业战略管理只有“道法自然”,才能顺应经济规律、消费需求规律、企业运作规律,从而达到科学管理的目的。

有一位建筑设计师,当他设计的楼群建成后,楼与楼之间以及楼群之间尚未铺设道路。一位工人问他:“道路如何铺设呢?”他回答说:“将楼群之间的空地先种上草坪。”建筑工人照此办理。过了一段时间,住户根据需要便自然而然地走出了各种道路。这时,设计师便叫工人按照自然形成的道路加以铺设,既方便住户,又节约了用地,这便是一种“顺其自然”的设计思路。在企业管理中,很多事情都应顺其自然而成,切不可人为地勉强去做。

“太上,下知有之”的管理境界

根据被管理者对管理者的评价、管理的对策和效果,老子把管理分为四种类型,即“太上,下知有之;其次,亲而誉之。其次,畏之。其次,侮之。”(第十七章)老子极力推崇“太上,下知有之”的管理境界。

所谓“太上,下知有之”,就是管理者应“功成事遂,百姓皆谓我自然”。处于“太上,下知有之”的管理者,善于以哲学智慧追求“无为”的境界;善于“以正治国”,居无为之事,行不言之教,“以百姓心为心”,使民众各顺其性、各安其生,民众过着愉快幸福的生活,感觉好像管理者不存在一样。

综览世界级的企业家,崇尚无为而治者大有人在。松下幸之助在回答“成功的秘诀是什么”这一问题时指出:“我没有什么秘诀,我经营的唯一方法是经常顺应自然的法则去做事。”并一再告诫后人：“倘使人类以其微小的聪明才智去思考问题，依照自己所想的平庸方法去处理事务，违背了天地自然的道理，其失败与挫折乃是意料之中的事。”

这种“太上，下知有之”的最高管理境界，同现代管理科学所说的“象征性管理”“渐进式管理”有相通之处。美国管理大师彼得·圣吉在其著作《第五项修炼》中大力推崇老子的这一管理思想，并提出了“魅力型领导”的概念。

彼得·圣吉在解释《道德经》时说：“老子说，不好的领导者，会被人瞧不起；好的领导者，会赢得人们的称颂；伟大的领导者，是让大家在事情完成时说‘是我们自己完成这件事情的’。”管理者只有力行“无为而治”，才能把“我无为，而民自化；我好静，而民自正；我无为，而民自富；我无欲，而民自朴”的理想社会变成现实。

“功成事遂，百姓皆谓我自然。”老子说，大功告成，诸事办妥，老百姓都认为我本来就是这样自自然然的。也就是说，完成功业的过程没有受他人强制的感觉，是人们的本性使然。这也就是人性化管理能够事半功倍的根据。

“治大国，若烹小鲜”的管理智慧

“治大国，若烹小鲜。”（第六十章）老子认为，治理大的国家就好像煎小鱼那样。领导者治理一个组织，也必须像煎小鱼那样谨慎从事，绝不可不到时机就胡搅乱作把事情搞糟。

“顺其自然”的另一大特色是“治大国，若烹小鲜”，其核心是管理要像烹饪小鱼那样谨慎小心，不乱动、强动、妄动。具体到治国治企当中，就是必须坚持政策的一贯性，政策多变则扰民。要善于根据事物发展的客观规律，在适当的时间、适当的地点，以适当的方式使其依规律而变化。管理作为对人的一种管控活动，最高境界是少控制、不控制。如果管理部下时“天天搅动小鱼”，就不是一种好的管理方法，这正如托马斯·杰弗逊所言，“管得最少的政府是最好的政府”。

管得少又管得好，关键在于建章立制，将复杂问题简单化，将简单问题标准化、程序化,减少例外事件,从而做到“闲”而有效。要在企业里形成一套有效的管理机制,规范人们的行为,使其自觉地围绕企业经营管理目标运作。

当然,管得少并不是放任自流,而是必须建立战略规划、合理预期。政策不确定,会使员工、供应商、顾客无法建立合理预期;没有合理预期,企业的员工及与其合作的利益相关方的行为短期性、不确定性就会增强,而短期行为、不确定性行为大量存在,企业的稳定性就会减弱,企业长期发展面临的风险因素就会增多。

管理案例之五:褚时健的甜橙王国

少年时,他曾是风云一时的政治人物,荣膺过“改革风云人物”的称号;

60 多岁时,他曾是企业家的旗帜,亚洲第一烟草企业“红塔帝国”的缔造者;

71 岁时,他也曾从巅峰重重跌下,自己身陷囹圄,女儿自杀身亡;

75 岁再次进行创业,他没有顺从命运的严酷,在哀牢山中种橙至今;

85 岁东山再起,他成了“中国橙王”。

他被称作“影响企业家的企业家”。他的故事和创业精神,深深影响了中国企业界包括柳传志、王石等一些大佬,以及无数要为明天而奋斗的年轻人。

他,就是褚时健。

褚时健,这位王石最敬佩的企业家,他把一个看上去不可能做成的事情做成了,做得成功且辉煌。相信很多人跟我一样会困惑,为何这位生于 1928 年的老人能“触底反弹”,走出一条令很多年轻人难以想象的“V 字型”人生道路?今天,就让我们一起走进褚老那从不向命运屈服的励志故事。

一、昔日“烟王”沉浮人生

在中国改革开放以来众多企业家中,褚时健是一个无法绕开的人物。

1928 年,褚时健出生于一个农民家庭。1955 年,27 岁的褚时健出任玉溪地区行署人事科长。

24 年后的 1979 年,51 岁的褚时健,正式出任玉溪卷烟厂厂长。于是,褚时健开始一手将这间地方小厂打造成亚洲第一烟草企业，自己也被外界称为“烟王”。

当年国外的555、万宝路等香烟在中国横行时，褚时健当时的最大梦想就是做出中国最好的烟，经过十多年的努力，当年的他做到了，这也许就是他当年的“中国梦”。

由于突出的贡献，1990年褚时健被授予全国优秀企业家终身荣誉奖“金球奖”；1994年，褚时健当选为“全国十大改革风云人物”。

但是由于当时中国的企业家激励机制与监督体制的不健全，褚时健开始铤而走险。1995年2月，一封匿名检举信指控玉溪卷烟厂厂长褚时健贪污受贿，葬送了他的政治和职业生涯。

1995年，云南红塔(集团)总公司更名为云南红塔实业有限责任公司，全年玉溪卷烟厂生产卷烟188.75万箱，实现工商税利178.3亿元，占全国烟草行业总税利的23.8%，职工人均年创税利331万元。

在当时，红塔集团已成为中国最大的烟草企业，被誉为“中国民族工业的一面旗帜”。而这一年，褚时健遭遇人生最大的悲痛，其唯一的女儿因被怀疑收受贿赂而遭逮捕，并在狱中自杀。

1997年，褚时健被判无期徒刑，黯然离开执掌18年的红塔集团。随后的1999年1月9日，褚时健被处无期徒刑、剥夺政治权利终身。再后来，褚时健减刑为有期徒刑17年。

令人唏嘘的是，该案引发了国企领导人薪酬制度的改革，就在褚时健被判刑的第二年，红塔集团新总裁拿到了100万元的年薪，而褚时健当了18年的厂长，全部收入仅88万元。

由于身体原因，2002年春节，褚时健办理保外就医。保外就医后，与妻子承包荒山开始种橙，褚时健的二度创业就此开始。

二、卧薪十年变“橙王”

经过十年的努力，现如今，一代“烟王”再次变身为“橙王”。

保外就医后，褚时健为何会选择种橙子呢？据悉，有一天，褚时健有个亲戚给他带了国外的橙子，但是他却感觉口感偏酸，价格也很贵，并不适合中国人自己的口味。当时，褚时健就感慨：“为什么我们就不能种出口感更适合中国人,并且在品质上不差于国外的橙子呢?”

机缘巧合,此时,正好他住所的附近有一个农场经营不善,要盘出去,褚时健便想试试。

于是,经过进一步考察,褚时健发现云南地区很适合种植冰糖橙子,这里的昼夜温差比较大,光照时间比较长,这对橙子的糖分和成长都有很大好处。于是,褚时健就下决心在云南种植橙子。

在山上种橙子,水源就是第一大问题。据悉,虽然云南的光照好,但是山上却很缺水,褚时健就想到了用泉水浇灌冰糖橙子,为了能够将山泉水引到果园林,当年褚时健搭建了许多管道,总共花费将近 1 000 多万元。

后来,经过排除重重难题,褚时健带领一帮人终于种植出了品质优良、口味清甜的橙子。由于褚时健种植的橙子每年不出云南省就销售一空,这让周边很多农户也看到了希望,纷纷要求与其合作。

虽然褚时健现在 85 岁了,但是他又新增加了 2 000 多亩的种植基地,他打算五六年后,自己种植的橙子产量能达到 2 万到 3 万吨。

经历了风风雨雨的一生,褚时健这辈子还有什么遗憾吗?褚时健曾表示:“要说遗憾嘛,基本上也不用遗憾了,反正比我差的人还多得很,比上不足比下有余吧,我自己也觉得可以了。”

那么,褚时健未来还有梦想吗?褚时健经常告诉自己的身边人,未来他的第一个目标就是要种出适合中国人自己口感的橙子,在价格上也不输给外国;第二个目标就是争取十年或二十年后,他自己能做出一个比国际品牌都乐(Dole)还好的橙汁。

也许每个人对“中国梦”的理解不同,而对于褚时健来说,余生的梦想似乎还是种在橙树上。

褚老一生真可谓是跌宕起伏,从他的奋斗史中,我们也可以感受到他追求卓越的匠心精神。如今已 89 岁的他带给社会的不仅有“励志橙”,更有激励人心的励志精神。他在告诉我们,无需担心年龄的老去,虽然我们无法抗拒时光带走的昔日种种,但我们却可以传承更加重要的东西,比如精神,或者信念。

而正如褚老常说,“我认为一个人迈入 60 岁以后才比较成熟一些。人的体质、智力不能仅以岁数来衡量，就我自己的情况来看，可以说'人生六十方开始'"。是的，漫长的一生中，年龄从来不是衡量事业的标准。

三、王石：我为什么是褚时健的粉丝

我有很多粉丝，但我是褚时健的粉丝，他不仅是云南人的骄傲，更是我们这些企业家的骄傲。所以，我每次来都不能说是看望他，每次都是带着崇敬的心情来取经的。他一年创造 300 亿元利税的时候，万科的经营规模才 30 亿元，差距非常大；我们去年才缴 300 亿元的税，20 年前褚厂长就达到这个数字了，这还是 20 年前的 300 亿元。

因此，在褚厂长面前，我是来学习的，他一直给我非常强烈的内心触动。

十年前我第一次到哀牢山，我见到他的时候，老人家戴着破草帽，衣服是圆领的，还是破的，比现在穿得还旧，正和一个人讨价还价。那个人帮他修水泵，开价 80 元，褚厂长说"最多给你 60 元"，他俩就围绕着 80 元还是 60 元讨价还价。想想看，他曾经是多么叱咤风云的人物！

之后我们开始聊天，我很好奇地问他："您前后做的事情差别太大了，我相信您能搞成，但有一点不明白，既然种橙子，为什么不引进国际上很好的橙苗，而是从湖南引进种苗呢？"

他就给我讲道理，说哀牢山的土壤怎么样、气候怎么样，说"我一定能种过他们"，之后大谈挂果之后是什么情况，又说这个橙子怎么怎么好。

我就问他挂果要多长时间，他说要 6 年，但我当时一盘算，6 年之后他就 80 多岁了，一个 70 多岁的老人创业，大谈 80 岁以后的场面，这是一种什么精神啊！

而我对晚年的安排，与他的境界完全不一样。所以，我从内心佩服他。和褚厂长接触过程中就能理解，他为什么能在当年把企业搞得那么成功，绝不是因为政策、因为特许经营、因为偶然。

那之后我们总是通电话。十年后，大家都看到了，褚橙已经很有名了。

一般来说，我和褚厂长会被当作同一代企业家。我们都创业过。我在 1983 年到深圳，1984 年创建万科。我记得很清楚，创业时，我在万科办公室的地板上写了两行字，一句引用肯尼迪就职演说："不要问社会能为你做什么，而是要问你能为社会做什么"；第二句话是巴顿将军讲的"衡量一个人成功的标准,不是看这个人站在顶峰的时候,而是看这个人从顶峰上跌到低谷时候的反弹”。

巴顿将军是我心目中的英雄,我非常欣赏这段话。我到深圳以后,有低谷、有反弹、有很多曲折,但再怎么曲折也不像褚厂长那么曲折,所以我那一次非常感慨,褚厂长已经70多岁了,还在展望6年之后的漫山遍野,所以用巴顿将军的话来衡量褚厂长是再恰当不过了。

当时我专门写了一篇文章《哀牢山上冰糖橙》。但那篇文章不是写给别人,而是在谈我的感受。之后很多企业家因为这篇文章知道了褚厂长的现状,都想到这个地方来看看,包括柳传志先生,去年他专门到这里拜访了褚厂长。

可以这样说,褚厂长身上集中体现了中国企业家的一种精神,是一种如何在前进中遇到困难,并从困难中重新站起来的精神。

因为褚厂长把一个看上去不可能做成的事情做成了,而且这种成功是可示范、可借鉴、可学习的。他就在这里,他就在做,做得很辉煌,他可以给世人提供镜鉴。

四、褚时健:我活着为了什么?

我一生遇到很多困难。这些困难有些是原来想到的,有些是没有想到的,但我相信我能克服它。很多年以来,不管干大企业还是小企业,不管干哪个行当,都会遇到不同的困难,这些困难到最后还是解决了。

所以,人的信心很重要。如果我们接二连三地干不成事,那就没有信心了。

我在74、75岁时怎么想起来搞这个苦差事(种植褚橙),在某种意义上可以说因为我们的处境,我的生活来源没有办法(保障),我只有一条出路,必须要搞成功。

我从小就闲不住,爬高上低的,我这个房子一天上去八回,下去八回,时间还打发不了,总得有点事情做。

这都是我从小养成的习惯,认定了要干的事,只想赢,不想输。

我一直和儿孙们强调,一个人工作、过日子都要认认真真,对产品要认真,对周围的人也要认认真真。这些年我们的果子卖得好,除了我们的产品过硬,周围人的支持也有很大关系。

像早几年我们的果子不成熟,没有朋友的帮忙,销售会很成问题。

现在我们名声在外了,心里要知道感激,更要学会让大家的利益都得到平衡。

我一直对和我打交道的合作伙伴也好、朋友也好都有一个心理,那就是怕亏了人家。这个习惯我一直都有。

做人做事要随时随地都在检查,做这件事我的朋友亏了没有?

我们现在果园里的农户,在我们这里干活儿,我就希望他们比别的农户生活条件要好一些;我们的作业长,我也希望他们的收入一年比一年高。

新平的县长有一次听说我们作业长的待遇,很惊奇:“工资比我还高?!”

对得起做过的事,对得起相处过的人,我能做到这两点,我这几十年也算没有什么遗憾了。

回头看看,我这一路走来,没有白费精神。我办事认真,确定了目标就追求到底。在每一个工作的地方我都有人生的记号,我也没在工作上闹出什么大事故。

想到这些,我也就甘心了。

第四章

《道德经》蕴含的管理者素养：修身之要

尊道贵德

尊　道

在老子看来，“道生一，一生二，二生三，三生万物”（第四十二章）。“道”使某种事物得以产生，这种事物又产生第二种事物，第二种事物再产生第三种事物……这样才演化出万物。万物的根源，是道，而道恰恰是看不见，却最为重要。

道法自然，道是客观规律，那么术呢？是依循道的具体方法。孙子讲的用兵之法，如“知己知彼”“先胜而后战”“我专而敌分”“避实而击虚”“施无法之赏，悬无政之令”等，就是“术”而不是“道”，但都是依循“道”的，否则这些“术”就无效。

在企业经营中，管理者应当以“道”为本，避免舍本逐末的弃道逐术。以服务行业为例，它们就应当以服务为“本”，以服务为“道”。

当年，聪明的海尔人通过观察发现，消费者购买家电最担心的就是出了问题找不到人维修。于是，海尔人主动向消费者承诺“真诚到永远”的服务理念，并及时推行“星级”服务的精细化标准，营销中心时时围绕消费者，以为消费者做好服务为核心。这是海尔人顺应市场竞争、以客户为中心的经营策略，这更是以服务为道、循道而行、以道御术的体现。正是如此，海尔才得以在激烈的市场竞争中取胜。

相反，很多企业却舍本逐末，弃道取术，最终以惨败告终。一些“空手道”企业就是如此，它们既不是社会财富的真正生产者，也不是向社会提供真正服务的服务者：它们与社会以及公众的关系不是“生”的关系，而是“掠夺”或“搜刮”的关系，用种种不法手段谋取利益。他们仅仅是想要“利己”，而从来没有打算“利他”。专门“自生”，一点也不“生他”，这违背了天地之道、自然之道，也就违背了人世之道、企业之道。因此，这样的企业即使规模再大，也一样是要倒闭的。

“天之道，不争而善胜，不言而善应，不召而自来，坦然而善谋。”（第七十三章）天之道，也就是客观规律。意思是说，客观规律不强争而善于获胜，从来不“三令五申”而万物善于回应，从来不召唤而万物自动归附，胸怀宽广、坦荡而善于谋划。

世间万事万物之所以生生不息，充满生机、欣欣向荣，原因何在？就在于无为之中顺应了规律、顺应了道，而绝非争的缘故。

企业管理也是如此。企业的产生、发展直至灭亡的过程，存在着基本规律，即企业之“道”。一个好的企业，一定是有利于社会、造福于社会的企业；一定是顾客至上的企业；一定是以人为本的企业；一定是超越恶性竞争的企业；领导人也一定是有独特人格魅力和高尚人格的管理者，等等。这就是企业之“道”，企业及其管理者要尊道而行。

例如，在战略上，管理者要“以无事取天下”。明智的企业，应当在不争上下工夫，主动了解社会上众多新的、未被发现的利益需求点，在公众的“利益需求点”“市场空白点”上做文章，设法满足这些尚未被市场认识到的潜在需求，填补市场空白，把全部人力、物力、财力投放在这个没有竞争的点上，踏实做事、认真开发，拿出公众需要且满意的产品。这样的新产品一上市，市场自然就是你的。从这个意义上讲，你是用新产品创造了新的市场，谁又能与你争呢？这就是老子所说的“以其不争，故天下莫能与之争”。企业的“天下”就是在这样的“无事”以及“不争”中获取的。

在中国历史上运用“道”取得成功的不乏其人,曾国藩就是一个范例。可以说,曾国藩的一生具有传奇性。他的一生有三个标志性的阶段。第一阶段是勇于进取,他以孔孟入世的精神,发奋进取,考取功名,一心要成就一番大事业;后来,他在仕途上遇到了一些坎坷和挫折,又转而以黄老哲学修身,以增加更多的人生智慧,这是曾国藩人生中的第二阶段;第三阶段,曾国藩儒、道并用,使个人性格和修养达到了更高的境界,在清王朝的政治漩涡中,游刃有余,不但成就了自己的功业,而且也成就了自己的一生,被誉为“中兴名臣”。

曾国藩刚刚踏进仕途时,同那些有志于成就一番事业的年轻人一样,在孔孟学说的熏陶下,立志要用儒家思想来入世济世。因此,一方面,他把“天行健,君子以自强不息”作为自己的人生信条;另一方面,他“以天下为己任”。应该说,早年的曾国藩受儒家思想的影响是很大的。因此,在曾国藩早期的仕途中,可以说是春风得意、平步青云。

那个时候,在人生哲学方面,曾国藩对老子的哲学思想并没有深刻的领悟。这就如同人们常说的那样,一个没有经历坎坷人生的人是不能从心灵深处领会老子哲学思想的。曾国藩年轻的时候也不例外。比如,他就曾经说过:“老庄之说,养心则可,办事却不行。尤其是身处今世,我辈人更不可为其所迷。”他认为,老庄哲学适合于个人修养,而要拯救世人却万万不可行,更谈不上建立功名了。这个阶段,曾国藩就其“悟道”来讲,还处于较为低级的层次。

在曾国藩看来,孔孟之道治国平天下的责任和敢为天下先的义理才是人生道路唯一的选择,而柔弱、退让不但不能成就自己的事业,逍遥的心态则更是极不负责任的逃避态度。因此,在曾国藩早期的政治生涯中,偏激的思想、严峻的法度、不示弱的性格成为他在政治舞台上一种常态的表现方式。

到了中年以后,随着职务的升迁,曾国藩所处的政治环境也越来越复杂。在与太平军的征战生涯中,不仅战局跌宕起伏,而且屡屡受挫,在他呈报朝廷的奏折中,“屡败屡战”的那种复杂心情暴露无遗。同时,曾国藩也时常受到来自清廷决策层内部的多方掣肘,身心备受煎熬,如陷炼狱一般。在

“咬牙立志”苦苦坚持的情况下，他认识到治国平天下更需要心智的修炼。

面对清王朝腐败的统治和积习难返的社会现实，他领悟了很多人生的道理。他认识到光靠个人的力量是改变不了社会现实的。此时，道家修身之道对曾国藩产生了很大的吸引力，特别是老子《道德经》中“合抱之木，生于毫末；九层之台，起于累土；千里之行，始于足下”，对他产生了很大的影响。他感悟到，立德立功没有心智修炼的努力，是不可能实现的。

此后，老子学说使他懂得了更多人生的道理，特别是其中的“物极必反”“祸福相倚”“以退为进”的修身之道使他在政治斗争中生存下来。正因为如此，面对清王朝统治者的腐败、朝廷中政敌的猜忌和诬陷，曾国藩仍能保持政治家的智慧和充满人生经验的头脑，并且取得了事业的成功。

贵　德

法国思想家罗曼·罗兰说：“我称为英雄的，并非以思想或强力称雄的人，而是靠心灵而伟大的人。没有伟大的品格，就没有伟大的人，甚至也没有伟大的艺术家、伟大的行动者。”伟大的品性包含诸多，笔者认为，有大德之人可称为伟大品格之人。现代企业竞争激烈，管理者若要在竞争中脱颖而出，必须以德修身。

“道生之，德畜之，物形之，势成之。是以万物莫不尊道而贵德。”（第五十一章）“道”使万物得以产生，“德”使万物得以畜养并繁殖，外界环境赋万物以形体，各种力量的相互作用促万物以成长。因此，天下万物没有不尊崇“道”和重视“德”的。

老子对德行的阐述给现代管理者很好的示范作用。“修之于身，其德乃真；修之于家，其德乃余；修之于乡，其德乃长；修之于邦，其德乃丰；修之于天下，其德乃普。”（第五十四章）唯有以德修身，家国才能长久，天下才能太平。

管理者首先要做一个有德之人，用自身的品格魅力赢得人心。“是以圣人常善救人，故无弃人；常善救物，故无弃物。是谓袭明。”（第二十七章）圣人善于经常救助他人，拯救万物。圣人也是善人，有良好品行的人。“善者，吾善之；不善者，吾亦善之，德善。”（第四十九章）对善良、不善良的人都善待,才是真正善良且有德行的人。企业也是如此,管理者对待企业所有员工都心地慈善,才能人心所向,企业的软实力和凝聚力才能得到提升,企业也会更强大、更长久。凡是行为善良与品行高尚的管理者定能有担当,使企业健康发展、基业长青。

中国古语讲"修身、齐家、治国、平天下",管理首先要从自我做起,从自我管理到家庭、组织、国家的管理理念是一路贯通的。一生创造两家世界五百强企业的稻盛和夫先生说他的经营观点与中国道教遵循的道法自然的观点相近,即要以基本的道德观、伦理观为前提去办事。

2010 年 1 月,日本航空公司(日航)申请破产保护,政府邀请稻盛和夫出山,挽救日航。稻盛和夫再三权衡后接受鸠山由纪夫的邀请,不要一分钱的报酬,以"零工资"重新出山执掌日航。

经过 424 天的努力,到 2011 年 3 月底,在短短一年时间内创造了日航历史上空前的 1884 亿日元的利润,是竞争对手"全日空"利润的三倍。奇迹已经发生,但是我们学习的目的就是要弄清楚,稻盛和夫是怎么创造奇迹的呢?

1. 稻盛和夫接手日航的原因

稻盛和夫以前从来没有接触过航空业,他为什么在家人和朋友的反对之下依然接受日本前首相鸠山的邀请?当时的稻盛和夫已经快八十高龄了,不管从精力还是体力来讲他都非常有限,他就不怕万一拯救日航不成功砸了"经营四圣"金字招牌吗?难道他还需要以成功拯救日航来证明自己的实力吗?

实际上,接手日航是稻盛和夫"敬天爱人"哲学思想的体现。从思想上意识到日航破产将给国家、社会、员工带来的巨大损失,同时他有颗利国、利他之心,愿意通过自己的努力达成政府的期待和人民的希望。

另外,鸠山由纪夫请稻盛和夫出山的时候他应该是有犹豫的,因为稻盛和夫退出经营第一线已长达 13 年,年事已高,并且在专业上不懂行,还冒着晚节不保的名誉风险,而且日航服务质量的下降,他自己都可能并不喜欢日航,再加上身边的人包括亲朋好友无一人支持他去重掌日航。但是稻盛和夫在《干法》中的一段话道出了他“敬天爱人”思想的精髓：人的一生正是为了磨练灵魂，才必须为社会为世人尽力，必须破除私心，而去为他人尽力行善，付出自我牺牲。正是这种纯粹的利他之心和稻盛和夫出神入化的手段，才有今天重生的日航。

2. 稻盛和夫拯救日航的方法的流程

(1) 鼓舞员工士气，让大家坚定日航不能倒的信念。

稻盛和夫给出了日航不能倒闭的三大理由：日航破产将给日本经济造成重大损失；必须保护 5 万日航员工利益；避免全日空垄断，给消费者造成损失。

(2) 大量市调，找到日航衰败的真正的主要原因。

稻盛和夫通过市调，排除很多表面的原因，找到日航之所以沦落到破产保护局面的本质原因——日航人思想意识涣散，不统一。具体表现为服务表面化、程式化，属于“殷勤无礼”；员工各自为战，按自己的想法做事，形不成合力；管理层官僚化严重，缺乏危机感。

(3) 稻盛和夫根据主要原因入手改造日航。

首先，明确重建日本航空的目的——追求全体员工物质和精神两方面的幸福。

其次，明确重建日本航空的意义——国家经济利益不能受损、保护员工不能失业、不能给消费者造成损失。

再次，明确重建日本航空的标志——为旅客提供最好的服务，提高企业自身价值，为社会的进步和发展做贡献。

最后，明确重建日本航空的方法——以“敬天爱人”哲学为依据，推进公司内部的意识改革。

稻盛和夫为了检验改革后的效果，他自己掏腰包把所有日航的飞机挨个乘坐一遍，并且为了和员工一起吃苦只坐经济舱。这一系列的动作如果没有“敬天爱人”的理念支撑是不可能做到的，这也是他充分领悟和恪守经营之“道”的表现。

稻盛和夫先生用他已经行于“道”的成功管理启示我们：回归“道”之体，

行出“德”之用是管理者成功的内在保障。企业背离了“尊道贵德”的基本准则,甚至欺骗社会、危害顾客,最终只会是衰败的命运。

2008年6月28日,位于兰州市的解放军第一医院收治了首例患“肾结石”病症的婴幼儿,据家长们反映,孩子从出生起就一直食用河北石家庄三鹿集团所产的三鹿婴幼儿奶粉。

此后,全国陆续报道因食用三鹿乳制品而发生负反应的病例一度达几百例,事态之严重,令人震慑!2008年9月13日,党中央、国务院对严肃处理三鹿牌婴幼儿奶粉事件做出部署,立即启动国家重大食品安全事故一级响应,并成立应急处置领导小组。2008年9月15日,甘肃省政府新闻办召开了新闻发布会称,甘谷、临洮两名婴幼儿死亡,确认与三鹿奶粉有关。

随着问题奶粉事件的调查不断深入,奶源作为添加三聚氰胺最主要的环节越来越被各界所关注。另据医学专家介绍,三聚氰胺是一种低毒性化工产品,婴幼儿大量摄入可引起泌尿系统疾患。患泌尿系统结石的婴幼儿,主要是由于食用了含有大量三聚氰胺的三鹿牌婴幼儿配方奶粉引起的。

2008年9月13日,中国国务院启动国家安全事故Ⅰ级响应机制(“Ⅰ级”为最高级,指特别重大食品安全事故)处置三鹿奶粉污染事件,决定对三鹿集团立即停产整顿,并将对有关责任人做出处理。三鹿集团董事长和总经理田文华被免职,后并遭刑事拘留,石家庄市分管农业生产的副市长张发旺等政府官员、石家庄市委副书记、市长冀纯堂也相继被撤职处理。河北省委也决定免去吴显国河北省省委常委、石家庄市委书记职务。22日,李长江引咎辞去国家质检总局局长职务,这是因此次事件辞职的最高级官员。毒奶粉事件在中国形成了一股“行政问责与司法问责风暴”。

三聚氰胺事件爆出后,曾以18.26%的市场份额领跑国内奶粉市场的乳业巨头三鹿随之陨落,全行业亦陷入质量泥沼。受此牵连,包括伊利、圣元、雅士利在内的国产奶粉企业遭遇业绩危机。2008年,蒙牛亏损9.49亿元,光明亏损2.86亿元,伊利亏损更是高达16.87亿元,成为三聚氰胺事件中亏损最严重的中国乳品上市企业。

三鹿集团因道德的缺失而最终受到了社会的惩罚，落下自毁的下场。社会道德缺失的企业，很容易进入金钱至上的误区，最终会为企业、为社会带来不可估量的负面影响。

管理者如何做到“尊道贵德”？

尊道贵德是成大事的根本，奇谋只是辅助性的手段。“道之以德”，这是社会治理、企业经营管理的最高准则。

“上德不德，是以有德；下德不失德，是以无德。上德无为而无以为，下德无为而有以为。”（第三十八章）真正崇尚美德的人并不去炫耀自己的美德，所以他才保持了美德；不重视美德的人却处处想夸耀自己的美德，所以他就没有了美德。企业管理者真正的德在于内在、内敛，而不是炫耀于外。

“善建者不拔，善抱者不脱，子孙以祭祀不辍。修之于身，其德乃真；修之于家，其德乃余；修之于乡，其德乃长；修之于邦，其德乃丰；修之于天下，其德乃普。故以身观身，以家观家，以乡观乡，以邦观邦，以天下观天下。吾何以知天下之然哉？以此。”（第五十四章）善于用道的要求来建立社会秩序的人，他们都有坚忍不拔的毅力。只有善于抱着道的坚定信念的人，做任何事情才不会脱离道的要求。他们建立起符合道的要求的社会秩序，惠及子孙后代，子孙后代都会通过祭祀来表达对他们的敬仰和纪念。

德是道在人身上的表现，个人只有通过修养使自己的言行符合道的要求，他所具有的德才是真实的；通过修养使自己家族的生活符合道的要求，他的德行就超越了自身。

一个地方乡里的人们的行为都符合道的要求，说明德行的范围更加扩大了；一个国家的行为都符合道的要求，说明德的内容就更加丰厚了；如果整个世界的行为都符合道的要求，那就说明德真正普及了。因此，我们要通过个人与个人德行的比较、家族与家族德行的比较、乡里与乡里德行的比较、国家与国家德行的比较以及不同时代德行的比较，才能认清道的表现。

社会治理者“修之于身”，其意义远超个人，而是从个人扩展到家、乡、国、天下，也就是将修身与治国乃至天下的治理贯通起来了。

老子尚德，明确指出管理者“重积德”，达到“含德之厚”的程度至为关键。他认为:“治人事天,莫若啬。夫唯啬,是谓早服;早服谓之重积德;重积德则无不克;无不克则莫知其极;莫知其极,可以有国;有国之母,可以长久。是谓深根固柢,长生久视之道。”(第五十九章)即治理百姓,事养天性,没有比得上爱惜精气更好的了。正是由于爱惜精气,所以才能及早复归于道,这就叫积德深厚。积德深厚,就无往不胜;无往不胜,就没有人知道其所穷尽;没有人知道其所穷尽,就可以拥有国家;拥有国家的根本之道,才可以保持长久。这就是使根柢更深更牢之法、长生延寿之道。

老子进一步指出,治者长期“重积德”,加强自身修养,便会成为“含德之厚者”。“含德之厚,比于赤子。毒虫不螫,猛兽不据,攫鸟不搏。”(第五十五章)一个人具有了高尚的品德,就能像婴儿一样纯真,那么毒虫就不会去蜇他,猛兽就不会抓咬他,凶鸟就不会攻击他。

西汉末年,当光武帝展开地图,观看他率领将士通过浴血奋战平定的全国混乱局面,总结平乱的战绩时,他不禁茫然,便对邓禹道:“天下如此辽阔,如今我才平定了一些小郡,要到哪年哪月才能使全国安定下来呀?我真是没有把握呀!”

邓禹回答说:“的确,现今天下群雄兴起,战乱不息,前景不测。但是万众都盼望着明君的出现。自古以来,兴亡都在于仁德的厚薄,而不在于土地的多少。只要您不灰心丧气,一心一意积王者之德,最终天下一定会归于统一的。”

刘秀信其言。半月余,他率领将士击败了被称作“铜马”的农民军。对那些愿意归降的将士,非但不治罪,反而维持原职让他们参加刘军,继续作战。对其统领们还一一封侯,并下了一道命令,投降军队不予整编,维护原编制,各叛军将领仍复原位,带领原部下参战,本部不作干涉。

刘秀这样对叛军恩宠有加,以致使他们都不敢相信,心中不免充满疑惑及不安。但刘秀为了观察实际反应,经常一个人单骑巡视各营地,若有人此时想行刺的话,那可是件唾手可得的事情。然而,众叛军将士见刘秀如此诚恳,便产生了景仰之心,都异口同声地说:“刘秀能推心置腹、诚恳待人,不怀疑我们,真乃是一位度量宏大的宽仁长者。以前我们以小人之心度君子腹,怀疑他居心叵测，回想起来实感惭愧。为报君主的知遇之恩，上刀山、下火海我们在所不辞！”

从此以后，这些降将跟随刘秀南征北战，披荆斩棘，赴汤蹈火，为最终平定天下混乱，建立东汉王朝，立下了汗马功劳。

刘秀以其德行感化部下，笼络人心，壮大自己，表现了一位贤明豁达的领导者风范。

当领导者用《道德经》之“德”进行管理时，管理就可以在“德”中获得“道”之力量和永恒。老子留给后人《道德经》正是启示管理者通过对人格以及管理修养不断提升的实践，以“无为”的修为达到“无不为”的制胜的管理境界。

管理案例之六：马化腾的“含德之厚”

中国首富换人！身价比马云和刘强东的总和还多……

北京时间 2018 年 1 月 23 日，香港传来捷报：中国企业深圳腾讯公司，市值一天增加 1 380 亿港币，市值再次创造历史——突破 45 000 亿港币。超越 Facebook，仅次于苹果、谷歌、微软、亚马逊，成为全球第五大公司！

腾讯创始人马化腾拥有 8.69％的腾讯股份，据福布斯实时富豪榜数据显示，中国首富马化腾身家达到 521 亿美元，已超过谷歌联合创始人谢尔盖·布林、美国科氏工业集团的科赫兄弟，在全球富豪榜排名中攀升至第 11 位。

按照已经公布的 2015 年全球经济总量排名：美国、中国、日本位居世界前三，乌拉圭以 549 亿美元的 GDP 位居世界第 76 名。

马化腾一个人的身家就已经高达 500 多亿美元，相当于乌拉圭整个国家的经济总量。

这还仅仅是腾讯本身的价值，并没有加上腾讯已经入股的京东、58 同城、滴滴打车、微众银行、美团点评、泰康人寿，等等数十家互联网巨头公司的股份。

业内纷纷预测：新的一年，随着部分控股互联网公司的上市，马化腾的身家有望超过600亿美金，比肩全球前70大经济体，2021年有望冲击全球前60大。这才是真正的富可敌国！

如今腾讯市值已经高达5 000多亿美元，而且跟谷歌和Facebook一样，未来前途无量，其核心原因究竟是什么？

有人说是因为马化腾智商高，其实马化腾的情商比智商还要高，他是一个和人打交道的高手，在其背后更是马化腾德行深厚的个人品质，而这才是腾讯一直保持竞争力、持续高速发展的关键所在。

一、马化腾这样对待合作伙伴

有一次，腾讯召开一次重要的战略发布会，马化腾对这场发布极为重视，他邀请刘强东、姚劲波和王兴来站台。

会议定在上午10点开始，马化腾9点30分就到了贵宾室。按照惯例几位嘉宾都要早一点到，和东家马化腾沟通一下，但是，到9点40分刘强东和王兴这哥俩都没有来，只有姚劲波到了。

此时所有的工作人员都开始着急起来，但是马化腾脸上并没有表现出着急的神态。

到了9点50分了，刘强东和王兴还没有到，腾讯的工作人员已经坐不住了，不断和两人的助理联系。此时马化腾脸上还没有任何着急的表情，甚至都没有询问刘强东和王兴到什么地方了。

9点55分，到了必须要进会场的时间了，可刘强东和王兴还没有到。助理告诉马化腾，刘强东和王兴说就不到贵宾室了，会直接进会场。马化腾听后微微点了点头，脸上仍然没有任何不快的表情。

其实企业开展一场重要的发布活动，就像主人在家里请客，客人不到或者迟到，主人都会脸上无光，所以大部分主人这个时候会如同热锅上的蚂蚁，紧张、焦虑甚至发脾气，因为这似乎表明客人不给主人面子。

但是，这些马化腾都没有。

曾经有一本书叫《细节决定成败》，国人有时太注重细节了，而在与人相处上，要有大格局。水至清则无鱼，人至察则无友，对合作伙伴要求太高就没有伙伴了。《矛盾论》也告诉我们，凡事都要把握事情的主要矛盾，而不是关注次要矛盾。对马化腾而言，刘强东、王兴只要来了，把自己的思想表达清楚才是最重要的事情，其余都可以忽略不计。

马化腾很清楚和合作伙伴之间要的是什么、不要的是什么，这也是为什么现在那么多的企业愿意和腾讯产生链接的主要原因之一。

二、马化腾这样对待陌生人

很少有人知道，作为理工男的马化腾，在年轻的时候就是一个和陌生人打交道的高手。

马化腾大学毕业以后并没有创业的想法，找了一份工作，因为很轻松就能胜任，于是在网络上兼职了一个站长职务。

站长是什么人？一定要是一个热心人，是一个善于交际的人。马化腾作为第一代站长堪称称职，他对网友提出的问题都会认真解答。当然，有网友提出见面的要求，马化腾有时间也一定会去。

有一次，浙江宁波的一个网友提出了见面的要求，马化腾欣然同意。本来作为站长，马化腾是来帮助这个人，但是，没有想到这个人对马化腾影响巨大。

正是受到此人创业的影响，马化腾才决定辞职创业。前段时间“王者荣耀”游戏出尽了风头，腾讯已经成为当今世界游戏产业绝对的霸主，而腾讯之所以会做游戏，也是马化腾受到此人的启发。

这个人就是网易的丁磊。

“助人者天助也。”同样都是帮助人，有些人帮得很勉强或者盛气凌人，让人感觉不像是帮忙，像是施舍，这种忙不如不帮。或者帮了别人就想让人以后回报他，本质也不是帮忙，是交易。

聪明的人，往往是帮了别人的忙，还反过来感谢别人给他帮忙的机会。同样冒着风险帮助别人，但是带来的结果是不一样的。什么时候帮人家忙也很重要。在人家好的时候你去帮助别人，只是锦上添花；在人家不好的时候帮忙，是雪中送炭。事实上，你付出的代价是一样的，但结果截然不同。

三、马化腾这样给高管发工资

如果不是因为腾讯是上市公司，我们可能无法知道马化腾给高管发工资有多么慷慨。年报显示作为副总裁张小龙的年薪很有可能是2.74亿港元,注意!不是百万年薪,不是千万年薪,也不是亿万年薪,是将近3亿的年薪!试问中国的企业中有哪家的董事长会如此慷慨大方!

更令人想不到的是马化腾的年薪仅仅为3 282.8万元,只是张小龙的九分之一。

为什么在企业里有人愿意做老大,因为大部分企业里面老大的工资是最高的,其他人依次递减。但是,马化腾颠覆了这个规律,这就是马化腾的大格局。

董事长如此慷慨,有哪一个高管不会士为知己者死呢?

有句俗话说得好:"上行下效。"马化腾这样给高管发工资,那么,高管又会怎么给员工发工资呢?

马化腾和他的团队给有突出贡献的员工发薪酬从不吝啬,腾讯员工的获得感可以说是最强的,这也是为什么腾讯的员工忠诚度极高、流失率极低的原因。

作为腾讯的员工只需要做好一件事情——把本职工作做好,待遇和福利根本不用去争取,都会向自来水一样流淌过来!

这样的企业的竞争力是可怕的!

四、马化腾这样对待个性强的员工

有人说没有张小龙就没有微信,但反过来,没有马化腾就没有张小龙,张小龙的古怪脾气,换一个老板早就把他炒鱿鱼了。

张小龙性格孤僻,最不愿意和人打交道。腾讯总部每周都要召开例会,广州和深圳开车也不过2小时左右,但是,张小龙总是以"早上起不来"为借口不去参加会议。为了迁就他,马化腾就让自己的秘书一大早叫醒他。但是,张小龙起是起来了,可是还不参加会议,理由是路上太堵,怕赶不上。本以为这样马化腾就放弃了,可是,张小龙想不到马化腾这么有耐心,以后每周开例会的时候,马化腾派的专车都会准时到楼下来接他。这下,张小龙再也没有任何借口不参加会议了。

可以说,张小龙是唯一一个在腾讯能如此"放肆"的人!但是,马化腾能容忍张小龙的一切。

有句俗话说得好："一屋不扫，何以扫天下？"按照这个逻辑，张小龙连公司最基本的劳动纪律都不遵守，怎么能成就大事？这就是认知格局的差别，马化腾知道，天才在某个方面就很弱，即使不能扫一屋，但是也可以扫天下。能做到这一点，在认知格局上达不到一定段位是无法做到的！

五、动脑产生智慧，走心缔造文化

长假开工后的第一天，很多企业的员工都有假期综合症，大家不愿意去上班。但是，腾讯的员工却一个比一个来得早。因为他们知道，今天他们可以在第一时间见到马化腾，马化腾会给他见到的每一个员工送上祝福，而且还会有一个大大的开工红包。

腾讯员工排队领红包的情景，场面可谓壮观，有人凌晨就来排队，早上 9 点，排队的员工达到几千人。

1998 年腾讯创立之初，马化腾就确定要发开工红包，而且必须是自掏腰包，虽然金额不是很大，但是，却能体现出老板对员工的一种尊重和祝福。

微信红包最早的设计灵感就来源于马化腾派发开工红包的企业文化！正是这样一种坚持，不仅把发红包变成了一个全民的狂欢，而且成功地和支付宝平分天下。

六、马化腾这样对待离职的员工

有的公司的老板认为离开的员工是不忠，所以会采取很多手段打压，而马化腾不会，反而会扶持。

有人觉得很奇怪，摩拜单车为什么会进入微信的九宫格，马化腾为什么会这么帮助胡玮炜。有人说这是因为腾讯投了摩拜，可腾讯为什么投摩拜而不投 ofo？其实，这里面有一个秘密很少有人知道，胡玮炜曾经是马化腾的下属，她曾经在腾讯汽车频道工作过两年，后来离开。

腾讯可是说是互联网界创业的黄埔军校，以马化腾当下的格局，如果有人离开腾讯后创办一家伟大的互联网公司，他也会乐见其成。

当然，我们也必须承认，马化腾投资摩拜不完全因为胡玮炜曾经是自己的员工。但是，马化腾能支持离职员工发展，这是格局，更是人品。

中国很多企业家都觉得自己最牛，员工离开自己会一事无成，在他眼里,员工离开都是背叛,不惜用尽一切办法打压。其实这是很愚蠢的行为,往往越是能干的人越会自己去单干,只有不能干的人才去依附别人。能干的人在你这里学到了东西,出去做的事情往往跟你是一个行业,他们很大概率成为你的对手。

如何避免竞争?聪明的老板会经常告诉自己:有人离开你,你要敲锣打鼓送他离开,还要给点路费,年轻人是压制不住的,总会跑出来,与其打压结仇,不如给点路费结点善缘,或许还给自己留一条退路。

七、马化腾这样对待自己的“敌人”

看一个人能有多大的成就,只要看他如何对待自己的敌人、仇人或者是伤害过他的人就知道了!

在 2010 年 3Q 大战期间,谁都知道马化腾和周鸿祎是水火不容的“敌人”,一度在网上相互攻击,吵得不可开交。这之后两个人之间是一种什么关系,我们不得而知。

7 年后,在 2017 年 3 月 20 日,马化腾在自己的微信里发布了一条微信来评价腾讯制作的一档节目:意外爆款的自制网综,已经成为我看综艺节目首选。后面几期有进步,逐步被大咖认可及亲身参与。看了幕后故事才知道不容易。略不满意的是有的嘉宾要抬头看提词器影响效果(感觉所有嘉宾也能看到提词则笑起来会假),应该宁可看手卡还自然一些。

马化腾这条微信发出不久,周鸿祎和姚劲波就发表了评论:

周鸿祎:马总会去参加一下么?

马化腾:哈哈,槽点太多,估计一期不够。

姚劲波“一脸坏笑”:你们俩一块去,绝对槽点火爆。

周鸿祎:你去,我就也敢去了。

曾经你死我活的竞争对手,如今在微信圈里能如此调侃。

很多人都知道,马化腾是一个就事论事的人,是一个不记仇的人,也正是因为这样,他有竞争对手,但是没有真正的敌人,因为他对敌人也保持着一种敬畏。

你可以打败他,但是,你不要毁灭他!

诚信为本

管理者应恪守信用

老子以水喻道，整篇《道德经》中充满了对水的观察和借鉴。“上善若水。水善利万物而不争，处众人之所恶，故几于道。居善地，心善渊，与善仁，言善信，政善治，事善能，动善时。夫唯不争，故无尤。”（第八章）道德高尚的人像水一样。水具有施利于万物而不与万物相争的美质，安然于众人所厌弃的低洼之处，所以说它的行为最接近道的准则。安居于很卑下的地位，思想深邃幽远，交往仁慈关爱，言语真实坦诚，为政清净廉明，做事德才兼备，行为择时而动。

在老子总结的水的“七善”之中，“言善信”被放在重要的位置。对外，只有诚信的企业，才能在市场上站稳，取得市场地位；对内，管理者具有诚信的品质，“言必信，行必果”，才能令员工信服。如果制度、计划朝令夕改，员工就无法适应，不知该做什么才好，人心既乱，企业就乱。如果制度稳定，员工便心情稳定，就会专心于工作，做出业绩。

东西方文化虽在许多方面存在差异，但在“诚信”上有着惊人的一致，“诚信”这一美德具有普世性和永恒性。诚实是最好的政策，也是一种最有效的商业资源。因此，不论是个人还是企业，信誉都是安身立命之本。

在德国，有一名非常聪明的中国留学生，发现德国售票系统的漏洞，多次逃票，三次被抓均被德国记录下来。

当他毕业后，去跨国公司求职，均被拒绝。这是为什么呢？请看最后一次面试失败后双方的一次对话：

“你们不录取我，是不是种族歧视的原因？”

“先生，我们不是种族歧视，相反我们很重视你。公司一直在开拓亚洲市场，你正是我们所需要的人。”

“那为什么不录取我?”

“我们查了你的信用记录,你共有三次逃票记录。”

“我不否认,但谁会相信你们就因为这件小事而放弃了一个你们急需的人才?”

“小事? 我们不认为这是一件小事。”

“那也罪不至死吧?”

“你的逃票记录证明了两点:第一,你不遵守规则,却善于发现规则中的漏洞,并恶意使用;第二,你不值得信赖。公司有很多工作是要靠信任进行的,如果你负责某地区的市场开发,公司将赋予你很多职权,为了节省成本,公司无法设置复杂的监察制度,所以我们无法雇用你。而我相信在整个德国甚至整个欧盟,你可能找不到雇用你的公司,因为没有人会冒这个险。”

2006 年初,在美国一所中学发生了一场争论。一位女教师在生物课作业中,发现 28 名学生有网上抄袭行为,判定为剽窃,生物课判为零分,学生面临留级危险。在学生家长的强烈反对下,校方要求女教师提高评分,女教师愤然辞职。

这不但引起校内近半数教师提出抗议,表示如校方满足家长要求,他们也将辞职,而且在社会上大多数人都支持女教师。甚至有些公司向学校索取剽窃学生的名单,确保公司永远不会录用这些学生。他们认为,把学生教育成一名诚实的人,远比生物课得分和留级要重要得多。

西方社会有句名言:“一个人可以失去财富、失去职业、失去机会,但万万不可失去信誉。”

恪守诚信在社会生活中有着重要作用。在一般情况下,人与人之间的交往,没有严密的组织形式,可聚可离,那么,依靠什么来开辟并维持自己的交往渠道呢? 当然,人们可以靠思想、情感、志趣、爱好等互相吸引,但光靠这些还不能形成良好且持久的人际关系,还要靠诚信来维持。

一个人办事忠厚诚恳、实实在在、说到做到,就会使人产生信任感,愿意同他交往、合作。反之,轻诺寡信,一而再地自食其言,必然要引起人们的猜疑和不满,只有诚信,友谊才会持久。

不论在生活上或是工作上，一个人的信用越好，就愈能成功地打开局面，事业才能做得好。因此，生活总是照顾那些讲话算数的人，食言是最不好的习惯，是为人处世中必须改正的缺点。

在公司经营管理中，诚信更是发挥着至关重要的作用。不管在什么情况下，管理者总要对自己所说的话负责，必须重视自己所说的每一句话，用自己的行动说服员工的信任。

在现代社会中，“信誉”是企业无形的竞争力，“诚信”更是一个人的无形资产，以老子“信不足，有不信”作为处世的箴言，必能光明磊落地在社会上行走。

2010年“感动中国十大人物”中有来自湖北的孙水林、孙东林兄弟，他们兄弟俩每年都会在年前给农民工结清工钱。年底，做包工头的哥哥孙水林为赶在年前给农民工结清工钱，不顾恶劣的天气开车回家，在返乡途中遭遇车祸，全家四口遇难。弟弟孙东林为了完成哥哥的遗愿，赶在大年三十前一天，将工钱送到了农民工的手中。兄弟俩的诚信之举深深打动了全中国的人。孙东林坚守“新年不欠旧年薪，今生不欠来生债”的承诺在网上广为传播，人们把这兄弟俩称为“信义兄弟”。

现代市场经济是一种信用经济，在这种经济中实现竞争制胜和永续发展的根本就在于诚信经营。管理者只有以诚信为管理的最高原则，在管理中恪守诚信经营之道，才能实现企业在规范市场经济中的持续发展。相反，如果管理者不恪守诚信经营之道，采取欺骗虚假之手段经营的话，可能会成功几次，但其最终的结果必是以失败而告终。

公司、企业做广告做宣传，树立公司、企业在公众中的形象，就是想提高公司、企业的信誉度。信誉度高了，人们才会相信你，和你有来往，成交生意。不过，公司、企业的信誉度得靠产品绝佳的质量、优良的服务态度来实现，而非几句响亮的广告词、几次优惠大酬宾便可做到。企业是否诚信与管理者的诚信品质紧密相关，一个不诚信的管理者，无法造就出一个诚信的企业。

美国IBM计算机公司发展迅速,近百年而不衰,正是靠公司服务人员在工作中具有高度的责任心和恪守诚信的美德。

一天,菲尼克斯城的一个用户急需重建多功能数据库的计算机配件。公司得知后,立刻派一位女职员送去,途中遇到倾盆大雨,河水猛涨,封闭了沿途的14座桥,交通阻塞,汽车已无法行驶。按常理遇到这种特殊情况,女职员完全有充分的理由返回去,但她并没有被饥饿和中途的艰险吓倒,仍勇往直前,巧妙地利用原来存放在汽车里的一双旱冰鞋,滑向目的地,平时只有二十几分钟的汽车路程,今天却变成了4个小时的跋涉。女职员到达用户所在地后,又不顾旅途的疲劳,及时解决了用户的难题。

IBM公司正是以工作人员负责的态度和诚信的行动,赢得了广大用户的赞誉。其计算机产品顿时成了用户争相购买的俏货,很快,这个公司的用户就遍布全世界。

管理者不可轻易许诺

老子又从反面论述道:“信不足焉,有不信焉。悠兮其贵言。”(第十七章)正是因为统治者本身无诚信可言,所以才不被百姓信任。“轻诺必寡信,多易必多难。”(第六十三章)轻易许诺必然会失去信用,把事情看得简单必然会遇到更多困难。“信言不美,美言不信”(第八十一章);“信者,吾信之;不信者,吾亦信之,德信”(第四十九章)。

老子对于许下诺言是非常看重的,他认为不根据实际情况而轻易作出承诺,必定会有很多失信的行为。《弟子规》中也有相同的描述:“事非宜,勿轻诺,苟轻诺,进退错。”老子认为圣人们总会把诺言看作“九鼎”一样重,把事情看得更加困难些,这样到最后就会毫不困难。最好的君主总是深思熟虑,他贵重自己的言语,不轻易发号施令。因此,高明的管理者“处无为之事,行不言之教”,能做到言必有信,员工才能拥戴他。

当代社会暴露出很多诚信缺失的现象,管理者应深入理解老子的思想,教化社会各界人士,做当代社会的“信义兄弟”。

上善若水

俄国著名文学家托尔斯泰在 1884 年 3 月 10 日的日记中，十分称赞“上善若水”的人格，指出“做人应该像老子所说的如水一般”。

利于众生万物、造福社会的人生追求

“上善若水。水善利万物而不争，处众人之所恶，故几于道。居善地，心善渊，与善仁，言善信，正善治，事善能，动善时。夫唯不争，故无尤。”（第八章）这一章是以水喻圣人之道，认为圣人应如水一样，只要做到“善利万物而不争，处众人之所恶”，就可以达到“几（接近）于道”的最高道德境界。这是“上善若水”圣人的价值取向和基本精神，文中其余“七种美德”都是由它推出的具体德目。

“水善利万物而不争”，意指水善于滋润万物而不与之相争，停留在大家都不愿呆的低洼地方，忍辱负重，居卑忍辱，所以它接近于道。水生长万物、养育万物，使万物各得其所、各适其性，却不居功自傲，不高高在上。管理者也应该有像水一样完善的人格，发扬“生而不有，为而不恃，长而不宰”的自我牺牲精神和无私奉献精神。

水在主观上虽不索取，但在客观上却能从万物那里获取丰厚的利益回报。由于水以善行恩惠于广袤土地上的花草树木，造就了万物共生的优美自然环境，使天空能够及时地降雨汇聚到河流、湖泊之中，从而弥补了因空气蒸发和土地渗透而流失的水分，才使得江河之水不会变成沙漠和戈壁上的“内陆河”，甚至干涸、枯竭。利他即是利己，奉献即是索取，施舍即是获得。小舍小得，大舍大得，不舍不得。这就是老子所说的“圣人不积，既以为人，己愈有，既以与人，己愈多”（第八十一章）的道理。

商道如水。企业的社会责任和回报社会就像水恩惠于万物，消费群体和个人就像森林和草地。企业家为消费者创造利益和价值，消费者自然会通过认同而购买，汇聚钱财反哺于商家，如同草木使点滴雨水反哺于河流一样,使企业得到进一步发展。如果商家只从消费者那里赚钱而不向社会奉献,使自己变成“内陆河”,迟早会在市场上消失。这就是“舍”与“得”的辩证法。

水之“七善”品性

1. “居善地”

“居善地”,按照老子的说法,“江海之所以能为百谷王者,以其善下之,故能为百谷王”。这就是说,江海之所以能成为百谷之王(君主),是因为它善于自居卑下,处在众流的下游,所以它能成为王。

俗话说:“人往高处走,水往低处流。”世俗之人总是攀高附贵,争名夺利,盘踞高位,争当第一。圣人则如水一样,不同于世俗之人,从不与他人争高下,甘居众人所憎恶的卑下之地,具有崇高的谦卑美德。“欲上民,必以言下之;欲先民,必以身后之。是以圣人处上而民不重,居前而民不害。是以天下乐推而不厌。”(第六十六章)圣人以江海为法,他欲在上领导人民,“必以言下之”,不是高高在上发号施令,指手画脚,而是谦下相待,虚心向人民请教;他欲引导人民前进,“必以身后之”,不是利益面前一马当先,脱离民众,而总是把自己的利益放在民众之后。正因为如此,“处上”而民不感到重负;“处前”而民不感到妨害。因此,普天之下民众,乐于推戴他而从不厌弃他。

所谓“居善地”,是说水不但善于选择“处卑下”之地,而且还善于选择不争之地。在宇宙万物中,水总是在沟壑低谷和洞穴缝隙之中,去寻求自己的生存空间。这是万物都不愿意去的地方。水“以其不争,故天下莫能与之争。”(第六十六章);水“夫唯不争,故无尤”(第八章)。因为不争,所以没有过失。“天之道,不争而善胜”(第七十三章),所以“圣人之道,为而不争”(第八十一章)。这就是老子提倡的“不争之德”。

2. “心善渊”与“与善仁”

“心善渊”,就是要像水那样,随遇而安,静水流深,容纳万物。俗话说:静水照大千。正因为静水像一面镜子,大千世界的景象才能映在水面上,让人看得清楚。管理者应该心静如水,面对生活的压力和诱惑保持平稳的心态，从容应对。这种心平如渊的清静心态是企业家和管理者应具备的一种高贵品格。

“杏花疏影里，吟留到明天”，在压力和挑战面前，管理者需要从容淡定。既要只争朝夕，又要急事缓办，不要心急如焚，就像晚上在杏花村里吟诗一样悠闲。在竞争激烈的市场上，随时都面临着各种挑战和压力，企业家能否在危机面前透出“独钓寒江雪”的冷静与从容，是一种严峻考验。

很长一段时间，中国家电市场的“价格战”如火如荼，许多企业家都难做到心平如镜。海尔张瑞敏则能从波澜起伏的“价格战”中，高瞻远瞩地提出不打“价格战”而打“价值战”、不搞“出口创汇”而搞“出口创牌”的经营理念，这正是海尔追求的核心竞争力。

俗话说：“当局者迷，旁观者清。”当局者之所以迷，“只缘身在此山中”，存在利害关系，所以看不清事情真相；而旁观者之所以清，是因为没有利害关系，所以能看清事情真相。管理者在大千世界一定要有坐怀不乱的冷静与淡定。在大家兴奋之时，你依然保持清醒和沉静；在大家绝望之时，你依然能点起希望的火种。这是卓越领导者必备的内在成功要素。

老子所谓“心善渊”，除了“心静如水”外，还有静水流深。也就是说，管理者要容事容人、宽容大度。因为圣人心境无私无心，既能容事，又能容人，具有大度宽容的美德，这也就是老子大力提倡的“上德若谷”的内涵。

大江大海所以能为“百谷王者”，是因为它能对沿途的河流、小溪兼容并蓄，不论河流清与浊、大与小皆能接纳。企业家和管理者应如江海一样，容物、容事、容人。切不可眼光如豆，心胸狭窄，排斥他人，孤芳自赏。地位越高，心胸越要大度，真正做到“宰相肚里能撑船”。

“与善仁”，是说水善养万物，无论植物还是动物皆受水的恩惠，而水只施恩但不求回报。管理者亦应如水那样，以仁慈之心待人接物。对待他人如同对待自己的朋友一样，相亲相爱。这是一种可贵的仁慈精神，也就是老子的“三宝”之一：慈。

近年来，“狼性文化”甚为盛行，主张在市场经济中张扬狼性：无视人性，残酷无情,为了战胜竞争对手,可以不择手段,置对方于死地而后快。

在市场竞争中,固然需要顽强拼搏的“狼性”精神,但从企业长远利益来说,“狼性文化”是一剂致命的毒药。它不仅击倒对手,同时也会大伤自己的元气,形成“双输”的结局。在企业内部,由于人性缺失,人与人之间容易形成互相猜疑、互不信任的内耗局面;在企业外部,竞争者会不惜一切代价进行抵抗,合作者会对公司失去信任。

中国一家著名的IT公司,曾一度提倡“狼性文化”,鼓励员工以拼搏精神在市场上争取大客户,使该公司在各地的代理商人心浮动,认为它首先吃掉的不是竞争对手而是代理商。由于代理商心存恐惧,直接地影响到它的销售额,公司不得不去四处安抚这些代理商。

福耀玻璃集团董事长曹德旺按照人性的要求,以“仁慈”待人,实施“仁爱管理”。他认为按照“互利共赢”的原则,你让利给客户,赢得的是客户对你的忠诚;你与员工分享企业成果,就会有一支忠诚的企业团队;你让利给政府,就会得到政府的支持与帮助。只有你首先为别人着想,让利于他人,他人才会关心你的利益,达到“共赢”的局面。

一些制造公司的“流水线”做法,几乎把每个员工都视为流水线上的“部件”。人只是像螺母一样,被强行拧扣在流水线上,人的价值是以流程标准为唯一的衡量标准。既不尊重员工的人格,也不重视员工的才能。企业员工把公司称为“除了挣钱,这是一个不懂得关心人的企业”,是一个“思想真空地带”,会导致员工纷纷辞职,造成人才流失。

在西方,目前虽然还有人坚持缺乏人情的“流水线”管理方式,但多数公司更加重视的是企业员工的精神层面而不是满足员工的物质需求。

英国维珍公司布兰森先生认为企业的成功“在于你拥有什么样的员工,如果你的员工很快乐,每天面带微笑,以工作为乐,他们就会有出色的表现。顾客自然也会喜欢和你的企业打交道”。

为了给企业员工营造一个“以工作为乐”的人文环境,他把关心一切人的“博爱”精神视为一个优秀企业家的必备品格。除了根据每个员工的喜好和特长，将他们安排在适当的位置上发挥所长外，还打破企业内部的等级制度，坚持每月给员工写一封信，沟通领导与员工之间的感情。

同时，他也十分重视员工的工资福利，在澳洲买下美克匹斯岛，建设生态旅游园，让员工免费度假，与员工分享企业的劳动成果。这同中国的以人为本的“人性文化”是相似、相通的。21 世纪的企业文化的主流不是“狼性文化”，而是中国的以仁为核心的“人性文化”。

3. “言善信”与“正善治”

“言善信”，是说水是言而有信之物，江河汛期来往有时，海水潮起潮落，应时而至，正所谓“不言而善应，不召而自来”（第七十三章）。管理者处事应如水那样，心口一致，言行一致，诚实守信。这一点在本章第二部分已有论述，此处不再深入展开。

“正善治”，“正”者，表示清静无为之正道。水利万物，不偏不倚，不左不右，皆顺其自然而为之。管理者管理企业，要选择“以正治企”“以无事取天下”，切不可出于私心，“以奇用兵”“以智治国”。

老子认为，“民之难治，以其智多。故以智治国，国之贼；不以智治国，国之福”（第六十五章）。因此，“圣人之治，虚其心，实其腹，弱其志，强其骨，常使民无知无欲。使夫智者不敢为也。为无为，则无不治”（第三章）。所谓“无为而治”，形象地讲，就是“治大国，若烹小鲜”（第六十章），用老子的话说，就是“我无为，而民自化；我好静，而民自正；我无事，而民自富，我无欲，而民自朴”（第五十七章），从而“清静可以为天下正”（第四十五章）。

无论治理国家还是企业管理，都要按照“无知无欲”的自然人性，坚持“无为而治”，而不是所谓的“以智治国”。在市场经济中，管理者不能凭借手中的权力“瞎指挥”，违背市场经济和资本运行规律，这一方面的经验教训应认真总结和吸取。

“圣人常无心，以百姓心为心。”（第四十九章）管理者不能以私利和个人意志来决策，必须“以百姓心为心”，把员工利益放在前面，深入企业一线，进行基层调查，保证决策的科学性和民主性。

4. “事善能”与“动善时”

“事善能”,指水无常形,能够根据客观环境的差异而改变自己的形态,以适应不同的环境。管理者做事应像水那样,在不同的客观环境里,做到“随圆就方”,达到方圆有致的境界。

中国古代钱币铜钱是内方外圆,这是对中国人为人处世的“方圆之道”的形象说明。如果只有“方”而无“圆”,必然会碰壁,一事无成;只有“圆”而无“方”,成为圆滑的墙头草,也会一事无成。这就是老子说的“圣人方而不割”(第五十八章)的辩证法思想。

中国人信奉“做事要方,做人要圆”的人生哲学。“方”不是呆板,是以不变应万变,“方”中有“圆”;“圆”不是奸猾,是以万变应不变,“圆”中有“方”。“方”是做人的脊梁,“圆”是处事的技巧。要善于把“方”与“圆”巧妙地结合起来,该方则方,该圆则圆。

所谓“做事要方”,是说做事要遵循规则或规矩。俗话说:“没有规矩,不成方圆。”要求做事既不违法,也不缺德,绝不可越“法”与“德”的雷池一步。

所谓“做人要圆”,绝非圆滑世故、八面讨好、左右逢源的丑恶心态,而是一种宽容、善良、圆通的人生境界。在做人上,既不咄咄逼人,也不盛气凌人;既不随波逐流,也不强加于人;既有原则性,也有灵活性。这是压力最小、张力最大的真正的人生大智慧。

圣人虽方正无私,但能够与世推移,随俗方圆,做到忍让而不软弱,融通而不圆滑,这是“大方无隅”的人生艺术。

“动善时”,指世界上没有不变的东西,唯一永恒不变的是“变”。因此,管理者应如水那样,根据客观环境的变化不断地改变自己,与时俱进,以适应环境,做到“因势随形”,达到“知变则胜”的目的。美国管理大师韦尔奇是一位善于“因势随形”的高手。他认为,市场时刻在变化,管理者要随环境而变,随时间而变。管理者应“随机而动”,随时调整自己的计划,以适应市场的变化。

水之宽广胸怀

“江海所以能为百谷王者,以其善下之,故能为百谷王”,“圣人欲上民,必以言下之;欲先民,必以身后之”(第六十六章)。水向低处流是自然界的规律和常见现象，可以认为这是符合水流的本质和自然规律的事情，也就是体现“道”的本质。作为领导者应该使领导工作遵循事物发展的规律，因势利导，在处理和下级的关系中，要善于“下之”“后之”，而且在处理和同级、上级的关系中也要善处下，正如老子所说，“大国者下流，天下之交，天下之牝”（第六十一章）。大国要像海洋居于百川的下游一样，这样天下就会归属于它。凡是居于天下最低下的位置的定是天下百川交汇的地方。

个人品德是树立领导者权威的一个方面，领导者权威是指领导者在被领导者心目中的威望和地位。包括权力性影响力和非权力性影响力。权力性影响力对被领导者来说具有强制性，而非权力性影响力对被领导者来说是非强制性的，是被领导者发自内心的敬佩和服从。在某种意义上，非权力性影响力在整个领导者影响力构成中占有主导地位。

具有高尚品格的人应如水一般，善于滋润万物却又不与万物相争利益。因此，管理者若要获取员工的拥戴与支持，就要具有无私奉献的精神，积极支持员工的工作。凡事为员工着想，这样不仅能够使员工及时完成任务，也能使组织的目标得以实现。

管理者还要像水一样胸怀宽广。正所谓海纳百川，有容乃大；崇山峻岭，虚怀若谷。管理者成功的必备品格之一就是应具有容天地、纳万物的宽阔胸襟和崇高气度。

“上善若水”对于现代企业管理者的启示就是重视管理者个人品德的培养，这对于形成领导者权威起着重要作用。

宠辱不惊

“宠辱若惊，贵大患若身。何谓宠辱若惊？宠为下，得之若惊，失之若惊，是谓宠辱若惊。何谓贵大患若身？吾所以有大患者，为吾有身。及吾无身，吾有何患？故贵以身为天下者，若可寄天下；爱以身为天下者，若可托天下。”（第十三章）受宠惊喜而受辱慌恐，这是把灾祸看得像生命一样重要。什么叫作受到宠辱好像受到惊吓呢？因为人们把受宠看得很尊贵，把受辱看得很卑贱,所以得到这些好像受到惊吓,失去这些也大都感到惊恐,这就叫作“宠辱若惊”。为什么会把灾祸看得如同生命一样重要呢?我之所以有灾祸,是因为我有身体,如果我没有身体,我还会有什么灾祸呢?所以只有那些看重自身的人,才会看重天下人的生命,才可以把天下交给他;只有那些爱惜自身的人,才会爱惜天下人的生命,才可以把天下托付给他。

世人皆认为人得宠则荣,必会名利双收;受辱则贱,而无名利可图。只有少争贪之心、得失不惊的人才是可托天下之人具有的风貌。

《新唐书》记载,唐太宗时期,有一位考功员外郎叫卢承庆,他专门负责给下级官员评定等级。评定等级事关每位官员的仕途升迁,所以官员们对此都非常紧张。当时有个官员在运粮食的过程中,由于翻船把不少粮食掉进了河里。年终考核时,因为运粮船沉没一事,卢承庆给这位运粮官评了个“中下级”。这位运粮官没有流露出半点不高兴的神情。后来,卢承庆综合考虑各种因素,又将运粮官的级别改成了“中中级”,运粮官也没有因此而喜不自禁。卢承庆赞扬他“宠辱不惊,实在难得”,又将他的级别改成了“中上级”,并在后来的考核中提拔了他。

在事业发展的沉浮中,没有谁会一帆风顺。人的一生当中,地位和权势总会发生变化。同样,任何组织和单位也都会遇到挫折和困难。如果过于看重个人荣辱得失,就难有大的格局和胸怀,又怎会管理好团队呢?

一个组织里的人形形色色、脾性各异,领导者要心胸坦荡、宽容待人,必要时能够容忍各种误解和屈辱。反之,一个领导者若是没有雅量,必然会率性而为、嫉贤妒能,那他所领导的组织就危险了。团队组织在快速成长的过程中,需要领导者理性的心态和思考。成大事者必定胸怀宽广,在企业顺利之时,能淡然自若,以平常心对待;当企业面临严峻困难时,更要平心静气、临危而不乱。成熟的管理者必须要洁身自好、宠辱不惊,看淡名利之争,方能走得天高地阔。

在荣辱面前,能够看淡个人荣辱、执着于事业的管理者,会全身心地投入企业的经营。若看重个人的荣辱,则如大病患身,惶惶不可终日,就难以管理好企业。何谓宠辱不惊？就是范仲淹的“不以物喜，不以己悲”的旷达风流，就是陶渊明“采菊东篱下，悠然见南山”的宁静平和，就是诸葛亮“淡泊明志，宁静致远”的崇高境界。它是老子“上德若谷”的思想在荣辱观的具体表现，是一个成熟管理者必备的心理素质。

在商业活动过程中，凡事不可能一帆风顺。金钱的诱惑、权力的纷争、宦海的沉浮让人殚心竭虑；是非功过、成败得失让人或喜或悲或惊或诧或忧或惧。一个领导者只有能抛弃欲望，不被外物所引诱，保全生命中内在的真善美，去留无意，才能真正做到心态平和，恬然自得；只有以饱满的热情投身于工作之中，才能真正做到达观进取。

对此，张瑞敏曾深有感触地写下了一句：“得意不忘形，失意不失态。”什么意思呢？当世最大的痼疾就是浮躁，无数的人都解不开一个“结”。这个“结”就是荣宠与羞辱、得意与失意。搞企业的人，如果得意忘形，失意则惊，不懂得修身养性，不知自重，不思固本，只图获取眼前功利，这样不但难以获得成功，反而会损害自身。张瑞敏汲取了老子的精华，一针见血地指出了一个时代的通病，指出了一个企业领导者应该如何去修养自己，可谓高明。

管理案例之七：超级劳模“雷布斯”的三起三落

2018年7月9日，小米，这家创立8年，营收超千亿的新经济公司在港交所上市，根据小米招股书显示：对雷军进行了高达15亿美元(超90亿元人民币)的股权激励。

对此，小米联合创始人兼总裁林斌称，此次股权激励是在雷军完全不知情的前提下，是董事会一致赞成并做出的决定，过去雷军在8年间带着团队把小米做到这个规模，同时改变了制造业，所以雷军获得这个股权激励是实至名归！

雷军的成功，究竟靠的是什么？

纵观雷军的职业生涯，从1998年人生第一次巅峰，到2007年的落寞；再到2015年第二次巅峰，2016年的跌入谷底；再到2017年的凤凰涅槃，直到2018年的第三次巅峰，他完成了人生的三次起落，宠辱不惊中，“雷布斯”的称号最终名至实归。

一、勤奋扎实，打破常规的天才

1969年，雷军出生在湖北仙桃一个教师家庭。他从小喜欢古诗词，最爱李煜。待到念中学时，已经是全校的围棋冠军。

18岁那年，雷军考入了武汉大学计算机系。为了不甘落后，他每天早上七点钟去教室占座位，并且总要坐在最好的位置听课；周末雷军喜欢看电影，但经常是自习到晚上九、十点钟看第二场；原本有午睡习惯的他，因害怕同学中午多学知识，于是咬牙将习惯改掉了。

仅用了两年时间，雷军修完了所有学分（武汉大学要求，只要修完一定的学分就可以毕业），甚至完成了大学的毕业设计。

读完大学的雷军便开始闯荡计算机市场，他做过电路板设计、焊过电路板，甚至还干过一段时间的黑客，解密各种各样的软件。1992年，雷军与同事合著了《深入DOS编程》一书。

两年下来，雷军和各家电脑公司老板之间都成了熟人，成了武汉电子一条街小有名气的人物。

受《硅谷之火》中创业故事的影响，在大学四年级的时候，雷军开始和同学王全国、李儒雄等人创办三色公司。当时主攻的是一种仿制金山汉卡的产品。

创业期间，雷军在饭店里租了一个房间，晚上做开发，白天跑市场。可是随后出现一家规模比他们更大的公司，把他们的产品盗版了，而且这家公司可以把同类的产品做得量更大，价格也更低。

后来实在没钱的时候，雷军就去找食堂师傅打拖拉机，赢饭菜票。

20多年后，他在微博上写道：梦里满眼都是母校的樱花。

大学毕业后，他没有着急找工作，而是拎着包跑到了中关村。

在一个计算机展览会上，雷军见到了仰慕已久的WPS创始人求伯君。

求伯君在北大南门的全聚德烤鸭店请雷军吃了一顿烤鸭，并在席间表达了希望他加盟金山的想法。

被求伯君激励后，不久雷军便加入了金山，他还拉来了正在出差的王全国。1992年，雷军牵头在北京成立了金山开发部，负责WPS汉卡的技术支持，并召集了20多名顶尖程序高手。

雷军曾经72小时不睡觉连续写程序，但他认为这没什么了不起："别人也可以三天三夜在麻将桌上不下来，难的是早上8点钟开始打牌，打到12点，下午1点再继续打到下午5点，这样一直坚持一年。"

1996年，几乎倾尽所有开发的WPS软件"盘古"是金山历史上第一次惨败。在这段人生最灰暗的日子中，雷军排遣失败感的方法是"蹦迪"——只有那种重金属的震耳欲聋感才能让他什么都不去想。也正是这段煎熬让他意识到成功不是一蹴而就的事情。

1998年，29岁的雷军出任金山公司总经理，那一年中国"BAT"的创始人们个个还都是屌丝一枚。马化腾刚从学校毕业进入到一家电讯公司，李彦宏还在美国念书，马云在一年后才成立阿里巴巴。

后来，马云在北京碰壁，马化腾为生存发愁，周鸿祎每天挤3个小时公交上班时，雷军已经开了辆白色桑塔纳。

然而，中国互联网的江湖此时开始风起云涌！

就在雷军还纠结于与微软的竞争时，互联网的大时代到来了！

之后的十年，雷军在金山总经理这个位置兢兢业业，这十年是互联网发展最快速的十年，阿里巴巴、百度、腾讯、网易、盛大、携程都起来了。

雷军眼见着马化腾、马云、李彦宏的事业高歌猛进，公司不但上市，三人还轮流做首富。

在这十年里，雷军更面临着无数外在的诱惑，猎头给出了天价，但是雷军不为所动。

直到2007年10月16日，金山才得以在香港联交所挂牌。

其实和马化腾、马云、李彦宏相比，雷军可以说是少年得志，但是却被三人超越。这不是能力问题，也不是机遇问题，而是选择问题。

在个人成就和忠诚金山公司之间，雷军选择了"忠诚"。

彼时，他才发现倾注了16年心血的公司市值不过6.261亿港币。这个数字，当时远远不及同年在香港上市的阿里巴巴（市值15亿美元），更别提2005年在纳斯达克上市的百度（市值39.58亿美元）了。

确实，雷军很不服气！

因此,在金山登顶后,雷军选择了离开。

2007年12月,雷军用一种复杂的心情,在"告公司全体员工"的邮件中写道:今天,我要告诉大家一项重要的决定:我决定辞去CEO。

北京的冬天很冷,零下十几度的气温似乎静止了一切,但并没有使雷军的行动变得迟疑。从22岁到38岁,这个男人用16年的时间硬生生将自己浇灌成互联网界的"超级劳模"。

2009年,40岁的雷军决心用互联网的方式来做手机。他将这次创业视为这辈子最后一次折腾。成了,自己也就踏实了,不成,那就退出江湖吧。

这个操着一口仙桃口音的普通话,坐飞机永远只坐经济舱,看起来朴实无比的老程序员,十年之后,成为中国最牛的天使投资人之一和未来的中国首富。

二、想成就伟大就要控制贪婪

2011年8月16日,798艺术中心北京会所的舞台中央,雷军带着"一款顶级智能手机",对台下800多名听众讲述诞生历史。这场新闻发布会,逐渐演变成了雷军和小米手机的一场脱口秀。

在大屏幕上播放的一则短片中,包括乐淘网毕胜、凡客陈年等一帮互联网明星纷纷摔掉手里的苹果手机,高呼:"我们要小米!"

小米手机出现了。雷军宣布,1.5 GHz双核处理器,售价1 999元。这样的售价确实让场内场外的人吃了一惊。台下开始欢呼,有人喊雷叔叔,还有人喊雷大爷,更有人调侃地叫起"雷布斯"。

这与乔布斯在莫斯康尼会议中心的表演相当神似。

最终,小米只用了37个小时卖出40万台手机,实现了8亿元的销售额,雷军心里的石头暂时落地了。

让他再次松口气的另一关键节点是2011年11月20日。在这一天,雷军对外宣布,小米公司获得第二轮9 000万美元投资。

伟大的公司都是把好东西越做越便宜,把每一份精力都专心投入做好产品,让用户付出的每一分钱都足有所值。

2012年,小米全年销售719万台小米手机,营业收入126.5亿元,创造了手机业界的销售奇迹,雷军因其创新入围"CCTV中国经济年度人物"。

2014年，小米所向披靡，在第三季度手机出货量达到全国第一，在全球仅次于苹果和三星！

然而，争议与赞誉如影随形，饥饿营销遭到了来自消费者的指责和同行的发难。2015年，小米开始遭遇成立以来的最大危机。2016年更是遭遇断崖式下滑，从第一名跌落到中国智能手机出货量第五位。

在雷军看来，公司若寄希望于依靠奇招逆转困境，而忽略了基本功，基本就是万劫不复了。

“世界上没有任何一家手机公司，销量下滑之后能够成功逆转，除了小米。”雷军很自豪地说。

2017年是小米成功逆转的一年。究其原因，雷军曾称，因为之前一年小米就提两个字：补课。

老天在给你更大的成功之前，一定会先给你更大的痛苦，折磨你一下，让你保持清醒！

未曾哭过长夜的人，不足以语人生。

“对标行业领先者，保持谦卑心态。”这一点，雷军不是嘴上说说而已，小米创业之初，他就埋头研究行业领先者，向海底捞、同仁堂、联想、三星等企业学习。

三、厚道朴实的人运气不会差

雷军之前说过一句话，被很多人疯传：“站在风口上，猪都能飞起来。”

许多人听雷军这么一说，还真当真了，真觉得有了机遇就有了一切了。

可是有句话说得好：命是弱者借口，运乃强者谦词。雷军之所以取得今天的辉煌成就，可不是就靠什么抓住风口，而是与他的厚道朴实分不开的。

比如，你运气好的时候，可以看到雷军背着一百多块的小米双肩包进出公司大楼，而且雷军有很长一段时间都戴着几十块钱的小米手环，连他的朋友看不下去了，就问他：“你怎么不换个贵点的手表啊？这个手环戴着多掉价啊。”

雷军一本正经地说：“这个手环很贵的，花了我好几个亿呢。”

由此可见，雷军对于自己做出的产品真的像亲儿子一样对待和喜爱。与之形成对比的就是，雷军曾经投过凡客，有次他指着陈年一身的耐克问：

“你自己都不穿凡客的衣服,凡客怎么可能成功?”

与此同时,雷军还是一个经济舱狂魔,而且连助手都不带,经常一个人搬着大箱子赶飞机。

能够保持对物欲如此清心寡欲的态度,实在难得。雷军就是那个埋头做事的实干家,而不是贪图享乐的空谈家。

一次在武汉大学举行的小米 6X 发布会上,雷军向所有用户承诺,小米整体硬件业务的综合净利率,永远不会超过 5%。

“和用户交朋友,做用户心中最酷的公司”“感动人心,价格厚道”这些不是空话,也不是轻率的自我标榜。

雷军认为,相比追求一次性硬件销售利润,追求产品体验更有前途;相比渠道层层加价,真材实料、定价厚道终究更得人心。

“许商业以敦厚,许科技以温暖,许大众以幸福,我们的征途是星辰大海。”这是雷军公开信的一句话,也让公众知道了小米是谁以及小米为什么而奋斗。

在用人方面,雷军感触最深的一句话是王阳明的“天理即人欲”。他认为一切为了员工的利益这个问题,如果你愿意去想的话,每个企业都能想明白,主要是看你舍得不舍得。

一名员工这样说:“雷总创办小米的时候,心态很平和、很开放。他已经做了 20 年企业,早已功成名就,有名有钱。在做小米之前,也是中国最著名的天使投资人之一,不缺钱不缺名。不管别人相信不相信,他做小米是梦想驱动的,就是他想做一个足够伟大的公司,一件足够伟大的事情。所以在这种时候,从合伙人到公司核心员工,都给了足够的利益上的保证、授权和尊重。”

雷军这样阐述自己的用人理念:

团队的激励,就是一个“爽”字。让员工爽就好,不要追求什么条条框框,也不要生搬硬套。比如说小米的方法也许适合你,也许不适合你。其实最根本来讲,我们做企业的管理者,能不能真的把姿态放得更低一点,去跟你的员工打成一片,听听他们到底想怎么爽,怎么给予他们参与感、成就感,怎么给予他们足够的激励。无外乎就是爽,员工爽,他就会自我燃烧。

不经历黑暗的人,是无法懂得光明的。爱笑、厚道的人运气不会太差,因为他们一以贯之的梦想仍在坚守。

“让每个人都能享受科技带来的美好生活，成为一家伟大的企业，影响足够多的人”，这大概就是小米和雷军想传达的信念。

“你若不是富贵出身，忠诚和勤奋便是唯一的机会！”这就是雷军一直恪守的信条。

少私寡欲

老子说：“见素抱朴，少私寡欲。”（第十九章）他指出人最根本的归属是保持朴实，减少私欲。老子提出这个观点的目的是使社会安定，人民安居乐业。寥寥数语，道出了欲望与一个人的精神世界，乃至与其人生观的关系。这一主张对我们的修身处世也有着重要的指导意义。

庄子也认为“以富为是者，不能让禄；以显为是者，不能让名；亲权者，不能与人柄。操之则傈，舍之则悲，而一无所监，以门规其所不休者，是天之戮民也”。就是说，贪钱图财的人，不会让人利禄；追求显赫的人，不会让人名声；迷恋权势的人，不会授人一点权力。掌握了利禄、名声和权势，因唯恐丧失而整日战栗不安，而放弃它们又悲苦不堪，舍不得。心中一点鉴别力也没有，还在不停地、无休止地追逐名利。

少　私

“是以圣人后其身而身先，外其身而身存。非以其无私邪？故能成其私。”（第七章）因此，圣人遇事总是把自己的利益放在最后，反而能够领先；把自己置之度外，反而能够保全。这不正因为圣人无私吗？所以，无私反而成就了他们的功业。

老子认为，道生万物，德养万物，它们都是无私的。人依“道”而行，也应无私。老子所说的无私并不是要人们完全没有私心，而是要先人后己、先公后私。管理者应将自身的利益放在众人之后，才能成为居于众人之前的领导;将自身的利益置之度外,才能获得众人的拥戴。

圣人"后其身""外其身"是自然的、发自本心的无私之为、无心之为,而不是为了谋求自己私利的花招。因为无私得到人们的推崇而有所成就,不是圣人的阴谋,而是自然的结果。

如果心存私念,要做到"后其身""外其身",一时一事或许可能,持久而为就做不到了。因此,老子的"无私"是真"无私"而不是假"无私",老子所提倡的是行道而不是阴谋。

寡　欲

"五色令人目盲,五音令人耳聋,五味令人口爽,驰骋畋猎令人心发狂,难得之货令人行妨。"(第十二章)在老子看来,耳朵是用来听和接纳别人的教诲及圣人之言的,如果被不好的、迷乱的音乐干扰了,那么他就会自然地丧失他的本性;眼睛是用来分辨真伪的,一旦为华丽的色彩所蒙蔽,就会失去分辨能力;人的口舌具有感知各种味道的能力,然而过多地品尝风味佳肴,就会使口舌麻木,丧失辨别味道的能力;金银珠宝、华衣美食等稀世之珍,激起了人性的贪婪欲望,驱使人们钩心斗角、尔虞我诈,甚至草菅人命。

老子并不反对人们享受生活,他只是提醒我们,要抵制各种欲望的诱惑,保持内心清净,才能生活得自在快乐。

人的需要有限而人的欲望无穷,过分地追求色彩的享受,最后必定视觉迟钝;过分地追求声音的享受,最后必定听觉不灵;过分地追求味道的享受,最后必定味觉丧失,食不知味;过分地纵情于玩乐,最后必定弄得心神不宁,神不守舍;过分地追求金银珠宝,最后必行伤德坏,身败名裂。这些都是用来迷惑和使人不安定的因素,它们往往会使人丧失最初的理性和性格,让人不知不觉地堕落。

老子接着从正面来论述,"我无为,而民自化;我好静,而民自正;我无事,而民自富;我无欲,而民自朴。"(第五十七章)只要我无为,人民就会自然归顺;只要我清净,人民就会自然安宁;只要我不朝令夕改,人民就会自然富足;只要我无欲,人民就会自然淳朴无争。

天下大乱大都是因为君王不知足,以至于妄生事端。要想天下太平,君主必须知足安分，这样人民才能安居乐业，四海宁静，天下太平。

因此，管理者应生活简单，不求官能享受；宁取质朴宁静，不求奢侈浮华；欲海难填，过分追求欲望而不能节制，其结果不仅不能感到满足舒适，反而会丧失自我。

老子告诫我们不能让野心私欲膨胀导致自身败亡，企业的发展也是同样如此。企业不要盲目扩张，一味求大，而要有所作为有所不为，不迷失自己，始终保持企业的强项和特色——先要“做强”，而非片面追求“做大”。只有专业、专注才能做强，要避免企业大而不强、大而弱的局面。

中国历史上有许多名人清正廉明、清心寡欲，从而成就了一番伟业。北宋著名史学家司马光，官至御史中丞、尚书左仆射，以勤奋工作、生活俭朴而被历代传诵。他从不购买并穿戴华贵的衣服以炫耀显赫地位，“平生衣取蔽寒，食取充腹”。为了完成历史巨著《资治通鉴》，近 20 年不分日夜、废寝忘食，经常抱病工作。朋友劝他“宜少节烦劳”，他回答“死生命也”。前人用成功的足迹告诉我们，一个人的私念越少、欲望越低，就越能朴实俭约，看淡金钱名利，内心世界就能平静似水。精神境界越高尚，所成就的事业也就越大。

自知者明

“知人者智，自知者明。胜人者有力，自胜者强。”（第三十三章）老子说，能够了解别人的人聪明，能够了解自己的人则是智慧。能胜人的称得上是有力量，能自胜的人才算得上是强大。管理者如果缺乏自知之明和自胜之功力，就很难知人善任而进行有效的管理。真正了解自己、战胜自己、管理好自己的人才是最高明的。

兵法云：“知己知彼，方能百战不殆。”知彼，能使你战胜对手；但知己，才能保全自身。作为一个高明的管理者，需要时时超越自己。要想超越自己就要了解自己,知道自己的优、缺点和强、弱项,这样才能超越自己,实现另一层次的成功,成为真正的强者、王者。

犹太民族是一个伟大的民族,也是一个具有卓越智慧的民族,马克思、爱因斯坦、弗洛伊德等都是她的骄傲。但犹太民族又是一个久经苦难、饱经沧桑、流离失所的民族,在经过无数代的苦难和抗争之后,犹太民族终于重建了自己的国家——以色列。

1952年,以色列第一任总统魏斯曼去世,继任总统的人选成为以色列民众议论的话题。包括国会议员在内的一些政治家都希望在国际上享有盛誉的著名物理学家爱因斯坦担任以色列的总统。

有一天,以色列驻美国大使接到以色列国内的一封电报,指示他策略地征询一下爱因斯坦关于总统人选的想法。

于是他就试探性地给爱因斯坦打了电话:"尊敬的教授先生,如果以色列的人民希望您作为他们的总统,您愿意接受吗?"

爱因斯坦听后直率地说:"大使先生,如果是这样的话,就请转达我对同胞们的谢意。可是,我这样的人是不适合当总统的。在自然科学方面,我算是了解一些,但关于政治,我几乎是一窍不通。"

大使还是不甘心,说道:"魏斯曼先生不也是教授吗?并且还是您的好朋友,他和您一样都是人民所爱戴的,您一定能够胜任。"

爱因斯坦回答说:"No! No! No! 我怎么能够与魏斯曼教授比呢?他是一个受人尊敬的总统,他是能胜任的,而我却不能胜任这个崇高的职务。"

大使接着又说:"世界上每一个犹太人,都在期待着您为民族做出自己的选择。"

爱因斯坦听到这句话,心里很激动。他是多么希望为自己的同胞做更多的事情,可是,良知使他知道自己不是一个政治家,如果强当上了总统,不但不能给同胞带来福祉,反而会给国家和民族的事业带来损害。他叹息道:"我只能让我所热爱的同胞失望了。"

过了几天,大使带着以色列总理的一封亲笔信来到了爱因斯坦寓所。信中说,经过国会议员的联署,他已被正式提名为总统候选人,并说,以他在国际上的巨大声望和他那造福于人类的学识和智慧，一定能为以色列的社会经济发展和犹太民族做出贡献。

在巨大的荣誉和权力面前，爱因斯坦依然坚守自己的良知，回答说：“我的的确确当不了总统。”

总统的职位和荣誉，对其他人来说，确实是巨大的诱惑。但是，爱因斯坦却不会背叛自己的良知，给以色列和犹太民族带来损害。

第二天，爱因斯坦在报上发表了自己给同胞的一封信，陈述了自己的理由，正式谢绝提名他当以色列国总统的邀请。

爱因斯坦既是一位在国际上享有盛名的科学家，也是一位有自知之明的智者。因为他清楚地知道自己的长处和短处、优势和劣势，在以色列国内和世界上所有犹太人拥戴他当总统时，他却不为权力的诱惑所动。这才是真正的睿智，是一种人生的大智慧。

在企业管理中，自知更为重要。管理者要始终明白自己的企业能做什么以及不能做什么，有所为有所不为，才能确保企业的大厦不至于一夜崩塌。由企业盲目多元化导致失败的负面例子有很多，如曾经最大的民营企业德隆集团、巨人集团等，不胜枚举。

情绪管理

“善为士者不武，善战者不怒。”（第六十八章）善于带兵的人不依赖个人的勇武，善于作战的人不会怒形于色。

老子认为战争的最终目的是为了消灭敌人，依靠愤怒和仇恨的力量去和敌人厮杀决战并不是指挥员所应该有的行为。愤怒和仇恨只会让头脑失去理智，情绪变得冲动，思路变得褊狭。一时的意气只会葬送国家的精锐。能不能打？应该怎么打？只有冷静的大脑才能在错综复杂的战场讯息中找出正确的应对方案。

兵战如此，商战亦如此。美国《最根本的领导力》（Primal Leadership）一书的作者丹尼尔·戈尔曼(Daniel Goleman)指出,平庸的领导人和顶尖的领导人之间的区别,即在于是否具备“情绪智慧”(Emotional Intelligence,即情商,简称 EI)。只有具备高 EI,才可达到和谐管理的境界。

管理中的协调工作,最需要情绪忍受力与挫折忍耐力。一个有经验的老总曾说:“当你的脾气来了,同时你的福气也就没有了。”何苦生气呢?气是别人从口里吐出,而你却接到自己口里的那种东西,你吞下去马上就会反胃,你不理它,它自然便会消散。因此,生气是用别人的过错来惩罚自己的愚蠢行为。

一个智慧的管理者在碰到棘手的问题时,总是压制冲动,让自己先冷静下来,先处理自己的心情,再去处理事情,否则事情会越搞越糟。

一般来说,人们在遇到特殊情况时都条件反射地首先想到保护自我,这是很自然的事情。况且在组织中,每个人都有自我的尊严,每个人都希望被肯定、被赞美、被认同,谁会喜欢被否定、被轻视呢?在管理协调中,高明的管理者除了保护自己以外,还会站在别人的立场来换位考虑问题,将心比心,体味并注重对方的感受。即使双方意见不同,也能做到异中求同、圆融沟通,绝不会因为一时意气用事而铸成大错。

理性,在管理者的思维过程中表现为一种控制力。著名哲学家赫拉克利特说过:“性格决定命运。”理性的性格包含着后天培养的因素,而脾气是先天的生理表现。素质培养很重要的一个方面就是培养性格,把先天生理的脾气造就为一种理性的并且能够自控的性格。

管理者成功的关键,就在于领导者性格中的优缺点如何分配以及如何使长处更长、短处更短。

尼克松在《领导者》中写道:“我所认识的所有伟大的领导人,在内心深处都有丰富的感情,换一种说法就是很有人情味。有些人,如丘吉尔,公开表露他们的感情。有些人,如赫鲁晓夫,肆无忌惮地利用感情。戴高乐、阿登纳、麦克阿瑟、周恩来和吉田则是善于控制感情、严于律己的领导人的典型。他们给公众的是一副掩盖着个人感情的外表。但是任何了解他们的人都会发现,他们的内心深藏着强烈的感情,他们把这视为个人的事情,不愿为外人所窥知。”从尼克松的这段话来看,成功的伟人都有感性的另一面,而他们都是战胜自己的强者。

克制是人类最伟大的品质之一，对管理者而言尤为重要。有调查表明，人的一生中平均有十分之三的时间处于情绪不佳到极端愤怒的状态。如何调节情绪是每个人都要面对的问题，因而能否克制情绪也是评价一个领导者素质的重要标准。

鲍威尔将军崇尚这样的观点："在所有显示力量的事物中，克制最能给人留下印象。"克制不仅最能给人留下印象，而且能使领导者"做正确的事"和"正确地做事"。歌德说："谁不能克制自己，他就永远是个奴隶。"不能学会克制，你将永远被人奴役。但丁也曾说过，"测量一个人的力量大小，应看他的自制力如何"。

克制是理性的自控，不是压抑和屈服，更不是无原则的退让，它是智慧的抉择。所以说，克制是素质，克制是品德，克制是自信，克制是力量，克制是成功的领导者的必备素养。

《史记》中说："顺，不妄喜；逆，不惶馁；安，不奢逸；危，不惊惧；胸有惊雷而面如平湖者，可拜上将军也！"意思是说，处于顺境的时候，不要狂妄欣喜；处于逆境的时候，不要惶恐气馁；处在安逸的环境下，不骄奢、贪图安逸；处于危险之时，不惊慌恐惧；胸中有惊天的雷声，但是面部表情平静淡定，这样的人可以封他为上将军！这也是管理者应有的理性表现。

真正的强者哪怕是受尽委屈，却还是坚定地朝着自己的梦想前进。

1995 年 4 月，马云开始了第一次创业，"中国黄页"网站在他手上诞生。1995 年的互联网远没有如今普及，马云和他的"中国黄页"举步维艰，迟迟无法打开局面。

胆大的马云兜售的是一种看不见、摸不着的东西，如此虚无缥缈的商品让人信服是很困难的。于是，很多人开始怀疑马云是一个骗子，当时马云心中的委屈可想而知。一天，马云请来望湖宾馆的总经理，他从杭州打长途电话到上海联网进行了一次现场的"互联网"演示，以此来证明自己的产品。经过三个多小时的等待，网页才下载完毕，计算机上出现了望湖宾馆的主页。望湖宾馆的总经理这才信服了马云，同意将望湖宾馆的介绍放到"中国黄页”上。

马云的委屈这时才得到释放,同时他也看到了希望,认为只要将“中国黄页”做好,一定会对中国有利。正当他踌躇满志、“误解”渐渐离去的时候,“欺诈”却不请自来。

1995 年的下半年,有几个来自深圳的“老板”找到了马云,表示愿意出资两万元,做“中国黄页”的代理商。马云没犹豫就将“中国黄页”的核心模式和机密技术和盘托出,还派出技术人员亲赴深圳,帮助他们建立系统。马云的热情服务让这几位老板十分满意,他们表示先回深圳看看,然后“三天后再回杭州签合同”。然而,马云直到现在也没有等来这份合同。原来,这几位深圳老板回去后迅速成立了自己的公司,然后依托“中国黄页”的技术,制造出与“中国黄页”一模一样的产品。

在马云最艰难的时候,这就像是往他伤口上撒盐。马云最终还是扛了下来,多年后,马云提及此事仍唏嘘不已:“当时真的受不了,但我还是把它扛下来了。”

回顾“中国黄页”的历史,马云所受的委屈实在不小。“吃得苦中苦,方为人上人”,对于马云来说却是“受尽屈中屈,才为人上人”。正是有了过往的委屈,马云的胸怀才非同一般。马云从创业伊始,伴随着他的是“骗子”“傻子”“疯子”和“狂人”的称号。身材瘦小的马云,胸怀却非常宽广,在成功之后,他感慨地说:“十个有才华的人有九个是古怪的,总认为自己是最好的,你要去包容他们。男人的胸怀是被冤枉撑大的,越撑越大,人家气死,你就不气。”

不但能容忍众多的委屈、背叛和不公,马云还是一个乐观、经常笑口常开的人。他说,创业这么多年,自己遇到过太多的倒霉事,但只要有一点好事就会让自己非常开心。

虽然每天要处理很多事务,但马云非常注意控制压力,绝少向员工传递负面情绪。他一直和同事说,没有笑脸的公司其实是很痛苦的公司。他说自己最喜欢猪八戒的幽默,他是取经团队的润滑剂,西天取经再苦再累,一笑也就过了。这种理念使得阿里巴巴的 3 000 名员工都成了“快乐青年”。

马云认为,判断一个人是不是优秀,不要看他是不是从哈佛大学毕业,是不是从斯坦福大学毕业；判断一个公司是不是优秀，不要看里面有多少名牌大学毕业生，而要看公司里的员工是不是像发疯了一样工作，看他们每天下班是不是笑眯眯地回家。

马云是一个容易快乐的人，所以他的公司也洋溢着快乐的气氛。

从管理的角度来看，企业努力为员工营造的公平、融洽、快乐的工作环境，从而使他们感受到自己的工作单位就如同一个大家庭，从中可以获得家庭式的温暖感和归属感。员工是企业的内部客户，企业必须先服务好员工，让他们有良好的情绪，这样才能把这种使命感与情感传递给客户。

如果员工一想到工作就觉得开心、快乐、喜悦，愿意并且能够在企业中不断成长，他们就会将欢乐化为真诚，带给客户。客户在接触到这种情绪与情感时，就会相信企业的广告、宣传或承诺所言非虚。

尽管管理者要“喜怒不形于色”，但能让公司充满快乐的气氛则是更为高明的管理境界了。一个企业的氛围与企业家的性格和理念是分不开的，管理者要把自己的笑脸露出来。如果你的脸看起来很痛苦，那么就不可能给员工带来快乐。

公正包容、胸怀宽阔

老子说：“知常容，容乃公，公乃王，王乃天，天乃道，道乃久，殁身不殆。”（第十六章）懂得这一不变的真理就能包容一切，能够包容一切就能够正确看待并理解一切，能够正确对待一切就能够懂得治国的根本，懂得了治国的根本，进而就能了解自然规律，掌握了自然规律就能长久生存，终身不会遇到灾祸。

老子的这一思想早已积淀于中国人的灵魂深处，成为中华民族优良传统的组成部分。纵观古今，成大业者必是胸怀宽阔之人。

有言道：“胸怀有多宽，事业有多大”，“宰相肚里能撑船”。一个企业里员工形形色色，表现更是千姿百态，领导者要心胸坦荡、宽容待人，胸中装得下五颜六色的事,容得下各种各样的人,甚至在必要时能够忍耐各种误解和屈辱。如果不能正确对待,而为个人恩怨所左右,目光短浅,事事计较,失败也就成为必然了。所谓“财散人聚,财聚人散”,一个领导者没有大的胸怀,势必会专横敛财,势必会失去人心。人心散了,队伍不好带了,再想整合、起死回生,难度就大了。因此,宽容大度是企业领导的大修养,是构成领导者人格的重要心理品质。

老子在第四十一章中指出:“上德若谷。”意即最崇高的德像峡谷一样,而峡谷的显著特点就是能容。管理者率众成功的必备品格之一就是具有容天地万物的气度。管理者只有虚怀若谷,宽恕礼让,甚至以德报怨,才能把人际关系调整到最佳状态。这样,企业员工就会紧紧团结在以管理者为核心的周围,敢于发表意见,充分施展聪明才智,并富于创造力。

美国的劳伦斯·米勒认为公司的成功取决于创造力,而创造力往往是一些才智相当的人在进行自由自在、毫无顾虑的思想交流时产生的。友好随便、畅所欲言地闲聊常常是挖掘和激发创造力的催化剂。

比尔·盖茨认为微软的成功与公司内随意的氛围(没有等级之分、彼此之间开玩笑)是分不开的。

领导者的胸襟是一切管理理念的基础,它决定着管理的视野和高度。更重要的是能不能把对生命与生活由衷的热爱带给这个组织,完成管理的真正使命。

成吉思汗统一蒙古各部,推动了时代的发展。当时人心涣散,但是最后他还是成功了,这与他的胸襟广阔、包容精神是分不开的。

孛儿帖是成吉思汗的妻子,刚刚和成吉思汗结婚的时候,蔑儿乞人就来进攻成吉思汗的部落,结果成吉思汗落荒而逃,而蔑儿乞人得胜而归,掳走了孛儿帖。

打了败仗又丢了老婆,这简直就是奇耻大辱。一代人杰的成吉思汗自然不甘心如此,他和札答剌的首领扎木合是“安达”,也就是结拜兄弟,成吉思汗找到了扎木合还有义父王罕,起兵诛灭了蔑儿乞人,救回了孛儿帖。但是孛儿帖这个时候已经被敌人侮辱,甚至怀了孩子。

成吉思汗不愧是一代天骄，拥有一般男人没有的心胸，妻子遭侮辱已是悲剧，如果自己再冷落妻子简直就是雪上加霜。因此，他不但没有责备孛儿帖，反而让孛儿帖把孩子生了下来，并且取名为术赤，这在蒙语中是客人的意思。虽然术赤并非己出，但是成吉思汗也把术赤看作是自己的孩子一样。后来孛儿帖又陆续生下三个儿子，而且成吉思汗每到关键时刻都会对她言听计从。

术赤也一直受父亲的信任和重用，是成吉思汗四个儿子中战功最为显赫的，内打乃蛮部，北伐森林部落，南征金国，西灭花剌子模，功勋卓著。

成吉思汗对于怀了别人孩子的孛儿帖依旧接纳，这就是如同大海一般宽厚的胸襟。

大海能容纳百川，同样的道理，经营者如果想要成就自己的一番伟业，也需要成吉思汗一样宽广的胸怀和包容的品格。

秉持“三宝”

“我有三宝，持而宝之。一曰慈，二曰俭，三曰不敢为天下先。慈，故能勇；俭，故能广；不敢为天下先，故能成器长。今舍慈且勇，舍俭且广，舍后且先，死矣。夫慈，以战则胜，以守则固。天将救之，以慈卫之。”（第六十七章）老子说，我有三件宝贝，我持有它是我的幸运并且我十分珍重它。这三件宝贝第一件叫慈爱，第二件叫节俭，第三件叫不居于天下人之先。保持柔弱，所以才能勇猛；保持无为，所以才能有所为；不敢居于天下人之先，所以才能成为万物的首领。现在如果舍去柔弱，而只是争强好勇；舍去无为，而只求无所不为；舍去退让，而只求争先，结果只有死亡。保持弱静，靠它作战就能胜利，凭它守卫就能坚固。天要救助一个人，其办法就是让他处于柔弱状态。

老子认为，正是因为自己仁慈，才能做到英勇无所畏惧。正是因为节俭朴素，统治者的地位才能更加长久；正是因为谦和退让，才能成为万物的尊长。“慈”“俭”“不敢为天下先”这三宝，其力量与价值是无法估量的。

“慈”是仁民爱物的管理品格

“慈”包含有柔和、爱惜之意,就是对人对事要慈悲为怀,处处爱人,仁民爱物。老子把“慈”作为三宝之首,是说领导者一定要有慈悲心,也是管理者应该具有的基本品格。

从管理学的角度讲,就是要爱员工。古代讲爱民如子,现在讲为人民服务、做人民的公仆,前提都是要有一颗慈爱之心。

慈是关爱,是包容,是感恩,它要求领导者及其企业对社会要有回馈之心,对组织要有责任之心,对自然要有敬畏之心,对员工要有仁爱之心。如果管理者不关心员工的疾苦,而是把自己的富足建立在员工的困苦之上,哪里会有企业的发展呢?所以要用“慈”的理念去管理企业,将对员工的大爱融合在企业管理中,才能实现员工、企业、社会和自然的和谐。

“慈”的具体表现是“善”。老子说:“善有果而已,不敢以取强。”(第三十章)成功的领导者必然是心怀仁慈的,以善的力量战胜一切邪恶,绝不以自己强盛壮大的武力、盛气凌人的权势去威胁他人、逼迫他人。

一个人的生命品质和价值取决于人性中最崇高的品格“善”,一个人的精神境界和高度也取决于人性中伟大的品格“善”。

“善”作为一种品格,有着丰厚的内涵。老子说:“是以圣人常善救人,故无弃人;常善救物,故无弃物。是谓袭明。”(第二十七章)圣人之道,永远是救世救人的善行善举,把自己的慈爱之心赋予每一个人,甚至善待每一物,“亲亲而仁良,仁民而爱物”,这是中国传统文化中的管理秩序。

慈悲为怀,仁民爱物,在无形、无声、不着痕迹之中,渐渐地将爱人、爱物的善举延伸开来,使人心归于淳朴,人人爱我,我爱人人。老子说:“善者,吾善之;不善者,吾亦善之,德善。”(第四十九章)老子要求管理者对于行善的人是善的,对于不善的人也要行善,用感情和同情心去影响、感染他人,以道德、仁慈来回报他人,其目的是使人人向善,这正是道家以善报恶的管理原则。

“慈”是仁爱之心、感恩之心、回馈之心。管理学的基本原理是人本原理,强调一切以人为本,“以百姓心为心”,站在关怀员工的立场和角度来考虑问题,把群众的安危和冷暖放在心上,为全体员工谋利益。管理者应该以老子提倡的“慈爱、海涵、宽容”的品格来塑造自我，修炼自己“善者，吾善之；不善者，吾亦善之”的管理品格。

“俭”是抱朴守真的管理人格

老子的第二件宝是“俭”。“俭”的内涵包括节俭和收敛。老子告诫人们不仅要节约人力、物力，还要聚敛精神，积蓄能量，等待时机。“俭”不能片面地理解于用在财产方面，要做到一切事情均可用俭。

南怀瑾解释说：“俭不光指外在行为的节俭，实际是指精神的、内在的节省与简化。”内心的俭、精神上的俭是一个人内在的人格品质，不仅包括节俭消费、简约生活，更重要的是自我约束的心性修养。

欲是一切祸患产生的根源。“罪莫大于可欲，祸莫大于不知足。”不知道满足和贪得无厌是罪恶的根源，在灯红酒绿、物欲横流的大千世界，人们在追求生命价值和物质享受的过程中容易出现偏差和失衡，多少人因为贪欲而沦丧。一些身居要位、手握权力的管理者，受到各种诱惑的机会较多，在欲望的驱使下思想偏离正轨，把权力当作为个人、家庭和小集团谋取利益的手段，私欲膨胀，贪污受贿，严重损害群众利益。英国著名历史学家汤因比曾说过：“人类身为动物又高于动物，但若一味沉溺于贪婪，那就失掉了做人的尊严。”

怎样在纷繁的诱惑中避免成为名利钱财的俘虏？怎样保持本性之心而不迷失自我？老子认为，应该“见素抱朴，少私寡欲”。老子说：“道常无名。朴，虽小，天下不敢臣。侯王若能守之，万物将自宾。”（第三十二章）能够管理一个集体中多数群众的领导者、管理者，可谓是侯王，作为侯王要懂得守“朴”，即保持平凡、坚持朴实、减少私念、降低欲望，用清静的心灵、智慧的力量来正本清源。

这样，天下就没有什么能够降服他自由清澈的心灵，自然不会受“心为物役”之苦。正如诸葛亮所言：“静以修身，俭以养德。非淡泊无以明志，非宁静无以致远。”

管理之道讲究的是一个“度”，凡事要适可而止，不要做得太过分，超过限度，一切就变了；避免一切过度的、奢侈的、极端的行为和举措，所以老子提倡“去甚、去奢、去泰”。贪图享乐的拜金主义、贪污受贿的虚无主义等一切腐败行为,都是因为没有遵守“有限”和“知止”的原则,过分贪念功名就必定要付出惨重的代价,过分贪图物质利益就必定会招致重大的损失。

管理者应以“节俭”作为人生的价值取向,以淡泊、清静、自由的人格来滋养心灵,以抱朴守真、清心寡欲的思想指导自己的行为,立身敦厚不居于浅薄,存心朴实不居于浮华,这样才有利于塑造成熟的管理人格。

“四菜一汤”由来已久,顾名思义,就是一餐四样菜一碗汤。据说,这是明太祖朱元璋的发明,它已成为勤俭的代名词。与历朝皇帝相比,朱元璋是比较俭朴的。公元1368年,朱元璋当上皇帝后,由于连年战乱,再加上天灾,粮食歉收,百姓生活十分困苦,但一些达官贵人却过着花天酒地的生活。出身贫苦、讨过饭的朱元璋意识到,如此下去,大明王朝的江山将面临得而复失的危险。有一天,马皇后过生日,众位大臣前来贺寿。当大臣们落座之后,太祖便令宫女上菜。第一道菜是炒萝卜,第二道菜是炒韭菜,第三道菜是两大碗青菜,最后一道菜是葱花豆腐汤。众臣百思不得其解。朱元璋解释:“萝卜,百味药也,萝卜上了街,药店无买卖”;“韭菜生命力旺盛,四季常青,长治久安定人心”;“两碗青菜一样香,两袖清风好丞相”;“小葱豆腐青又白,公正廉洁如日月”。宴后,朱元璋当众宣布:“今后众卿请客,最多只能‘四菜一汤’,这次就是为大家作个榜样,谁若违犯,严惩不贷。”从此,“四菜一汤”的规矩便从宫内传到民间。

于右任,原名于伯循,是前清的举人,也是辛亥革命的元老,长期担任国民党的监察院长。他在84岁那年去世。去世之后,国民党中央派了一位大员监督整理于右任的遗物和遗产。令人没有想到的是,于右任没有留下任何遗产。他的保险柜中,仅有一双布鞋,一张4 000元的欠条,还有一页我们都熟悉的《望大陆》这首诗的钢笔字帖。大家都感到非常震惊。于右任曾经说过:“穷是我的光荣。”这就是他的崇高境界。

生活俭朴,是历代统治者赢得民意、取得成功的道德力量。不论是古代的统治者，还是现代的领导者，节俭和收敛不仅是一个人作风的体现，也是一个国家、一个政权、一个企业、一个人成功的关键。

“不敢为天下先”是以退为进的管理智慧

“不敢为天下先”也具有两层意义：一是不争，谦让；二是退守，居下。在老子当时的年代，战乱四起，他深深地感受到想要治国安邦平天下必须要有这“三宝”的辅佐。

项羽勇冠三军，气吞山河，却最终败亡于乌江；秦始皇筑长城，并非不坚固，然而“秦三世”子婴投降了刘邦。这都是因为“无德”所致。这就突出了一个“慈”字，圣人能领悟无为之道，心怀仁慈之德。天道的运行之序是救助慈善的，并以慈善卫护谦让。体恤百姓、慈爱万物，圣人以此行于天下，则战必胜，守必固。

很多管理者经常以进取骁勇为能，而以不敢先为耻，却没有想到进取骁勇的危害，更体会不到“不敢为天下先”在世上久存的作用。因此，他们往往走了与大道相反的道路，那就必然钻进死胡同去了。企业或许能取得一时的辉煌，但往往不能长久生存。

“不敢为天下先”还体现在管理者与员工争利方面，即管理者把自己的利益放在员工的后面，才能得到员工的拥戴和支持。

一般来讲，人的欲望决定了在名利的追求方面，大多都是当仁不让的。有的是直截了当、毫不隐晦，有的则还讲一些体面。但不管如何，争名夺利是人的本能和欲望。可是，曾国藩却反复告诫自己“不敢为天下先”。

他认为，对于一些颇有学识和才干的人来说，“傲慢”“目中无人”是最大的缺点。尤其是在仕途上，不能够把握自己就等于毁灭。

曾国藩说过：“天下古今之才人，皆以一傲字致败，吾因军事而推之，凡事皆然。”这是因为才干超群的人，本来就是鹤立鸡群、引人注目，加之狂傲自大，就会将自己置于众目睽睽之下和众矢之的的位置，使其弱点暴露得更多。因此，越是才干超群的人越要学会谦逊待人，谨慎行事，切不可事事争“天下第一”。

曾国藩可以说不是一个仅仅用“才干超群”所能形容的人,即使这样,他还常常引用老子所说的“不敢为天下先”这句话自勉、自省,从来不敢以唯我独尊、唯我独大而自居。

如何秉持“三宝”?

懂得了“三宝”的道理,管理者具备了仁慈,才能大仁大勇,具有爱天下人的心,才有牺牲自我的勇气;泯除贪私之心,不为物役,清心寡欲,造求心灵自由境界的回归,才会有更广大的发展空间;能做到无私、不争、谦下,就能够无往而不胜。这是重要的领导哲学。

在管理中怎样才能遵循“三宝”而为呢? 首先,领导者要做到“圣人常无心,以百姓心为心。”也就是说,领导者要以百姓的利益为重,想民之所想,急民之所急,爱民之所爱,乐民之所乐,好民之所好,恶民之所恶。“是以圣人欲上民,必以言下之;欲先民,必以身后之。”(第六十六章)用今天的话说,作为一个领导者,必须把自己的利益放在人民的利益之后,“先天下之忧而忧,后天下之乐而乐”。历史事实证明,只有为政者心忧天下、心怀天下,才能得到人民的拥护,才能真正做到贵慈爱民,做到“不为天下先”,从而实现“有为”“大为”,乃至“天下先”的大目标。

其次,领导者要做到第二法则“俭”,崇俭而富民,领导者必须要少私寡欲,廉洁自律。“名与身孰亲? 身与货孰多? 得与亡孰病? 甚爱必大费,多藏必厚亡。知足不辱,知止不殆,可以长久。”(第四十四章)在老子看来,世间的祸患都源自于人的自私自利和不加克制的欲望,因而他告诫领导者要淡泊名利,控制自己的私欲,并提出了“见素抱朴,少私寡欲”的要求。老子又曰:“五色令人目盲,五音令人耳聋,五味令人口爽,驰骋畋猎令人心发狂,难得之货令人行妨。是以圣人为腹不为目,故去彼取此。”(第十二章)他认为领导者要珍惜自身的价值与尊严,坚决抵制私欲膨胀,摒弃利欲攀比,战胜物欲诱惑,克己奉公。持正守白,做到“知足之足,常足矣”(第四十六章),才能使自身素质不断提高,人格不断完善,达到“可托天下”的最高境界。

管理案例之八："老干妈"独特的亲情式管理

贵州省有这样一家企业，董事长只会写三个字，就是自己的名字，却有着多个第一：区域纳税第一，成立以来的15年里，纳税额增长了155倍，近三年上交利税超过15亿元；中国辣椒酱行业第一，营业收入增长80倍，占行业14.36%份额。

这家企业就是"贵阳老干妈风味食品有限责任公司"。这家企业不贷款、不上市、不做广告、不欠别人一分钱，却占据了全国乃至世界的辣椒酱市场。如今，老干妈辣椒酱已经成为贵州省的一张名片，而"老干妈"也成了中国辣椒酱大王，进入了中国富豪榜，甚至是全球富豪榜。

这一切，"老干妈"陶华碧是怎么做到的呢？尽管有能吃苦、产品质优价廉等许多成功的因素，但独特的亲情式管理无疑是"老干妈"成功的主要原因之一，这也来源于陶华碧内心的"慈"与"善"。

一、艰苦创业

"老干妈"陶华碧原名陶春梅，1947年出生于贵州遵义一个偏僻的山村，受重男轻女思想影响，她没有上过一天学。从小就给家人做饭，那时，她就喜欢辣椒，用各种佐料来调味。

由于家里贫穷，陶华碧从小到大没读过一天书，只认得三个字，那就是自己的名字。

陶华碧20多岁时丈夫病逝了，扔下了她和两个孩子。为了生存，她只能去外地打工和摆地摊。一个没有多少文化的女性，还要拉扯两个儿子长大，一家的生活重担落在了她的身上。

丈夫去世后，没有收入的陶华碧为了维持生计，开始晚上做米豆腐（贵阳最常见的一种廉价凉粉），最早靠卖米豆腐维持生计。豆腐要自己磨，每天干到凌晨一两点，第二天一大早去早市摆摊。白天用背篼背到龙洞堡的几所学校里卖。

1989年，已经42岁的陶华碧，用省吃俭用积攒下来的一点钱和四处捡来的半截砖与油毛毡、石棉瓦，一夜之间搭起了一间简陋的餐厅，仅能摆下两张小桌的"实惠饭店"，专卖凉粉和冷面。

为了佐餐,她特地制作了麻辣酱,生意十分兴隆。也就是在这个时期,她发明了豆豉辣酱,原本是作为辅料送给顾客,大家觉得好吃,便主动来买。那时,看到困难的学生来吃饭,她总是加量或者不收钱,学生出于感恩叫她"老干妈",这个称呼便被叫开。

买豆豉的人越来越多。她的麻辣酱影响越来越大,大到超出了她的想象。

有一天,陶华碧起床后感到头很晕,就没有去菜市场买辣椒。谁知顾客来吃饭时,一听说没有麻辣酱转身就走。这件事对陶华碧的触动很大。

她一下就看准了麻辣酱的潜力,从此潜心研究起来。经过几年的反复试制,陶华碧制作的麻辣酱风味更加独特。很多客人吃完凉粉后,还买一点麻辣酱带回去,甚至有人不吃凉粉专门来买她的麻辣酱。后来,她的凉粉生意越来越差,而麻辣酱却做多少都不够卖。

1994 年,贵阳修建环城公路,昔日偏僻的龙洞堡成为贵阳南环线的主干道,途经此处的货车司机日渐增多,他们成了"实惠饭店"的主要客源。陶华碧近乎本能的商业智慧第一次发挥出来,她开始向司机免费赠送自家制作的豆豉辣酱、香辣菜等小吃和调味品,大受欢迎。

货车司机们的口头传播显然是最佳的广告形式,"龙洞堡老干妈辣椒酱"的名号在贵阳不胫而走,很多人甚至就是为了尝一尝她的辣椒酱,专程从市区开车来"实惠饭店"购买陶华碧的辣椒酱。

对于这些慕名登门而来的客人,陶华碧都是半卖半送,但渐渐地来的人实在太多,她感觉到"送不起了"。在消费者的呼吁下,她办起了辣椒酱加工厂。

1994 年 11 月,"实惠饭店"更名为"贵阳南明陶氏风味食品店",米豆腐和凉粉没有了,辣椒酱系列产品开始成为这家小店的主营产品。

尽管调整了产品结构,但小店的辣椒酱产量依旧供不应求。龙洞堡街道办事处和贵阳南明区工商局的干部开始游说陶华碧,放弃餐馆经营,办厂专门生产辣椒酱,但被陶华碧干脆地拒绝了。

陶华碧的理由很简单:"如果小店关了,那这些穷学生到哪里去吃饭?""每次我们谈到这个话题的时候,她都是这样说,让人根本接不下去话,而且每次都哭得一塌糊涂",时任龙洞堡街道办事处副主任的廖正林回忆当时的情景说。

让陶华碧办厂的呼声越来越高，以至于受其照顾的学生都参与到游说“干妈”的行动中。1996 年 8 月，陶华碧借用南明区云关村村委会的两间房子，办起了辣椒酱加工厂，牌子就叫“老干妈”。

二、特色经营

如今，8 块钱一瓶的辣酱，每天卖出 130 万瓶，一年用 1.3 万吨辣椒，1.7 万吨大豆，销售额达 40 亿元，十几年间产值更是增长了 80 倍。“老干妈”造就了中国品牌的一个传奇。

“老干妈”不仅在国内遍地开花，她还用舌尖征服了世界，产品遍布 30 多个国家和地区。在国外“老干妈”被称为“留学生必备”“家的味道”，也受到很多外国消费者的喜爱。一瓶 280 克的老干妈辣酱，中国 1 号店网站卖 7.9 元，美国亚马逊卖 3.9 美元(人民币 24 元)。

“老干妈”在国外被译作“LaoGanMa”，还登上了奢侈品折扣网站 Gilt。对此陶华碧回应说：“我是中国人，我不赚中国人的钱，我要把‘老干妈’卖到外国去，赚外国人的钱。”

今天“老干妈”已经成为中国辣椒酱第一品牌，在这样一个传统、相对落后的调味品行业，规模做到超过 40 亿元，不得不说是一个奇迹。在这个奇迹背后，“老干妈”是如何成就的？

1. 独特的产品、好吃的味道

“老干妈”之所以崛起，正是因为其打造的辣椒酱好吃的味道，引发风靡。在辣椒酱大受欢迎后，她依然持续不断地改进辣椒酱的风味。

因为这个产品，她的生意红火，并且形成了良好的口碑，以至于周围的商家都在使用，还有很多人从外地赶去购买，都充分证明了其产品的独特竞争力，以至于她砍掉凉粉和凉面业务，全力打造辣椒酱！

产品优秀到成为各种菜的标准调味品，这几乎是一个奇迹。以“老干妈”为核心调料的菜品已经很多，而且还在不断增加，而且口味都以使用了“老干妈”为正宗，这是一个强大的吸引力。

“老干妈”的经历告诉我们一个道理，产品质量永远是最重要的！

2. 大众价格、平民价格

这也是“老干妈”一开始的定位，从为学生、为司机着想，从平民大众入手，发展到后来也没有改变定位，10 元左右的辣椒酱，在今天也可以说是极为物美价廉。这种大众价格、平民价格，让“老干妈”辣椒酱有了广大用户群，也拥有了一个广大的市场。

价格往往决定着品牌和目标人群的定位。价格变动，不只是企业利润和销量的变化，更是品牌定位的转移，尤其是企业具有领先市场份额的情况下，提价往往是给对手让出价格空间。“老干妈”深得其要领。

以“老干妈”的主打产品风味豆豉和鸡油辣椒为例，其主要规格为 210 g 和 280 g，其中，210 g 规格锁定 8 元左右价位，280 g 占据 9 元左右价位(不同终端价格有一定差别)，其他主要产品根据规格不同，大多也集中在 7～10 元的主流消费区间。

基于“老干妈”的强势品牌力，其他品牌只能选择价格避让，比如，李锦记 340 g 风味豆豉酱定价在 19 元左右，小康牛肉酱 175 g 定价在 8 元左右，要么总价高，要么性价比低，都难与“老干妈”抗衡。

这就造成了整个调味酱行业定价难，低于“老干妈”没利润，高过“老干妈”没市场。“老干妈”的价格一直非常稳定，坚守价格定位，价格涨幅微乎其微，不给对手可乘之机，在“老干妈”本身强势的品牌力下，竞争对手要么为了低价导致低质，要么放弃低端做高端，而佐餐酱品类又很难支撑高端产品。

3. 渠道化拓展、全国市场扩张

虽然“老干妈”开始是一个地区餐馆起家，开了小厂，并逐渐在区域站稳了脚跟。但是，她却并没有把自己局限在贵阳、贵州，而是努力走出区域，走向全国，从地区市场拓展全国市场，让自己的空间和销量都获得了大提升。

这里有个小故事，看看当时“老干妈”是怎么从贵州一个偏僻地方做到全国市场的。

1994 年，贵阳修建环城公路，昔日偏僻的龙洞堡成为贵阳南环线的主干道，途经此处的货车司机日渐增多，他们成了“实惠饭店”的主要客源。“老干妈”陶华碧近乎本能的商业智慧第一次发挥出来，她开始向司机免费赠送自家制作的豆豉辣酱、香辣菜等小吃和调味品，大受欢迎。

正是货车司机让“老干妈”如同蒲公英的种子一样，撒向全国，并在最适宜的地方扎根生长。当时，以广州为代表，大量农民工进城，“老干妈”正符合了他们的口味和价位，于是首先在广州市场取得销量爆发，继而逐渐实现全国扩张。

虽然“老干妈”在融资上非常保守，但在市场开拓和营销渠道上却非常先进。从口碑营销，到自研推广菜品，从全球市场开拓到全球供应链整合，它的每一步都精准地踩在了行业的“七寸”上，而且都获得了核心位置。

4. 实干的团队，低调又实效

“老干妈”的管理团队，大概是中国目前大型企业中最神秘的一支，陶华碧对他们的一个要求就是不能接受外界采访。企业界对这支团队的评价大致为：忠诚、勤勉、低调。

1998 年开始，陶华碧把公司的管理人员轮流派往广州、深圳和上海等地，让他们去考察市场，到一些知名企业学习先进的管理经验。她说：“我是老土，但你们不要学我一样，单位不能这样。你们这些娃娃出去后，都给我带点文化回来。”陶华碧派出去的管理人员陆续回来后，很快就使公司逐步走上了科学化管理的轨道。

5. 非常能吃苦

吃苦，一直贯穿于陶华碧的创业历程中。回忆起过去的创业路，“老干妈”多次感慨“太困难了”“我吃了好多苦哦”。2012 年两会期间，在接受凤凰网采访时，她一度哽咽落泪。

开始背着上百斤重的米豆腐，搭公交车都被人撵，“售票员态度非常恶劣，几下就给你推下去。当时 1 毛 5 分的车票，我给 3 毛钱，她还不让我坐。我说不行也得行，今天非要坐。天天吵架。”

后来好歹开个小吃店后，又被三天两头找麻烦，被逼得走投无路，“老干妈”陶华碧拿起炒瓢跟他们干上一架。“我们孤儿寡母挣点钱多难。我不是随便可以欺负的，我不怕你。我就要打你，打得不得了。”

这段“老干妈”陶华碧的讲述，让人落泪！

用陶华碧的话说，“我要不强，我们生活都无来源”。陶碧华不要强，一家子没法生存，这也是当初丈夫去世后，孤儿寡母的生活写照。她曾经举过八磅锤,背过黄泥巴,背 100 斤赚 3 角钱。

后来开始摆早摊,每天干到凌晨一两点,第二天一大早再去早市摆摊。后来又挑着担子去学校周围卖凉粉。90 斤体重的她要扛起 100 多斤的担子,也是在那个时候,落下肩周炎、关节炎、颈椎病,直至今日,膏药不断。

可以说,这些苦,也真不是一般人能吃的!

当记者问"老干妈":"刚开始创业很艰难,那时候遇到的最大困难是什么?有没有支撑不下去的时候?"她是这样回答的:

"我没有想过放弃,因为你既然要去做一件事,这个想法就必须要实现。要是放弃了,人家会指着你的肋巴骨说,'陶春梅,你吃不上饭啰',叫人家笑话,你才活不下去。我有这个坚强的力量,就是我不睡觉,我都要把它做下去,我要做好,财旺、火旺、人旺,我就要把它做得红红火火的。一旦放弃了再去做,绝不会成功。

成功的企业就不要去失败,要好生生去做,要做就把它做大,做成精钢、好钢,我就要成功。别人眼里可能认为'你孤儿寡母,能做什么',但是我就要拼下去。

人都有碰到困难的时候,你一定要努力。别人能拼下去,难道你就拼不下去吗?今天就是面对一个土匪,我都要跟你拼下去;你把我杀下去,我就要把你杀下去。要拼就会赢,不拼就会输下去。但是我不能输,输了人家还要来笑话你,我不偷不抢,好生生把我的企业做好。吃苦耐劳累不死人,只要肯吃苦,没得办不成的事。"

这种吃苦精神在陶华碧创业过程中一直延续,即使她已经是董事长后,公司办公室主任王海峰说,老太太没有什么个人爱好,生活简朴得让人不敢相信,全部心思都在公司的发展上,就是晚上还在厂里睡。陶华碧说:"听不见瓶瓶罐罐的响动,我睡不好。"

这一点,也让她与很多企业稍微发展就开始注重享受、精力已经不在业务和企业发展上的中小企业老板拉开了距离,也是她所带领的"老干妈"能够成为中国辣椒酱大王、行业第一的重要原因。

自厂子创办之日,"老干妈"吃住都在厂里,儿子在外给她买栋别墅,让她安享晚年,她不住;让她外出旅游放松,她不去,有一次走到半路要回来;

就连去北京开会，都盼着早点回厂子。

陶华碧至今仍然保留着当年卖米豆腐时的石磨和铁盆。这些物件，凝聚着她深情的“吃苦”记忆。

6. 长久的坚持，长达30多年打造

罗马不是一天建成的。“老干妈”的奇迹同样并非一日打造而成！

从摆地摊到经营小店到小作坊、区域品牌，再到全国知名品牌的发展过程中，从她1989年开始经营凉面、凉粉店算起到现在，已有近30年历史，即使是从她1996年全力打造辣椒酱的工厂算起，也有20年时间。如果从她摆地摊算起，这个奋斗时间更长，超过30多年。

正是这一年又一年、一点一滴的积累，最终成为了行业霸主。

7. 独特的掌舵者，小地区走出的大企业家

“老干妈”陶华碧虽然从一个小山村走出，但她的经营思维，却超越了一个普通的地摊经营者的思维，不仅仅满足于摆个小摊，而是努力想着提高口味，更吸引顾客。

从路边摊开始，吃了很多苦，却一步步把生意从地摊做成区域老大，然后又走向全国，成为行业老大，可以说，虽然陶华碧来自小地区，但却是一个能力和视野都很远大的女性。

在小厂变大的过程中，“老干妈”一个49岁的女性亲自上阵推销，而后又注重把团队成员派到南方经济发达地区学习先进的管理经验，进行全国市场开拓。

独特个性的“老干妈”不贷款、不上市、不做广告、不欠别人一分钱，与上市绝缘。老干妈公司创办以来，全部依靠现金流运转，不积压货品。陶华碧不贷款、不融资的底气，很大程度上来源于公司数十亿元的现金流。

从艰辛起家时几十元的零散采购，到如今超过千万元的采购额，“老干妈”坚持现款现货的原则，就连收购农民的辣椒也不例外。因此，“老干妈”的公司账目也格外简单。

这就使得成为“老干妈”的省级代理门槛非常高。“老干妈”的经销商林先生说：“要给总公司一两千万元的保证金，证明你有这个实力做代理。”

陶华碧曾经提出“上市圈钱论”，引来议论纷纷。在她看来，“上市那是

欺骗人家的钱”,“老干妈”多次拒绝地方政府的上市提议。

据工商资料显示,这家年销售额数十亿元的公司,注册资本仅 1 000 万元。公司结构设置上就 5 个部门,外加 1 个董事,1 个总经理。股东结构也极其简单,只有陶华碧和她的两个儿子。其中,大儿子持 49%的股份,主管市场;小儿子持股 50%,主管生产。陶华碧本人,则仅占 1%。

随着企业的不断发展,“老干妈”的品牌广为人知。但是人怕出名猪怕壮,商品好了,假冒的就出来了。一时间,全国各地的市场上,竟然每年都有 50 多种假冒的“老干妈”!

这是陶华碧最为头痛的事,后来她终于不再“讲感情”了,开始花大力气打假。她派人四处卧底调查。但假冒的“老干妈”就像韭菜一样,割了一茬又一茬,特别是湖南“老干妈”,商标和贵州“老干妈”几乎一模一样。

陶华碧这次犯犟了,她不依不饶地与湖南“老干妈”打了 3 年官司,从北京市二中院一直打到北京市高院,还数次斗法于国家商标局。此案成为 2003 年中国十大典型维权案例。

最终,这场官司,在两位黔籍官员——时任贵阳市市长孙国强和当时的中国“入世”首席谈判代表龙永图的极力斡旋下,贵州“老干妈”打败了湖南的“老干妈”。2003 年 5 月,陶华碧的“老干妈”终于获得国家商标局的注册证书,同时湖南“老干妈”之前在国家商标局获得的注册被注销。

“老干妈”公司近年来每年都要安排三千万元作为“打假”的专项资金。此外,“老干妈”公司对商标保护也加强了措施。公司全部注册商标达 114 个,包括“老于妈”“妈干老”等商标,这都是为了防止一些公司打擦边球,对“老干妈”品牌有所影响。

三、亲情管理

对公司员工,陶华碧有自己的一套独特的管理方式,可以叫作“老干妈式管理”。公司所在地龙洞堡离贵阳市区比较远,附近也没什么吃饭的地方,陶华碧决定所有员工一律由公司包吃包住。从当初 200 人的小厂开始,“老干妈”就有宿舍,一直到现在的 2 000 多人,他们的工资福利在贵阳是顶尖的。

公司 2 000 多名员工,她能叫出 60%的人名,并记住了其中许多人的生日，而且每个员工结婚她都要亲自当证婚人。

除此之外，陶华碧还一直坚持她的一些“土原则”：隔三岔五地跑到员工家串门；每个员工的生日到了，都能收到她送的礼物和一碗长寿面加两个荷包蛋；有员工出差，她像送儿女远行一样亲手为他们煮上几个鸡蛋，一直送到他们出厂坐上车后才转身回去。

公司餐厅有一位厨师，家里不富裕，但喜欢抽烟喝酒，每月发了工资都差不多挥霍一空。一次，陶华碧请这位厨师到一家非常好的酒店吃饭，对他说这家酒店的好烟随便抽、好酒随便喝，但吃过这顿饭后就要戒烟戒酒。另外，从下个月起，每个月发了工资只给他必要的一点生活费，其余的钱陶华碧都帮他存起来，到年底一次性给他贴补家用。

在一个几千人的企业里，董事长对一个普通厨师都像自己儿子一样的对待，怎能不令人感动？有几个人能够做到？

公司还有一条正式的规定：所有从“老干妈”离职的人，如果在外受委屈了，都可重新回来上班。这又是怎样的气度与胸怀！

虽然没有文化，但陶华碧明白这样一个道理：帮一个人，感动一群人；关心一群人，肯定能感动整个集体。

果然，这种亲情化的“感情投资”，使陶华碧和老干妈公司的凝聚力一直只增不减。在员工的心目中，陶华碧就像妈妈一样可亲、可爱、可敬；在公司里，没有人叫她董事长，全都叫她“老干妈”。

一天，有人问她：“你赚了那么多钱，几辈子都花不完，还这样拼命干什么？”陶华碧当时没回答上来，晚上她躺在床上翻来覆去地想这个问题，几乎彻夜未眠。

第二天，正赶上公司召开全体员工大会，按着会前的安排，作为董事长的她要给员工们讲一讲当前的经济形势，如何应对“入世”后的挑战，然后具体工作指标由总经理下达。

按照陶华碧在公开场合发言的惯例，办公室已经为她拟了一份讲话稿，陶华碧听了三遍，几乎就能一字不差地背下来。

但在会上讲话时，她突然想起昨天那个问题，转换话题了：“有几个老阿姨问我，‘你已经有那么多钱了，还苦哈哈地拼哪样哦？我想了一晚上，也没有想出个味来。看到你们这些娃娃,我想出点味来了:企业我带不走,这块牌子我也拿不走。未来是你们的。我一想呀,我这么拼命搞,原来是在给你们打工哩!你们想想是不是这个道理?为了你们自己,你们更要好好干呀!”

会场沉寂几秒后,响起热烈的掌声。“老干妈”传奇,值得人们深深思索!

谦卑处下:洁身自好的“四不”品格

自谦自省,是优秀管理者的良好素养之一。老子强调:“不自见,故明;不自是,故彰;不自伐,故有功;不自矜,故长。”(第二十二章)“不自见,故明”,是说不可以自作聪明,一意孤行,否则就会犯主观主义的错误。相反,管理者应该有自知之明,虚心向员工请教。群众的智慧是无穷的,只有集思广益,博采众长,才会让管理得到更多人的认可;“不自是,故彰”,管理者不应自以为是,孤傲独行必将导致管理失败,实事求是才能让事业彰显;“不自伐,故有功”,管理者不可以自我夸耀,倘若因为一点点的成绩便冲昏头脑,又怎能成就更大的事业?只有谦虚低调才能有精力做出更大的事业来;“不自矜,故长”,不能自高自大,只有抱着一颗平凡大众之心,才能做一名合格的管理者。

自见、自是、自伐、自矜都是违背“道法自然”的表现。实践一再证明,自是者必败,自矜者必亡,这是一条千真万确的真理。管理者一旦事业成功,万不可得意忘形,需要多听听别人的意见,这样才能把所有的智慧都集中为自己的智慧,自己的智慧就多了。

去安徽桐城旅游,一个必去的旅游点就是“六尺巷”。“六尺巷”的由来,是说清代康熙年间,张家和吴家两家在宅基地问题上发生了争执,到了县衙门,县官一看两家均是当地的名门望族,一时不敢轻易评断。张家人千里修书,给当朝大学士张英。张英回了一封信,就是那首脍炙人口的打油诗:

一纸书来只为墙，让他三尺又何妨；

长城万里今犹在，不见当年秦始皇。

张家人接信，豁然开朗，让了三尺。吴家人深受感动，也主动退了三尺，遂形成了一个六尺宽的巷子。

张家是桐城数一数二的名门望族，科甲之盛，无人可比。家中悬挂的是"父子大学士""三世得谥""四世江苏学政""五朝金榜题名""六代翰林"等匾额，述说着这个家族的旷世显赫。张英正是这个家族入清后考中的第一个进士，祖上张淳、张秉文为明代重臣，儿子张廷玉为清代名臣。据族谱记载，张英与 4 个儿子、4 个孙子和 1 个曾孙，相继考中进士，号称"一门十进士"。

老子还从反面告诫："自见者不明，自是者不彰，自伐者无功，自矜者不长。"（第二十四章）自我显示的人，难以得到关注；自以为是的人，即使有了长处也难以被人认可；自我炫耀的人，最终也会是劳而无功；自高自大的人，不会成为百姓所拥戴的领袖。

"大国者下流。……大国不过欲兼畜人，小国不过欲入事人。夫两者各得其所欲，大者宜为下。"（第六十一章）大国要像海洋居于百川的下游一样，这样天下就会归属于它。大国不要过于想得到小国的拥戴，小国不要过于想得到大国的庇护，二者若想各得所需，大国更应该注意谦下忍让。

强者对弱者谦下，才能得到弱者的真心佩服和拥护；弱者对强者谦下，才能得到强者的尊重和维护。一个人要有谦虚的态度，虚心求知，只有这样才能让自己不断地进步，不断地强大。

"江海所以能为百谷王者，以其善下之，故能为百谷王。是以圣人欲上民，必以言下之；欲先民，必以身后之。是以圣人处上而民不重，处前而民不害。是以天下乐推而不厌。"（第六十六章）江海之所以能容纳百川，原因在于它乐于处在百川的下游，所以才能使百川汇集。因此，要想统治人民，必须用言语对人民表示谦恭；要想领导人民，必须把自己放在人民的后面。因此，圣人居民之上而人民并不感到压迫，处民之先而人民并不感到妨碍。因此，天下人都乐于拥戴他而不感到厌恶。正是海的位置最低，所以才笑纳百川、包罗万象。管理者把自己的位置放低，反而会得到员工的拥护与爱戴。

“贵以贱为本,高以下为基”(第三十九章),管理者以平等谦虚的态度对待自己的员工,切不可霸气十足、高高在上,瞧不起身边的小人物。这也就是老子说的“善用人者为之下”的含义。

有道的管理者不自以为是,所以能明辨是非;不自我夸耀,所以能多有事功;不自高自大,所以能长远在途。项羽百战百胜,自以为是,以乌江自刎告终;苻坚投鞭断流,骄态十足,终于淝水而亡。作为管理者,唯有努力养成“四不”的优秀品格,恪守这些为人、为事的道理,才能不断提高自己人格、品性、情操的修养,才能受到员工的尊重和拥护,并进行有效的组织和领导。

管理案例之九:李嘉诚的道与术

2018 年 3 月 16 日,华人商界的传奇人物、连续 20 年蝉联香港首富的李嘉诚,宣布退休了。这位 90 岁的老人,年少时家道中落、独自谋生,20 岁以后逐步开始自己的事业,最终凭借一番努力登顶香港首富的宝座。

在 70 多年的商业生涯中,李嘉诚的事业足迹遍及我国香港、内地以及欧洲,历经多轮投资周期,对于人生、事业以及时局洞若观火。在信息泛滥的时代,他的经营智慧和为人处世哲学被广泛传颂。

一、从寄人篱下的少年到推销员

1928 年,李嘉诚出生于广东潮州北门街面线巷的一个家庭。他的父亲李云经是当地一所小学的校长。李嘉诚 5 岁的时候,其在父亲的引导下,祭拜孔子儒学,进入观海寺小学念书。

如果当年没有日本的侵华战争,或许李嘉诚会在家乡读书识字,像他的伯父们一样出国留学或者成为广东当地的一位出色的企业家,抑或是一个默默无闻的普通人。但是 1937 年日本侵华战争全面爆发之后,李嘉诚和他的家人的生命轨迹彻底发生了改变。

1938 年日军轰炸了潮州。为了避难,次年,刚刚读初中的李嘉诚和家人一起辗转来到香港,寄居在舅父庄静庵家里。此时,李云经从一位受人尊敬的小学校长,变身成为一名普通的公司职员。其中的落差与辛苦,或许当时年幼的李嘉诚能够透过父亲劳累的背影或者父母间不经意的某次交谈中感受得到。

1941 年太平洋战争爆发以后，港币贬值、物价飞涨，李家愈加贫困。李云经因过度劳累而染上了肺病，并且在 1943 年冬天病逝。随后，十几岁的李嘉诚担起了家庭的重担。他先是在舅父的中南钟表公司当泡茶扫地的小学徒，后来又做店员，学会了钟表装配修理技术。

或许是不甘于寄人篱下，1947 年，李嘉诚离开舅父的钟表行，去做五金厂的推销员，由于成绩突出，在 20 岁就升任塑料花厂的总经理。

从小学徒到钟表工人再到推销员，可能恰是这些经历让李嘉诚在少年时就逐渐懂得洞察世事和人性，以至于形成后来圆融周到的性格，能够“让每个人都觉得舒服”。

在一次长和系业绩说明会上，有记者提问：现在很多年轻人说：“为什么我的父亲不是李嘉诚？”李嘉诚的回答是：“以前我爸爸是小学校长，当时校长的收入是不错的。但日本人一轰炸，我什么都没有了，来香港 12 岁就要做工。后来我一个人要负担六个人，分担妈妈的烦恼。靠自己难道就不行？”

二、香港土地增值期：富贵险中求

在中外商业史上，每一个特殊的时期，都会产生基于那个时代的商业天才。超级富豪李嘉诚的诞生也是“时势造英雄”的结果。不过在生意的起步阶段，李嘉诚对于商业大势的判断能力和敏锐的商业嗅觉已经有所展现。

二十世纪五六十年代，欧美的加工业逐步向香港转移，1950 年，李嘉诚看准了这个趋势，顺势踩上了时代的节奏，利用自己 7 000 万美元的积蓄创办了长江塑胶厂。长江，取意于“长江不择细流，故能浩荡万里”。期间，因为质量缘故，李嘉诚的工厂也曾一度出现危机。后来在表妹也即是未来妻子庄月明的帮助下，最终渡过难关。

在他创业的初期，遭遇了一个重大的变故。李嘉诚当时虽小有成绩，但他经营的毕竟是一个小企业、小工厂，即便是现在，初创企业通常会因为资金断链而倒闭破产。李嘉诚在这个时候接到了一个美国的订单，数量很大，并且对方要求很严格，要求他设计出 1 组 9 个样式的塑料盆花样式。

李嘉诚很开心,因为只要有客户,那么就意味着他的工厂至少能够活下来,一个人也好,一家企业也好,没有比活下来的理由更大。

因此,李嘉诚在接到这个订单后一连几个通宵设计出客户想要的盆花样图,并且开始投入生产,当所有的产品已经完成了之后,接到对方一个电话。

由于对方公司的资金遇到严重问题,所以不得不取消这个订单,对方表示很抱歉。很多工厂负责人可能就会很气愤:你我有合同签订,你说取消就取消,你是不是故意的?并且我的工厂的资金也十分紧缺,我有权向你索赔违约金。

李嘉诚是怎么做的?他告诉对方:“你不要了没关系,图式我已经设计出来了,我把它送给你,这样你以后制作的时候就不用再去找人设计了。”

李嘉诚的这个举动虽然让他承受了巨大的压力,然而,却深深地感动了那个客户,他传递给客户的一种感觉是:这个人居然有这么强大的诚信品质。

后来他在生意上遭遇了一个很大的“瓶颈”,急需要资金,这个时候有一个人找到了他,要求与他合作,并且要投很多的资金。李嘉诚很震惊,因为跟对方并不熟悉,而这个人恰恰是曾经那个丢失的客户推荐给他的。

1957 年,李嘉诚凭借快人一步的塑胶花生意,掀起了香港消费的新潮流,从此蜚声香港塑胶界,并成为世界上最大的塑胶花厂家。

香港地域狭小,缺乏工业和科技基础,制造业只能主打塑料、纺织、五金等,而这也造成当时香港当地企业的同质化日趋严重。如果仅仅把生意停留在塑胶界,那么李嘉诚可能仅仅是一个普通的成功商人,而不会成为华人世界里数一数二的富豪。

真正让李嘉诚的事业走向辉煌的是其在 1958 年之后开始涉足地产业务。1958 年,李嘉诚在港岛北角建起了第一幢工业大厦,兴建一幢 12 层高厂厦,正式介入地产市场;1960 年,又在柴湾兴建了第二幢工业大厦,之后趁着 1966 年香港“左派”闹事、地价暴跌之机,李嘉诚大幅低价囤地,最终成为长江实业(1972 年更名)上市的本钱。之后在 1972 年石油危机引发的香港股灾、1980 年代中英谈判遇挫波及香港股市、1997 年亚洲金融危机等一系列大风大浪中，李嘉诚采取“人弃我取”的策略，同时利用香港国际金融中心便利的融资条件，一次次抄底成功。

有人说，李嘉诚从不拘泥于所谓的商业模式，他奉行谨慎而灵活的商业策略：地产估值低时就大幅购入土地，建成物业进行出租；地产估值高企时则建成物业出售，而不是出租。

李嘉诚后来说，1966 年的囤地是真正第一次困难的抉择。“如果‘左派’闹事成功，我将一文不名，甚至成为资本家的反面典型，在香港跳楼的名单中，就有我的名字，而不是在福布斯富豪榜上。”

从这句话不难看出，外表温文尔雅的富豪，除了具备极高的商业天赋之外，其性格中也不乏喜欢冒险与豪赌的基因。

三、英资退华时期：一举拿下和记黄埔

在华资精英如船王包玉刚、李嘉诚等崛起之前，香港曾一度是英资洋行的天下，更确切地说，是怡和、太古、和记黄埔以及会德丰的天下。九龙仓属怡和系的大洋行，当时九龙仓并不是严格意义上的仓库，而是香港最大的货运港，拥有深水码头、露天货场、货运仓库。作为一家怡和系的上市公司，它与香港置地公司并称为怡和的“两翼”。

李嘉诚一直视置地为竞争对手，九龙仓引起他的注意源于九龙仓迁址。当时九龙仓把货运业务迁到葵涌和半岛西，腾出来的地皮用于发展商业大厦。九龙仓拥有的这块地皮已经成为地王，按照当时同一地区官地拍卖落槌价格，每平方英尺以 6 000～7 000 港元计算，九龙仓股票的实际股价能有 50 港元/股。但是当时其股价仅有 13.5 元/股。

此种情况下，李嘉诚不动声色，买下 2 000 股散户持有的九龙仓股份。李嘉诚的行动很快为嗅觉敏锐的职业炒家所注意，由此，九龙仓的股价急速蹿升至每股 46 元的历史高价。此时，财政包袱沉重的怡和向英资第一大财团汇丰银行求救，汇丰大班沈弼亲自出马斡旋，奉劝李嘉诚放弃收购九龙仓。权衡利弊之后，李嘉诚退出收购。

当时，香港船王包玉刚也介入了对于九龙仓的角逐。九龙仓的码头货仓和地盘物业对于包玉刚太重要了，这既有利于包玉刚发展海上航运，也有利于他在地面大展拳脚。1978 年 8 月底的一个下午，华商界的两位俊杰在中环的文华酒店会面,经过简短的寒暄,李嘉诚开门见山地表示愿意将手中的1 000万股九龙仓股票转给包玉刚。最终,包玉刚顺利入局九龙仓董事会。

在长和系的业务构建中,最重要的一笔交易当属李嘉诚在1979年以6.2亿港元从汇丰集团购入老牌英资商行——和记黄埔22.4%的股权。由于在争夺九龙仓的商战中,李嘉诚主动退出与香港船王包玉刚的争夺,为此在购入和记黄埔的交易中,李嘉诚获得了汇丰银行董事包玉刚的积极配合,加之汇丰银行的洋大班沈弼的大力支持,最终和记黄埔被李嘉诚纳入囊中。借由此次收购,也让李嘉诚摆脱香港本地地产商的身份和视野的局限,一举成为具有国际视野的多元化业务的战略投资者。

当前,李嘉诚的长和系旗下业务涵盖电讯、基建、零售、港口、石油等业务领域。李嘉诚凭借在这些领域积累的财富,连续20年稳居香港首富的宝座。

四、效法儒、道的修身之道

李嘉诚的勤奋自律以及为人处世的哲学和智慧一直被企业家作为楷模。

2013年李嘉诚85岁的时候,还依然保持着睡觉之前看书和晚饭之后看十几二十分钟英语新闻的习惯。关于李嘉诚工作习惯的一个细节是:无论晚上几点睡觉,他一定会在早上5点59分闹铃响后起床。然后是听新闻,打高尔夫球之后,再去办公室。

如果浏览李嘉诚在公开场合所拍摄的照片,可以发现,绝大多数的时候,他都是一副标准的笑脸。在见诸媒体的对其性格的描述中,很重要的一点,就是李特别会顾及别人的感受,照顾到每个人的感受。

用万通地产董事长冯仑的话说,就是李嘉诚会让每个人都舒服。万通控股董事长冯仑曾在一篇文章中描写了他和长江商学院CEO班的同学马云、郭广昌、牛根生等人去拜见李嘉诚的经历。与冯仑他们预想中的"超级富豪"不同,这位华人世界的超级大哥在电梯处与每个人握手、发名片。至于吃饭和拍照的座次,则由抓阄决定。一个小时的吃饭时间,李嘉诚会四个桌子轮流坐,而且几乎都是15分钟。在饭局结束之后,李嘉诚会和每个人握手,即便是墙角的服务员,李嘉诚也会专门跑过去握手。

别人告诉冯仑，恰是因为老先生这种做人周到和真诚，所以很多人到了香港都愿意和他做生意。有人评价李嘉诚善于搞关系、做交易，但可能恰是因为他的这种圆融周到的性格，是其在政界、商界左右逢源的重要原因。

在接受记者采访过程中，李嘉诚时时处处都表现出这一点。李嘉诚认真地倾听每一个人的问题，生怕没有回答清楚，约好了用普通话采访，李嘉诚就一直用普通话，虽然潮州话对他来说更自如。李嘉诚会照顾每一个人的感受，听问题时，专注如小学生；回答时，一定会看着对方。

李嘉诚给每个人都发了一张名片，但轮到摄影师时，名片派完了。让人意外的是，采访进行到一半，李嘉诚突然向远处的助手要了一张，补给了摄影师。他的举动是如此自然。

曾经一段他在饭局上的视频流出，一下子就火爆了网络。他和家人在饭局上，对佣人都是彬彬有礼，对端汤的佣人连声说“谢谢”。有人惊呼，一顿饭，就能看出一个人的修养。

为什么我们成不了李嘉诚？因为他处在能呼风唤雨的高位时仍能做到与人为善、谦卑和气，这是最高明的处世策略。

古人曾说过：“地低为海，人低为王。”意思是地不畏其低，方能聚水成渊；人不畏其低，故能服众为王。以低求高，以曲求直，是一种姿态、一种修养，也是做人的一种品格。越谦卑，越伟大！正如明朝杨慎的《韬晦术》中所说“谋大者无形，音大者无声”，真正的伟大往往弥漫于普通、谦逊之中，是无边无界、浩然无极的。

中庸之道是儒家思想的精髓，也是儒家修身的法宝。精明的商人，在为人处世的时候，往往会持有中庸之道，他们从不张扬，低调做人，因为只有不过分地张显自己，才能够避免招来更多的敌意，从而也让别人摸不清你的底牌，确保你在处世中游刃有余、进退自如，在低调中修炼自己，看似平淡，实际上是一门高深的处世哲学。

有人曾做过一个形象的比喻，认为金钱就像流水一样，从高处向低处流，流到最后，覆盖的面积也就是整个流动过程中最大的，赚钱就是这样，一个始终保持低调的人，金钱就会顺势向他流去。对于这一观点，李嘉诚是非常认同的，因为很多人曾向他请教过赚钱的秘诀，而他给出的答案只有一个,那就是保持低调。

成名之后,李嘉诚的经商策略被人们奉为经典,人们争相效仿,渴望能够一夜成名;但是对于李嘉诚低调做人的观点,很多人是不能接受的,认为用自己辛辛苦苦赚来的钱使自己过得奢华一点,没有什么不好。但是不管别人怎么评说自己,李嘉诚依然保持自己一贯的低调作风。

在筹建汕头大学时,有人建议李嘉诚以自己的名字命名这所大学,这本是很出风头的行为,但是李嘉诚却拒绝了。他说:“这个名呢,真的是……如果你建起一所大学,太多股东的名字,这边一个,那边一个,我自己好像是感到有不好的地方。有的人希望最好自己的名字更大一点,更醒目一点,但是,一个人有一个人的人生观,我的人生观就是我做的都是自己认为对国家、对民族有利的,只要能这样做下去的话,那么没有我的名字是不要紧的。只要做好这个事业。”

李嘉诚不仅时刻告诫自己要保持低调,而且也经常告诫自己的两个儿子,为人处世不要过分张扬。当李泽钜自立门户开始创业的时候,李嘉诚赠送给他的第一句话就是:“树大招风,保持低调。”

儒家讲究“修身、齐家、治国、平天下”。如果说自律和对待别人的周到体贴属于修身的话,那么在齐家上,李嘉诚也可以说是富豪中的典范。

富可敌国的他,其实生活中十分“小气”。他自己戴的是廉价的、只值 26 美元的手表,穿的仍旧是 10 年前的西装,居住的是 30 年前的房子。

2012 年,84 岁的李嘉诚向媒体公布了其财产的分配方案,其旗下长和系的资产,由大儿子李泽钜接手。兴趣在别处的二儿子李泽楷则获得李嘉诚更多资金上的资助。香港媒体认为,从分配的公平性角度来说,两个儿子分到的财产无论是实物还是股票、现金,从数量上来说,应该说是旗鼓相当。

财产进行公平分配,仅是李嘉诚处理家庭关系的一个缩影。李嘉诚对于两个儿子的教育,也为人所津津乐道。

在李泽钜和李泽楷小的时候,李嘉诚很少让他们坐私家车,却常常带他们坐电车、巴士。两兄弟闷闷不乐地向父亲发问:“为什么别的同学都有私家车专程接送,而您却不让家里的司机接送我们呢?”李嘉诚则笑着解释:“在电车、巴士上,你们能见到不同职业、不同阶层的人,能够看到最平凡的生活、最普通的人，那才是真实的生活、真实的社会。而坐在私家车里，你什么都看不到，什么也不会懂得。”

每个星期日，李嘉诚就会带兄弟俩出海游泳。每次游完泳，必定要给他们上一堂严肃的国学大课，拿出《老子》《庄子》一句一句地读。看到在路边报摊的小女孩，一边卖报一边读书，李嘉诚总是特意带两个儿子经过这个报摊，让他们向小女孩学习。

他也很少给儿子零花钱，还要求儿子们勤工俭学，他的两个儿子，小小年纪就已经可以自己赚钱养活自己。

儿子们很小时，他就不断教育他们，要真正做一个好人、做一个正直的人，然后才是做一个成功的人。

他说：“一个人的成功不在于获得多少财富，也不在于做了多大的官，最主要的是品德的修炼。”

当儿子们一个长到15岁、一个13岁时，他就把他们送到国外上学，并要他们独立生活，什么都不管不问，许多人都说这未免太残酷，可他还是狠下心。

没想到，他的不管不顾，成就了儿子自立自强、奋发向上的品格。

两兄弟在国外学会了做饭，还到处打工挣钱。别人诧异：“你们的父亲是亚洲的大富豪，为什么还要这么辛苦？”

他们只是耸耸肩回答：“那又怎样！”

后来，两个儿子都以优异成绩从美国斯坦福大学毕业，想进入他的公司时，他却拒绝了：“希望你们先去打自己的江山，让实践证明你们有资格到我的公司来任职。”

于是兄弟俩离开香港，到加拿大白手起家，一切从零做起。磕磕绊绊后，终于，两个儿子爆发出了惊人的胆识和商业头脑，依靠自己的努力成长为举足轻重的商界大腕。

他本可以给孩子最好的物质，却坚持培养孩子的精神。他的父爱，绝情而清醒！

李嘉诚常常教育两个儿子，要想成功，在其他所有基础条件齐备的时候，就必须要注意考虑对方的利益，不要占任何人的便宜。为了让儿子们真正明白这些做人的道理,李嘉诚对这方面的教育很早。

当李泽钜和李泽锴长大一些,李嘉诚召开董事会,就让儿子坐在专门设置的小椅子上列席会议。

有一次,李嘉诚主持董事会讨论公司应拿多少股份的问题,他说:"我们公司拿百分之十的股份是公正的,拿百分之十一也可以,但是我主张只拿百分之九的股份。"

董事们有的赞成,有的反对,争论不休。这时李泽钜站在椅子上说:"爸爸,我反对您的意见,我认为应拿百分之十一的股份,能多赚钱啊。"弟弟李泽锴也急忙说:"对,只有傻瓜才拿百分之九的股份呢!"

"哈哈,"父亲和同事们忍俊不禁。他说:"孩子,这经商之道的学问深着呢,不是1+1那么简单,你想拿百分之十一发大财反而发不了,你只拿百分之九,财源才能滚滚而来。"

实践证明,李嘉诚的决策是英明的。公司虽然只拿了百分之九的股份,但生意兴隆,财源茂盛。

李嘉诚告诉孩子们:"工商管理方面要学西方的科学管理知识,但在个人为人处世方面,则要学中国古代的哲学思想。不断修身养性,以谦虚的态度为人处世,以勤劳、忍耐和永恒的意志作为进取人生的战略。"

在这片说英语和粤语的殖民地上,李家却更像江浙的士族大家庭。李嘉诚小时候每次出门必和祖母话别,回家也是先到祖母房间问好。即使现在孩子们都是企业总裁、空中飞人,但李家规定:每周一晚上,一家人一起吃饭。

1996年,李嘉诚的长子李泽钜被世纪大盗张子强绑架,对方单枪匹马到李家,开口就要20个亿,李当场同意,但表示"现金只有10个亿,如果你要,我可以到银行给你提取"。

李嘉诚的镇静,连张子强都很意外,张问他:"你为何这么冷静?"

李嘉诚回答道:"因为这次是我错了,我们在香港知名度这么高,但是一点防备都没有,比如我去打球,早上五点多自己开车去新界,在路上,几部车就可以把我围下来,而我竟然一点防备都没有,我要仔细检讨一下。"

认错并愿意付出代价和承担责任,这是让你可以失败多次而不会死的黄金法则。李嘉诚深悟其道。

在他的办公室悬挂了一副对联，也是唯一一副，上面是左宗棠题的诗句：

发上等愿，结中等缘，享下等福；
择高处立，寻平处住，向宽处行。

知止不殆、慎终若始

“知止可以不殆。夫唯不盈，故能蔽而新成。”（第三十二章）老子说，知道适时终止就不会陷入危险的境地。因为没有达到满盈的程度，所以能够在事物趋于破旧的时候浴火重生。因此，领导者应当注意要把发展控制在一定的程度上，使之不至于过早满盈，能够从容创新，使事物在破旧死亡之前能够浴火重生。

随着我国经济的快速发展，许多企业走上了快速发展的轨道。企业管理者不可避免地遇到一个问题：是跟风般地扩大企业规模，扩大企业的知名度，扩张企业的业务？还是放弃一些不合适的业务，购买新的设备和产品，保持企业现有的生产能力呢？盲目地扩大企业规模，会增加企业发展中的各种风险，造成重大的浪费。“名与身孰轻？身与货孰多？得与亡孰病？甚爱必大费，多藏必厚亡。知足不辱，知止不殆，可以长久。”（第四十四章）老子认为，太注重名声必定会造成重大的浪费，知道适可而止就不会出现危险，这样才能长久。

因此，企业领导者必须慎之又慎，要充分考虑各种因素，做出科学、合理的决策。其中，关键的是要有适度原则，摒弃虚荣心的膨胀。一切失败的举动大多数是围绕虚荣心而生，都不过是满足虚荣心的手段。企业若想长久，管理者必须学会审时度势，适度发展，立足于企业的长远利益，减少个人私欲，充分发挥集体的智慧。这样，当企业面临诱惑时才能真正坚守自我。“祸莫大于不知足，咎莫大于欲得。”（第四十六章）知足才能长保，这是现代管理的真义。

老子认为:“民之从事,常于几成而败之。慎终如始,则无败事。”(第六十四章)人们做事情,常在快要成功的时候却都失败了。必须像对待开始一样谨慎地结束,那样就不会失败了。

在老子看来,人们在做事时,经常是快要成功的时候却松懈了,也就导致了失败。因此,他告诫我们要做到“慎终如始”。也就是说,要让谨慎、认真的态度从开始坚持到终结。

在这里,老子不仅是告诉我们万事要小心谨慎,因为只有小心谨慎,才不会有所忽略,才能摸清事物的变化,才能防微杜渐,才有可能成功。更重要的是,要将这种谨慎的态度坚持下去,只有善始善终、始终如一,坚持到底,才能达到“无败事”的效果,否则就会功亏一篑。

在实际的管理中,有些事情是十分简单的,有些事情则是非常复杂,解决起来是非常困难的,但不论是哪一种情况,都须有“坚持”或“认真”二字。没有坚持不懈的精神,最容易的事情也会变难;有了坚持不懈的精神,最困难的事情也会变得十分容易。

水滴石穿,并非依靠猛劲儿,而是靠持之以恒。管理者要依靠大道的自然规律,不要强求。只要坚持不懈,就可以引领企业走向成功。作为一位有责任心、有使命感的管理者,不论从事何种经营活动都要做到慎终如始。

李自成攻占北京后,建立了大顺政权。但是,由于策略和管理上的失误,加上军纪涣散,一些起义军的官员也滋生了腐化享乐思想,致使人心浮动。特别是李自成山海关兵败之后,更加动摇了刚刚建立的大顺政权。在这种情况下,李自成仓促称帝后撤离北京,多尔衮乘机率清军进入北京,建立了清王朝。

李自成撤离北京的消息一传出,原来归顺李自成的明朝将领便纷纷反叛,投靠了清军,对起义军形成了更大的威胁。李自成为了改变被动局面,经山西向陕西的关中撤退。此后,处境越来越艰难。退到通山县九宫山一带时,清军对起义军展开了大规模围攻。大顺政权永昌二年五月的一天,李自成在九宫山被乡勇打死。至此,李自成戎马倥偬的一生宣告结束。

为什么大顺政权很快就在历史中消失了呢？其中的道理不言而喻，就是李自成和农民起义军的领导层在夺取政权之后，滋生了腐化享乐思想，没有把如何实施新政、巩固新生政权作为第一要务来抓，致使朝政混乱，因而就不可能善始善终，所以大顺政权就成为短命的政权。

居功不骄、功成身退

老子说："功成而弗居。夫唯弗居，是以不去。"（第二章）这是领导者"德"的体现。

西汉杰出将领卫青十年征战，战功赫赫，但每次拒绝受封。河南之战大捷后，汉武帝要加封他，他说："胜利是将士们英勇奋战的结果，不是我个人所为。我一个人接受奖赏，今后如何激励将士们奋力作战呢？"于是汉武帝便对卫青的十名部将赐爵加封。卫青这种居功不争的风度，使士气大振。

不求一己之功名，正显示出领导者人格的崇高，因而更胜过功名。在企业管理中，不能做到这一点就是"有为"，这是领导者"无为"的大忌。一个领导者要时刻牢记功劳都是下属的，没有他们的努力，自己是不会成功的。

只有把功劳让给了下属，并充分肯定他们的成绩，管理者才会得到下属的信任。如果领导抢功争利，就会使下级难以有为，只会让自己"因刁俐而失义"，最终使自己的形象贬低。要像老子所说的那样："圣人之道，为而不争。"（第八十一章）正因为管理者在成就面前不居功，其政绩才会在上级和下级的心中长留。这样的无为，就会使下级更加积极有为。

老子说："持而盈之，不如其已；揣而锐之，不可长保。金玉满堂，莫之能守；富贵而骄，自遗其咎。功成名遂身退，天之道。"（第九章）老子丝毫没有遁世的思想，他仅仅是在告诫人们：日中则圆，月盈则亏，这是自然规律。事业已遂，力量至极，就应该引身退后，这是自觉遵循自然规律。如果只知进而不知退,祸必及身。

将这一思想引用到现代管理实践上,要求任何一位现代管理者要具有以下三种境界:

第一层:见好就收,防止自我膨胀。如果管理者做不到这一点,就会为自己埋下灾祸。

第二层:为自己的事业寻找新的增长点。功成身退,并不是说从此不再做事,而是需要转行、转岗、转方位、转战略、转战术、转项目等。

第三层:为自己的事业寻找合适的接班人。

如果一个管理者把企业的各项工作做到了极致,尽善尽美了,那么这个企业也就到了该倒闭的时候了。为什么这样说呢?因为这个企业已经丧失了其最重要的要素——创新。因此,微软公司创始人比尔·盖茨在51岁这个年富力强的年龄时,突然宣布从主要领导岗位上退下来,不再参与公司的日常管理事务。因此,在事情做好之后,领导者不应贪慕成果,而要收敛欲意,含藏动力——能做到"功遂身退"的领导者,才能称得上好的管理者。

功成身退是对每一位管理者的考验。功成身退不仅是一种境界,更是一种博大的胸怀。

老子思想是主"变"的。宇宙天地,品物流形,自然、社会、人生,乃至身边的一花一草一木,没有什么东西是永远不变的。你我都可以验证的是——月满则亏,花开则谢。这是自然现象,从中似乎可以领悟人生的道理。功成业就名满天下之时,就该急流勇退,适时知止,如此方顺乎自然天道。警惕那个人人都艳羡的"高潮"的到来,谨慎那个"满",戒备那个"盛"。因为物极必反,变动不居的世界不会让人舒舒服服地一直享用这个"高潮""满"和"盛"。

韩信能破百万兵,却摒除不掉内心欲望的膨胀。他是难得的将才、帅才,兵马再多都可从容调度,多多益善,又能出奇制胜。待刘家江山稳固之后,受封为楚王的韩信,没有收手,没有身退,自觉战功卓著无人可比,如此一个封号与心意不称,于是满腹牢骚不时流露,拥兵自重以为没人敢"动"他。其实,不是没人敢"动"他,只是时机没有到那一步而已。韩信最后死在妇人之手，死在不知天高地厚莽撞行事，低估政治对手的智力和实力。“飞鸟尽，良弓藏；狡兔死，走狗烹”，这句古话就是说给功太大、名太高的臣僚听的。

范蠡尽心尽力辅佐越王勾践二十余年，最后打败吴国，洗雪了会稽被困的耻辱。越王成就了一时霸业，号令诸侯遵从周王室，范蠡本人也被称为“上将军”。

平定吴国后，范蠡便离开越国来到了齐国。范蠡写信给大夫文仲：“飞鸟尽，良弓藏；狡兔死，走狗烹。越王为人长颈鸟喙，可与共患难，不可与共乐。子何不去?”

文仲看完信后，开始称病，不再上朝。但越王还是怀疑文仲会作乱，下令让他自尽。

范蠡终日乘舟漂于海上，改名换姓，自称邸夷子皮，在海畔耕地，日积月累，家产竟达到了数千万。齐国人听说范蠡的大名，就让他到齐国做宰相。在齐国待了不久，一天，范蠡喟然长叹：“我家产已达千金，当官也做到了宰相。现在已没有什么追求了。”便辞去官职，散尽家产，去了陶地。后来范蠡自称陶朱公，和儿子在陶地耕地养畜，不久家产又累积数万。范蠡一生换了三个地方，天下闻名，最后范蠡老死在陶地，算是尽了天命。司马迁曾说：“范蠡三迁皆有荣名。”范蠡成功的原因就在于他能够不为金钱、地位所累，极盛时期甘于急流勇退，从而保全了自己。

功成身退，是人情世故，也是一种政治策略，更是一种精神境界，这需要长期的修炼和修为。

管理案例之十：“宜家梦”与“精神家园”

全球最抠门富豪离世：一生狂赚 400 多亿美元，却穿二手衣服，省下钱都用来……

他希望每个人能把追逐利润的商业动机同永恒的人类社会理想结合在一起，让这个世界变得更美好。

2018 年 1 月 27 日，全世界的新闻媒体，都在报道同一件关于"宜家家居"的新闻。

不是年底清仓大甩卖有优惠，也不是产品质量有问题要召回，而是缔造宜家帝国的老爷子，英格瓦·坎普拉德，走了。

在宜家公司稍后发布的一份声明中写道："二十世纪最伟大的企业家之一、宜家公司创始人 Ingvar Kamprad 于 1 月 27 日在位于瑞典斯莫兰的家中安详辞世。他的家人和全球宜家家居员工都会非常怀念他。"

作为宜家家居公司的开山人，坎普拉德掌舵这一公司超过 70 年。现如今的宜家已然成为世界上最大的家具零售商，同时也是世界上最受欢迎的品牌之一。这个由他一手创建的全球最大的家具和家居公司，遍布全球 28 个国家和地区，拥有 328 个商场。每一家分店的建立，都和坎普拉德的倾心投入、亲力亲为分不开。

一、吝啬与慈善的双面人生

17 岁就创办了宜家，他聪明，很有商业头脑；从卖火柴到卖家具，他身家 400 多亿美元；王健林和马云都排在他后面……

但作为亿万富翁，他最大的特点却是抠门，活像一个钱包空空的糟老头。

他可能是这世上最穷、最古怪的富豪……

任谁第一次看到他，如果没有人介绍这是宜家创始人的话，一定都以为他只是宜家仓库的看门老大爷。

为什么？

因为他全身上下没有一件能彰显身份的东西！

他从不戴昂贵的手表，也几乎不穿考究的西装；一双鞋穿到磨烂了表皮，他还在穿；一副老式眼镜，员工们就没见他换过；他身上穿的衣服，基本上都是在二手跳蚤市场淘来的。他说，超市和大卖场是他最爱光顾的地方。

他不爱去讲究的五星餐厅，上班时就在宜家总部吃工作餐；从钱包里掏出钞票，买个三四美元的热狗，他倒吃得津津有味。如果你在他家附近的超市偶遇他，他多半在挑选减价面包。

下了班，开着他的沃尔沃回家，那是一辆开了 20 多年不变的老式沃尔沃，价值 2.2 万美元。同事劝他说："年纪大了，换一辆好车才安全。"他压根儿没听进去。

家中的家具，也多是从自家的大卖场中淘回的，其中还有好多还是卖不出去的滞销货。如果遇上节假日要买蜡烛，他一定会去宜家买，因为出示工作证可以获得内部员工优惠价！

在公司上班时，他要求员工用纸的正反两面写字；如果谁下班忘记关灯了，一定会被他痛骂一顿。

到了要出差或旅行的时候，廉价航空的低价票是首选，而且经济舱是底线，绝对不坐商务舱；坐火车只坐二等车厢，谁给他买一等座，他就跟谁翻脸；出外住酒店从来都选经济实用型，总统套房统统和他无缘。

更夸张的是，他将整个宜家董事会，从瑞典搬到了芬兰，因为瑞典的税太重！赋税额太高！

这么一看，与其他亿万富翁们相比，坎普拉德确实显得“穷酸”！

不仅没豪车，没名表，没豪宅，没貂皮大衣，没私人飞机，次次出门还要挤地铁、挤公交、挤经济舱，想尽办法少缴税。

作为一个亿万富翁，活到这把年纪了，还把钱看得这么重要，是不是有些失败？

那么，他赚的钱，到底都去哪里了？

原来，这位抠门的亿万富翁把钱都用在了慈善事业上。人们说他是“吝啬鬼”，但做起慈善来，他却丝毫不手软！几千万甚至几亿美元往里面砸！

他甚至一度炒掉了常年为他剪头发的理发师，仅仅只是因为新来的理发师每次只收他78元，比之前的那位便宜了几块钱。省出来的这些钱，他又可以投入慈善里……

20世纪70年代后期，坎普拉德在荷兰成立了宜家慈善基金会。从此，宜家的一切商业利润皆属于宜家基金会，他做起慈善来一掷千金，毫不吝啬。现在，宜家慈善基金会已经成为世界上最大的慈善基金会。

2013年，向来以样板间闻名的宜家，突然出现了一个让人不怎么舒服的样板间……

这个仅有25 m^2的房间里，泥渣垒起来的墙面凹凸不平，整个房间显得破旧不堪，甚至连个像样的窗户都没有。样板间的外墙上，依旧挂着宜家标志性的价格标签。只不过这个标签上,没有价格,没有材质。

有的,仅是这个样板间的名字:"25 m^2 叙利亚"。这是完完全全复刻了一个叙利亚难民家的房子。

每周,会有 4 万人走进这个样板间,感受难民们沉重的生活环境,再一一拿起手机,输下价格标签上一串显眼的捐款链接。

这样一个还原难民生活的样板间,这样一个看似简单的筹款活动,最终为红十字会在叙利亚的工作,筹到了 2 200 万欧元!

但这早已经不是宜家第一次做慈善了。

同年,在坎普拉德的号召下,宜家与联合国难民署合作,为叙利亚难民捐赠了 5 万张宜家床垫。

宜家甚至还为他们设计了居住的小屋。比起难民帐篷,这些小屋,没有了棚户,取而代之的,是像样的"门"和"门锁"……它更像一个"家"的样子。

到了 2016 年,宜家全球旗舰店里出现了一批样子奇怪的毛绒玩具,而这些玩具的原型,全都出自小朋友之手。小朋友们把他们心中的玩具画出来,宜家再从这些画作中挑选 10 幅,并做成玩偶。

这便是宜家推出的一个公益活动:Let's Play for Change。

这些玩偶,每卖出一件,就会有 1 欧元被捐献用于儿童玩耍与发展的权利。最终在宜家的号召下,共捐出了 1 100 多万美元。

宜家在 2014 年发布的上一财年年度报告显示,宜家基金会在 2013 年向 35 个国家共发放了 9.06 亿美元补助金,用于帮助贫困国家儿童的生活。

联合国儿童基金会、联合国难民署、拯救儿童组织、众筹组织 Kickstart ……在坎普拉德的领导下,宜家基金会与全球大大小小共计 31 个国际性非营利组织合作!

2016 年,坎普拉德又从宜家基金会里拿出 30 亿美元,用来帮助受气候变化影响最大的人们……

无数处于温饱线,甚至是死亡线上挣扎的穷人,因为老爷子的慷慨,健康幸福地活到现在。今天,老爷子去世了,这些人甚至都还来不及亲口跟他说一声:"谢谢……"

坎普拉德曾说过:"如果我开始追逐奢华的生活,那么只会让其他人跟风。作为领导者，树立榜样很重要。"

坎普拉德希望他的影响力，不仅仅只限于家人、宜家的工作人员以及宜家产品的使用者，他希望每个人能把追逐利润的商业动机同永恒的人类社会理想结合在一起，让这个世界变得更美好。

2013年，87岁的坎普拉德从宜家董事会卸任，但他仍然是宜家的高级顾问和首席决策者。被问到是否会退休时，他这样说道："我要做的事情可太多了，没空去见上帝。"

在坎普拉德的主导下，他与宜家做了很多公益活动。按照中国传统"三不朽"（"立德""立功""立言"）的标准来看，他在"立德"方面树立了典范。

二、从卖火柴的小男孩到家具帝国的创始人

1926年，坎普拉德出生在瑞典一个农场主家庭，也许是对父母从小的耳濡目染，因为当时坎普拉德的父母经营农场，但经常缺钱而无法运作，他的祖父也是因为金钱压力大而自杀，所以坎普拉德从少儿时代就开始做一些小生意。5岁的时候，坎普拉德就开始向附近的住家出售火柴，这个卖火柴的生意他持续了很多年。7岁的时候他学会了骑自行车，于是开始骑着他的小车向住得比较远的居民兜售火柴。他还发现能以低价从斯德哥尔摩购入火柴，这让他获取了不少的利润。后来，他还发展到卖鱼、圣诞树装饰品、种子、铅笔等。

1943年，靠着父亲给予的第一桶金，坎普拉德向管理部门申请了一家店铺，并命名为IKEA。很多人不知道的是，这个品牌的名字被打下创始人深深的烙印，分别是他的名字（Ingvar Kamprad）以及他住的家庭农场（Elmtaryd）和村庄（Agunnaryd）的首字母。之所以会选择这样的组合，也可能是因为IKEA接近希腊文的oikos（房屋之义）和芬兰文的oikea（正确）。

最开始的宜家只是出售一些袜子、贺卡、钢笔、皮夹等一些普通的家居生活用品，坎普拉德主要通过邮寄的方式从国外进口这些商品，再把它们卖给消费者，从中赚取差价。大概到了1950年，坎普拉德才开始正式做起家具生意。

当时坎普拉德采取的销售方式是通过邮寄把家具送到消费者手里。也因为这样，为了更方便邮寄，1950年，坎普拉德开创了可组装家具的概念，而

这种简单可组装的概念,一直延续到现在。IKEA 主打的 DIY 自给自足和家装使消费者通过参与和完成一项任务获得一种自我肯定与满足感,这背后所蕴藏的意义是自己动手比找帮手要节约。有个传言,去宜家面试,先要学会安装家具。

到了 1952 年,坎普拉德决定采用一种长期性展览加销售的家具经营方式,解决过去单纯邮购模式下由于恶性价格战带来的产品质量下降而导致失去消费者信任的问题。1953 年 3 月,位于瑞典阿姆霍特第一家展厅式销售的家具商场开业,顾客第一次能够在订购宜家家具用品之前看到和触摸这些产品。

直到现在,这个 1952 年定下来的展览+销售家具模式也是宜家一直经营的销售模式。现在,宜家都是在郊区建立超大的商场,分区展览和销售。基本就是,消费者到宜家去,没有几个小时是出不来的。首先,它非常大;其次,它很绕;再者就是,你能看到很多你不需要但是又觉得自己可以买的东西。当然,因为布置得很美,你还可以拍照。

这种独特的宜家式消费体验是宜家风靡全球的原因,也正因宜家坚持体验为先的战略,宜家在互联网上相对保守,坚持店面在全球扩张,截至 2017 年,宜家在全球 29 个国家和地区有 355 家商场。2017 年财年,宜家的零售总额为 341 亿欧元,净利润为 25 亿欧元。

宜家作为一个小国家创业的大众消费品品牌,没有强劲的内需支撑,却能走向全球,在家具行业全球占有率是行业第一,这也难怪宜家成为瑞典的国家名片。

瑞典外交大臣马戈·沃尔斯特罗姆在 Twitter 上表示了敬意:“英格瓦·坎普拉德已经去世了。他将瑞典变成世界一流的国家,他是那个让瑞典走进世界的伟大企业家。”

坎普拉德对瑞典国家形象的提升也被其他人提到。瑞典中心党领袖安妮·洛夫(Annie Loof)在 Instagram 上发帖说,坎普拉德是“改变人们生活的先驱,没有一个瑞典人像坎普拉德那样与瑞典有如此深刻的联系”。

如此辉煌的业绩,从“立德”“立功”“立言”的标准来看,坎普拉德在“立功”的角度上几乎没有出其右者。

三、打上坎普拉德个性烙印的宜家管理

前文只是简单地了解了坎普拉德的生平，那接下来更为重要的就是思考他是如何深刻影响着宜家这家16万人的跨国“巨兽”。如果细看坎普拉德的个性，就会发现他在商业上是极度的“抠门”，而正是对于性价比的极致追求，才造就了宜家横扫全球的运营能力。

坎普拉德本人的管理哲学是节约简朴，在生活中也遵行低调、简单的行事原则。坎普拉德推崇简约哲学的理念深刻影响了之后宜家的整个企业文化。

“简单是一种美德”，坎普拉德说，“没有规矩的企业不可能生存下去，但这一切都必须简单。规矩越复杂，就越难遵守”。

这样的理念在其1976年所发表的《一个家具商的誓约》中有所提及和体现：“在所有的国家和社会体系中，无论是东方还是西方，大部分的资源都被用于满足一小部分人的生活，这种不均衡的情况普遍存在。以我们的行业为例，时髦和美丽的产品都被一小群生活条件优越的人垄断着，宜家的目标就是改变这种现状”。

此后，在抽丝剥茧中形成了宜家后来的企业愿景和文化——“为大众创造更加美好的日常生活”(To create a better everyday life for the majority of people)。这不仅是过去几十年宜家的经验积累，也是坎普拉德个人价值观的体现。

坎普拉德一直在探索全世界人的更多生活可能性。他认为，“只有改变大多数普通人生活的人，才是真正有价值的人”。坎普拉德坚信，所有人都处于同一阶层，没有所谓的“高级人类”和“低级人类”，所有人都需要活得有尊严，无分贵贱。

宜家这个家具制造商从某种程度来说亦是这个世界最积极并最有设计创想的慈善机构。专为难民设计的Better Shelter项目，由宜家基金会和联合国难民署共同合作，获得了2016年伦敦设计博物馆的Beazley年度设计奖。整个房子只使用68种材料，全部可回收，太阳能板发电，4小时就可以组装完毕，可容纳一家五口人，难民亦能如正常人一般居住。回归难民应有的尊严，这个家具品牌做到了。

随后,这种“节约成本、带来美好”的价值观折射到公司的经营乃至整个供应链每个环节的成本控制上。2000年,宜家提出要在接下来的10年,要对供应链进行更优化的配置,继续将销售价降低20%。

在《宜家创业史》一书中,德国知名媒体人吕迪格·容布卢特总结出宜家的成功秘诀之一就是不遗余力地维持低价。坎普拉德曾说:“与我们的对手保持明显的价格差异是绝对有必要的,在所有领域,我们要一直成为价格最公道的。”

为了保持宜家在价格上持续的强劲竞争力,那就必须在全价值链上进行控制,这也就是宜家与其他卖场差异化的地方,宜家是从设计,到物流,到店面销售权产业链自营,仅仅把最重的代工在全球范围内进行外包,再用自营高效的物流体系,在自持的物业卖场进行销售。

宜家集团具有完善、高效的供应链体系。整个宜家就像一台机器一样,一天24小时有条不紊地运转。每个环节丝丝入扣、协调高效,致力于“为大多数人创造更加美好的日常生活”,生产着世界各个国家的消费者想要拥有的东西。

有人将宜家的价值链条做了一个具象的比喻,宜家的产品生产流程就是从一棵松树到一张咖啡桌的过程。在整个过程中,宜家一直在追求一种境界:不仅产品价格便宜,质量也好。

这种模式虽然看起来很简单,也很好理解,但是知易行难,几十年如一日的运营才是真正的竞争力,如果没有一个如同看待自己的每一个孩子一般,在83岁以前,每年都要巡视至少四五十家的宜家分店的老板,宜家怎么可能几十年如一日地高效运转?

他从未考虑过让宜家上市:一来他极端的成本控制能力,让宜家运营效率远高同行,现金流稳健,不缺钱;二来宜家在全球扩张的速度是比较慢的,除了中国之外扩张都是伴随着物业投资的,土地资产价值也在构建安全垫;最后是它复杂的架构设计和税务处理,根本没办法作为公众公司进行披露。

一无需要,二无动机,那何来上市之说?

也许回看创立宜家这么多年,对他最为重要的是,如何确保宜家能永远“为大多数人创造更加美好的日常生活”,也只有这种人才会出现类似白帝城托孤的剧情，他曾经对自己在公司内部最信任的老朋友说："我的三个儿子没什么指望，请答应我，不管他们怎么样，一定要保住宜家。"坎普拉德甚至在很多公开场合表态说，自己不会安排三个儿子担任首席执行官，但他们会通过不同方式参与公司的运营。

支撑宜家在全球攻城略地的，正是坎普拉德坚持的价值观和愿景，在企业内部，他在"立言"上毫无疑问也是影响深远的。

如今 91 岁的坎普拉德操劳了一生，终于可以好好休息了。但是他留下的宝贵精神财富却永不磨灭，他梦想为许多人创造一个更好的生活，而我们的承诺是把这个梦想继续下去。

终其一生，老爷子有一个梦，叫"宜家梦"——为大众创造更加美好的日常生活。这个梦无疑已经实现了，宜家让世人拥有一个温馨的家，更缔造了一个温馨的"精神家园"……

第五章

《道德经》蕴含的管理谋略：谋事之法

处下不争

不与对手争强

1. “为而不争”是不做无用之争

老子一直主张“不以兵强天下”(第三十章),反对恶性竞争,提倡“以正治国,以奇用兵”(第五十七章)、以“天下之至柔,驰骋天下之至坚”(第四十三章),靠创新思维取胜。

恶性竞争自当杜绝,竞争其实也是不得已而为之。因为凡是“争”者,必有一伤,此一时,彼一时也。同时,“得之若惊,失之若惊”(第十三章),这是老子这位大智者不愿意看到的。

“圣人之道,为而不争。”(第八十一章)“夫唯不争,故天下莫能与之争。”(第二十二章)老子说,领导者的行事原则是做而不争夺,正因为不争夺,所以普天之下的人们都无法与之争夺。不争者之所以反而得胜,正是因为他的所作所为符合人之本性,利人而无害于人,善得人之助,故能不争而胜。

“天之道,利而不害;圣人之道,为而不争。”(第八十一章)治国之高手,也为而不争。不争者之所以反而得胜,正是因为他的所作所为符合人之本性,利人而无害于人,善得人之助,故能不争而胜。实质上,这里的不争是超越竞争的一种方式。

对于企业而言，众人不愿涉足的区域，更有可能是无竞争的区域，更易找到发展点。众人不愿干的事情，总得有人干，这种态势中必然潜藏着众多对企业产品的需要和召唤，而这些潜伏着没有人去管、没有人去想尽办法满足的利益需要，恰恰是战略定位的根本点，是企业发展求之不得的宝贵财富。若一个企业将众多企业都不愿意干的事情干起来，而且干成了，那么，这个企业自然易于从消费者那里获得支持和回报，也就找到了“合于道”的战略定位。

水立于不争而无忧，企业立于不争则有成。依循“道”的观点，企业的战略定位，应将定位点选在“无竞争点”上，也就是市场的空白，达到“以其不争，故天下莫能与之争”的境界，这就是西方管理学中的“蓝海战略”。企业通过填补市场的空白，就会使自己处于无人能争的境地。这从根本上也就展示出了自己的独特，建立起了真正的核心竞争力。

“胜人者有力，自胜者强。”(第三十三章)能够战胜他人的人是有力量的人，能够战胜自己的人是真正的强者。

美国《运动画刊》上登载了一幅漫画，画面是一名拳击手累瘫在练习场上，标题为“突然间，你发觉最难击败的对手竟是自己”。这个标题实在耐人寻味。

老子一向的主张是：退、守、弱、柔。保全了自己，方能立足不败之地。古代乱世多暴君暴民，暴君杀暴民，暴民杀暴君，你来我往，整个时代都受罪。这可以说是老子思想产生的原因之一。

再回过头来看“为而不争”，其实包含了一种策略，因而后世也有军事家把它当作兵家的韬略来看，即不争无用之争，乃至以弱胜强。

当年红军打游击战的十六字“敌进我退，敌驻我扰，敌疲我打，敌退我追”，不能不说是得益于《道德经》的灵感。

一门心思地想战胜对方，就是“有为”，这绝不是明智之举。风云突变就会使人的精神处于紧张之中，从而导致心身内耗，患得患失，这反而不利于客观地看问题和能力的正常发挥。不想去战胜对方，而是视自己为对手，不断地让自己内心保持清醒的状态，这就能有效克服自己的弱点，能冷静地与客观变化相适应了。

尤其是在国际竞争当中,作为大国要想成功,一定不要把注意力盯在成功和战胜对方上面,而是注意保持自己内心的清静无为,以“无为”“不争”的心态去面对,这样才能最大限度地发挥自己的能力。

以新时代的中美关系为例。习近平总书记指出,零和博弈、冲突对抗早已不合时宜,同舟共济、合作共赢成为时代要求。作为世界上最大的发展中国家、最大的发达国家和前两大经济体,中美两国更应该从两国人民和各国人民根本利益出发,勇于担当,朝着构建中美新型大国关系的方向奋力前行。

2. 不争是竞合思想

“以道佐人主者,不以兵强天下。其事好还。师之所处,荆棘生焉;大军之后,必有凶年。善有果而已,不敢以取强。果而勿矜,果而勿伐,果而勿骄,果而不得已,果而勿强。物壮则老,是谓不道,不道早已。”(第三十章)能按道的法则治理天下的君王,不会主张依靠兵力来称霸天下。在遇到冲突时,总是寻求比战争更好的办法来解决。他很清楚,一旦打起仗来,军队走过和打过仗的地方,会造成田地荒芜、荆棘丛生。伴随大战之后而来的,必然是灾祸横生、瘟疫流行的凶险之年。因此,善于使用兵力的人只是想用兵力去取得一定的结果而已,并不是要凭借武力称霸天下。取得了预定的结果也不会妄自尊大,不会再去讨伐。开战取得了战果,他也要表明开战是迫不得已的,取得了预定的战果也就不再扩张兵力了。因为他知道,事物壮大了就会走向衰老,一味自逞强大是背道而驰的,背道而驰只会加速灭亡。

老子既明确提出了“不以兵强天下”的主张,又描述了战争带来的祸害,还看到在不得不进行战争时,也要适可而止。企业管理也是如此,恶性竞争往往会带来双输的结果,加强协调,把市场蛋糕做大,合作共赢才是企业的发展方向。

“天下万物生于有,有生于无。”(第四十六章)这个“有”,可以理解为竞争。经济的发展和社会的变迁,正是因为有了竞争心,有了创新力,才会一直生生不息而滚动前行。但是,竞争还不是最高境界,老子从“道”的宏观高度,看到了竞争背后的整体和谐观——“万物负阴而抱阳,冲气以为和”(第四十二章)。围绕着竞争的中心是什么呢?是利益的流动。“道可道,非常道”，竞争的对手，在今天也许是对手，在明天也许会成为合作的伙伴；在国内是难分难解的竞争对手，在国外也许是并肩作战的兄弟；在一个产品上也许是相见眼红的竞争对手，在另外一个项目上，也许就是优势互补的朋友……

在商业经营中，管理者不但要学会竞争的策略，更要走出竞争的局限，进一步创新思维，进入到“竞合”的状态，以更高超的合作技巧和更宽广的心态来发现优势，各取所需，求同存异，资源互补，寻求更高层次的合作。也许，可口可乐最大的竞争敌手并不是百事可乐等碳酸类饮料，而是果汁类饮料。“江海所以能为百谷王者，以其善下之，故能为百谷王。……以其不争，故天下莫能与之争。”（第六十六章）不争，是在小范围争过之后，进入大战场的“统一战线”思维模式。

从全球经济发展来看，现代企业经营已进入大联盟时代，建材行业联盟、家具行业联盟、旅游预订联盟、家电行业联盟、医药行业联盟……各种同业的“竞争敌手”最终能走在一起，求同存异，联盟共营，其主要的原因在于共享利益、降低风险、减少成本投入，从而构成和增强核心竞争力。

3. 不争是有选择地退出

在市场竞争中，要求企业家既要善于“竞争”，又要善于“不竞争”，即根据市场竞争现状，适时地推出“不竞争”的退出战略，乃是一种大智大勇的英雄本色。

从一定意义上说，商场如战场，市场经济是一种竞争经济。竞争在市场中无处不有，无时不有，企业家理应有强烈的竞争意识，并在竞争中不断地扩大自己的市场占有率。但是，依据老子的“不争之德”的辩证思维，面对市场竞争的具体情况，企业家有时也可以采取“不竞争”的退出战略，以取得市场的竞争优势。

企业家所实施的“不竞争”的退出战略，主要有两方面含义：一是在市场什么领域“不竞争”；二是在什么时候退出市场竞争。

在市场竞争中，有三种情况可以采取“不竞争”的退出战略：

第一，不加入市场卖得正火的产品竞争。聪明的企业家在市场上看见别人卖得正火的产品，从不心动，绝不盲目地抢占“热炕头”，跟在别人后面凑热闹。因为他们清醒地意识到，依据“物极必反”的事物发展规律，市场上卖得最火的产品,是即将退出市场的商品。因此,他们能够自觉地不加入与别人雷同产品的竞争,而总是根据市场需要另辟蹊径,创出独家拥有的新产品,以抢占先机,夺取市场,获取更多利润。

日本索尼公司根据“做别人没有做的事,研制与众不同的产品”的经营理念,通过“无为”而进入“不竞争”的“无人地带”,在不断地推陈出新中,扩大自己的市场占有率。全世界第一台手提录音机、四声道音响、单枪彩电、Bata录影机、随身听等,都是由索尼在“无人地带”首先研制出来的。因此,当其他品牌相继进入市场时,索尼早已居市场领先地位。“不竞争”的时间维持得越长,则它的市场利润就会越高。

第二,不介入不公平的市场竞争。按照市场游戏规则,市场竞争应在公平原则下进行,但有时也会出现不公平的竞争。所谓不公平竞争,主要是指依仗某种社会政治背景和不正当手段(如商业贿赂、造谣中伤等),取得市场竞争的优势。这种不公平竞争,不仅是违法的、不道德的行为,而且最终也会搬起石头砸自己的脚。

第三,不参与恶性的市场竞争。所谓恶性竞争,主要是指耗费巨大而又无利可图的竞争。例如,1998年“五一”劳动节,VCD行业排行第二的“爱多”贸然在上海、北京向排行第一的“新科”宣战,大搞“买就送”的促销活动,有时候买一台1 000元左右的“爱多”VCD,还要赠送电饭煲、剃须刀、焖烧锅、电风扇四件产品,价值竟然在700元以上。结果,仅半年时间,“爱多”为打败“新科”投入了1.5亿元,几乎消耗到弹尽粮绝的境地。“新科”在这场恶性竞争中虽然损失惨重,但终因综合实力强于“爱多”,反而意外地达到了消耗最强竞争对手的目的。

企业实施退出战略,除了选择时机,还要讲究退出的策略。实施退出战略,可以是整体的退出,也可以是在局部退出的同时保留其核心部分。一般来说,凡是不符合战略方向的业务、夕阳产业业务、主体以外的其他业务、无竞争优势的业务、不良资产业务、没有利润的业务、不能为顾客创造价值的业务,皆可实施退出战略。

所谓“不争”，不是与对手争，而是与自己争，与客户争。与自己争，就是要不断地战胜自己；与客户争，就是争得他们的潜在需求。只要做到这一点，竞争对手自然落在后面，市场也就会掌握在自己手中。

“不争”绝非是无所作为、甘愿落后的消极哲学，而是以“不争”手段消除在市场上的形名之争，从而获得客户，获得巨大的潜在市场。这是在更高层次上的“大争”，“故天下莫能与之争。”

在《道德经》的积极指导下，只要管理者胸怀全局、创新未来，一定能够发现更大的新战场，获得更多的利益点，从战略的高度来实现企业经营的“天人合一”。

不与员工争利

“水善利万物而不争，处众人之所恶，故几于道。”（第八章）水的这一德性几乎就体现着“道”的精神。这是一种什么品质呢？答案是谦下。企业管理者也要学习水的谦下品质。

“江海所以能为百谷王者，以其善下之，故能为百谷王。是以圣人欲上民，必以言下之；欲先民，必以身后之。是以圣人处上而民不重，处前而民不害。是以天下乐推而不厌。以其不争，故天下莫能与之争。”（第六十六章）在这一章中，老子提出了居上谦下、以德经营的原则。如果想要统治人民，不能盛气凌人，要表示谦下，处处把人民放置在首位，把自己放在后面。这样才能做到真正的“处下不争”。

处下不争，是老子在处理人际关系时的一种重要原则。老子讲得非常清楚，如果想要使自己如江海那样，所有河流都流向那里，成为百川之王，必须把自己置于江海的下游，居上谦下，礼贤下士。

圣人要想当好百姓的领导人，他的言行举止必须谦虚卑下；要想成为百姓的带头人，在利益面前要把自己摆在最后。这样，圣人成了百姓的领导者，百姓不会感到有从上面来的压力；成了百姓的带头人，百姓不会感到有人会侵害自己的利益。百姓都乐于拥戴他而不会讨厌他。这就说明，不与百姓争利益的人，他的领导地位也就没有人能和他争夺。

用在现代管理学中，就是管理者要有侯王一样的管理方式，不去强制别人,要顺应自然发展,不能高高在上,以盛气凌人的气势压倒员工,只会适得其反。管理者想要人心归附,就要谦恭,时时刻刻把员工利益摆在自己的前面,否则只会事与愿违。也就是老子所说的只有谦下,才能做到更好的“为”,而“处下”“不争”的最终结果就是“天下莫能与之争”。

经营者要具备谦下、不争的品格。作为一个管理者,要像石头一样暗淡无色、普普通通、毫不特殊,而不要像美玉那样璀璨明亮、受人注目,这种不与人争的品德,反而增强了在员工中的威望,才是符合管理之道的做法。

管理者不应该滥用权力,不然必与下属造成不可逾越的鸿沟。鸿沟出现了,无法与员工很好地进行沟通,必然造成下属对领导的误会与不配合,无法展开工作,而且也不利于团结。

越是强大的企业,对于管理的重视程度越严格,管理者更要“处下”,不与员工争利,把员工的利益放在第一位,才会有企业的成功。

不言而教

老子曰:“圣人处无为之事,行不言之教”(第二章),“美言可以市,尊行可以加人”(第六十二章)。老子强调身教比言教更为有效,实践比空谈更为宝贵。老子希望领导者靠“尊行”来达到有效的领导,而不是依靠繁冗的指令。

领导者以身作则,身先士卒,以自己的表率行为赢得的影响力,是保持组织内部政令畅通、成功实施领导行为的必要条件。

老子强调圣人“行不言之教”,还意在阐明“希言”重于“多言”。老子指出“希言自然”,“悠兮其贵言。功成事遂,百姓皆谓我自然”(第十七章)。所谓“希言自然”,即少言、罕言、寡言;“贵言”即不轻易说话、发号施令。在老子看来,“多言数穷,不如守中”(第五章),领导者多说话,多烦琐政令,只能言多必失,加速败亡,所以不如操守心中清静之道,实施无为的“不言而教”。

老子主张“希言”,认为这是“道”的本性,尧、舜、禹等有道之君治天下,就是顺乎自然,不把自己的意志强加于管理对象。从人的自然属性来说,人类社会也是自然的一部分,因此,也要遵循自然之道进行管理。

“自然”不会教导世人做什么，同样，管理者也应珍视自己的政令。《道德经》第三章讲到的“不尚贤”“不贵难得之货”也是类似的含义，告诉管理者要慎用自己的权力和影响。汉武帝下令“举孝廉”，初衷是“广教化，美风俗”，结果是“不肖者沽名钓誉，伪为善贤”。况且人类的贤德是多种多样的，而作为榜样崇尚的毕竟有限，势必厚此薄彼，影响社会生态的均衡。

再者，人为树立典范是不能长久的，《道德经》第二十三章说“飘风不终朝，骤雨不终日”，第二十四章说“企者不立；跨者不行”（踮着脚尖拔高反而站不稳，两步并作一步走反而不快），都在暗喻非常态的东西是靠不住的，不要强而为之。依道而行、不言而教、返璞归真、自然而然才是稳定与和谐之道。

管理建立在适应人性的基础上，政令和说教不能起到长久和根本的作用。“不言之教”，笔者认为，就是合于规律的制度规则的作用。在制度的导向作用下，人们自然而然地去做他们想做、该做、能做、善做的事情，这样，管理就很轻松、很顺畅。倡导的事情则有可能是管理者的一厢情愿，缺乏相应的机制支持，如我们倡导见义勇为，但为此受伤却得不到赔偿；追赶小偷，小偷出了车祸，见义勇为者却要负赔偿责任甚至刑事责任；救助伤者却被诬告为肇事者。

在一定意义上，“号召”更像是管理者的偷懒行为。管理者的真正职责应该是研究管理规律，搞清内在机制，调整制度体系，把真正该做的事情纳入制度的轨道。

一个企业的领导者的管理风格的好坏，直接导致企业的成败。在老子看来，“太上，下知有之；其次，亲而誉之。其次，畏之。其次，侮之。信不足焉，有不信焉。悠兮其贵言。功成事遂，百姓皆谓我自然”（第十七章）。这说的是，最上等的管理者，人们只知道他而感觉不到他的作用；次一等的，让人亲近他、赞美他；再次一等的，让人畏惧他；最下等的，是让人辱骂他。领导者信用不足，员工就不会对他有信任感。领导者谨慎言行，潜移默化地让事情取得成功，就会让员工感觉这一切都是自然而然的。老子的这段话生动地阐述了最佳的管理是使人们觉得是在顺其自然的工作中达成目标，而不是有人在强制他这样做。

一切按照规律行事，百姓只感觉到管理者的存在而认为自己本来就是这样的,这就达到了“圣人处无为之事,行不言之教”的效果,这也是一种隐性领导方式。

要做到这一点,关键是管理者能够“以人为本”“以和为贵”,符合企业发展的规律,符合人力资源开发规律,更要符合企业员工生存价值需求规律。“不言之教”,从某种意义上说,就是开放性领导方式。开放性领导方式,需要高层次的领导智慧和大局观,就是让更多的员工参与到管理活动的过程中。不是被动管理,而是让员工做管理的主人,让他们的意见和看法都得以充分表达,而领导者便可以从这些意见中不断总结发现,并应用到管理活动中,使管理顺应员工的需求,达到“不言之教”的效果。

“不言之教,无为之益,天下希及之。”(第四十三章)无需言辞的教导,无为的好处,天下很少有人能够理解透彻。“多言数穷,不如守中。”(第五章)老子说,话说多了,就会一再遇到无言以对的尴尬,倒不如信守中道,保持沉默。聪明的管理者能够从自身寻找办法,正人先正己,“行不言之教”,让员工心甘情愿地服从。

作为管理者,工作上必须发挥模范带头作用。凡是要求别人做到的,自己首先保证做到。韩国大宇集团总裁金宇中每天半夜 12 点睡觉,次日凌晨 5 点起床,工作十几个小时,坚持了 20 多年。他经常对下属说:“为了明天的繁荣,我们必须牺牲今天的享乐,因为我们还是发展中国家。”他的行动感化了整个大宇集团,每位员工都会自觉地为了集体利益而努力工作。

已故巴勒斯坦民族权力机构主席阿拉法特有段名言:“所有的人都有权叹息,唯独管理者没有。管理者要像冬日里灿烂的阳光,把周围人们暗淡的心理照亮起来。如果你不能给人们带来希望,就没有人会跟你走。”一个地方、一个单位的管理者,就是那里的一面旗帜,是那个地方或单位的主心骨和顶梁柱。“先之以身,后之以人,则士无不勇矣”,越是在困难时期,管理者越应该具备带头冲锋的表率意识。

对于管理者来说,在激励团队、做好表率的时候要注意以下三点:

其一,要用行动来表明自己的决策意图。决策一旦做出,管理者必须身体力行，切莫律人不律己，律下不律上。

其二，要用行动来表明自己的决策决心。决策一旦做出，部属在最初阶段往往容易处于观望状态，并没有定下立即执行的决心，也没有养成迅速执行的习惯。在这个时候，如果管理者在行动上与决策保有一定距离，那么必然影响部属执行决策的积极性、主动性。

其三，要用行动来维护自己的权威形象。科学研究表明，工资、福利、奖金以及提升等各种各样的待遇，的确可以激发人们的积极性，但也只能调动全员积极性的60%，其他部分就靠管理者的特殊魅力来调动。这种特殊魅力，不是来自于岗位本身的影响，而是管理者个人的非权力影响力。要形成这种好的个人影响力，就要求每一位管理者能够深入群众，深入实践，与部属同甘苦、同进退。如果单靠行政命令的权力，只能指挥一时，只能强迫别人服从，却不可能调动别人的主观能动性，甚至会出现明着在干，暗着在偷懒、破坏的现象。

管理者在指挥下属工作的时候，“干着指挥”比“站着指挥”更能够有效调动下属的积极性。“干着指挥”是一种无声的命令，这种命令甚至比有声的、文字的命令更有效，更有威力。这种威力不是靠管理者手中的权力，不是强制力，而是靠管理者自身的模范带头作用、艰苦实干的作风。这是一种威望之力，也是一种最有力量的指挥。“不言之教”是中国许多习惯于发号施令的企业家应该着重培养的能力和意识。

无为而治

为何要“无为而治”？

《道德经》共81章，5 000余字。其中，第二、三、十、三十七、三十八、四十三、四十八、五十七、六十三、六十四等章都用了“无为”一词，有许多章虽然没有使用“无为”一词，但也阐述到“无为”思想，可见“无为而治”思想在《道德经》中有着重要的地位。

《道德经》为何特别鲜明地主张“无为而治”？这要从老子所处的社会现实和他特殊的社会地位去分析。老子作为守藏室之史，掌管图书资料，对历史特别熟悉并颇有研究，属于“知识分子”（中国古代的“士”）阶层的人物。上层统治者争权厮杀，下层百姓有苦难言，唯独这个阶层的人有一定的社会地位，且博古通今，了解社会现实却又无力改变现实，只能在思想领域进行思考和发议论，成为时代忧患意识和社会批判意识的承担者。

《道德经》中多处论到统治者与老百姓的关系：“民之饥，以其上食税之多，是以饥。”“民之轻死，以其上求生之厚，是以轻死。”（第七十五章）“民不畏死，奈何以死惧之？”（第七十四章）社会上为什么会出现如此昏乱争斗的局面？面对这样的局面，怎么办？

对此，老子清楚地做了回答：“以正治国，以奇用兵，以无事取天下。吾何以知其然哉？以此。天下多忌讳，而民弥贫；民多利器，国家滋昏；人多伎巧，奇物滋起；法令滋彰，盗贼多有。故圣人云：‘我无为，而民自化；我好静，而民自正；我无事，而民自富；我无欲，而民自朴。’”（第五十七章）意思是说：我为什么主张无为而治？就是因为我本来主张“以正治国”，但现在的治国者自以为是，搞了那么多戒律、条例、禁令和刑罚等，这些东西越多，百姓越是无所适从，或越有空子可钻，结果是越治越乱。其实，有许多事情老百姓自己就能做得很好，所以我主张反其道而行之，来一个“以无事取天下”。

如果说提出无为而治有什么价值标准的话，那么正义就是这一主张的价值标准，即“以正治国”。怎么能达到正义就怎么去治国，“无为而治”最能达到正义，所以“无为而治”是最好的治国方法。这便是老子提出“无为而治”的根源。

怎样才是“无为而治”？

关于老子“无为”而治的思想，以往普遍的理解是一种“消极”的主张。从字面上讲，“无为”就是无所事事，什么都不做，可见是一种“消极无为的政治态度”。还有一些人把“无为”理解为对万物的发展不加干预，任其发展。认真体悟《道德经》，不难发现，这样理解“无为而治”甚为偏颇。

把老子的“无为”思想视为消极地不作为是不正确的，其实，“无为”并非不求有所作为，而是指凡事要“顺天之时，随地之性，因人之心”，不能凭主观愿望和想象行事。从《道德经》的全篇哲学理念反映，“无为”其实就是无主观臆断的作为，无人为之为，是一切遵循客观规律的行为。按现在通常的说法，“无为”就是科学地作为，就是合理地作为，就是客观务实地作为，也就是言行实事求是、与时俱进。它不走极端，也不消极，而是积极地作为。

“无为而治”作为一种国家社会的管理思想，是建立在老子的“道”的哲学思想基础上的。老子说：“天下之至柔，驰骋天下之至坚。无有入无间，吾是以知无为之有益。不言之教，无为之益，天下希及之。”（第四十三章）这里，老子说得很清楚：我为什么知道“无为”很重要呢？就是因为“无”是一种无坚不摧的力量。这也就是《道德经》说的“道常无为而无不为。”（第三十七章）。

“为学日益，为道日损。损之又损，以至于无为。无为而无不为。取天下常以无事，及其有事，不足以取天下。”（第四十八章）学问要日有所进，学道要不断地减少欲望，减少又减少，直至达到无欲无为的境界。达到了自己可以无为的境界，那么天下你不用去管也不会出什么事情，那么天下的管理就做得最好了。如果管的事情越来越多，那就说明你对天下的管理是失败的。这就说明，“无为而治”不是我什么都不做就马上可以实现的，而是一个“无为而无不为”、需要不断地努力才能实现的过程。

在老子“无为而治”的思想中，最根本的一点就是告诉人们，不论做任何事，都要遵循事物本身发展的规律，不能违背规律。食物能给人提供营养，但是人吃多了就会生病；大禹治水成功在于治疏，按照水流的规律因势利导，而他的父亲鲧却失败在于治堵，违背了水的运动规律。

要保证一个社会的安定和繁荣，治理者就必须小心谨慎，认真严肃，做到清静无为，不扰害百姓。

相反，如果为政者以个人的主观意愿为轴心，随心所欲地改变社会，朝令夕改，忽东忽西，老百姓就会无所适从，接着就是人心大乱，灾祸就会连绵不断，统治者的统治地位也不会长久。

所谓“有为”，在老子的思想中就是统治者没有认识到自然、社会、人民自身具有的发展规律，把统治者的意志强加给管理对象，其结果是造成管理对象的混乱和反抗。

老子指出:“天下多忌讳,而民弥贫;民多利器,国家滋昏;人多伎巧,奇物滋起;法令滋彰,盗贼多有。”(第五十七章)老子在这里不仅指出了管理者有为的害处,管理者干扰被管理者的规范越多,则人民会越贫困;被管理者的利器越多,国家越混乱;人们的技巧越多,歪门邪道就容易产生;法令越森严,盗贼反而不断地增加。禁忌、法令是统治者的有为,其结果是人民更加贫困、盗贼增多。管理者的“有为”,其结果反而造成国家的混乱。

老子还进一步指出统治者有为的危害,“民之饥,以其上食税之多,是以饥。民之难治,以其上之有为,是以难治。民之轻死,以其上求生之厚,是以轻死”(第七十五章)。百姓受饿,是因为统治者征收苛捐杂税太重,所以受饿;百姓难以统治,是因为统治者恣意行事,任意妄为,所以难以统治;百姓不惧怕死亡,是因为统治者的生活太过于奢华,所以百姓不怕冒死一争。

老子的无为思想作为一种管理方法论,就是要求管理者在思想观念上持无执态度。这种态度绝非无所用心,懒惰懈怠,消极等待,而是要管理者防止不顾客观实际、单凭主观意志的虚妄态度。在老子看来,只有按照事物发展的规律办事,因势利导,善于把不利转化为有利条件,才能成功。

“无为”就是“道”的运用,运用的结果就是“无不治”,这符合“道法自然”的无为规律。“治大国,若烹小鲜”这句话,深刻且简明地揭示出了“无为而治”的关键之所在。治理大国好比煎小鱼一样,不能常常去搅动它,而应依据客观规律,在适当的时间、适当的地点、以适当的方式顺其规律促使其变化而已。

以上的分析说明,老子《道德经》中的“无为而治”思想,绝不是要人们消极无为,反而是要人们积极有为,而积极有为的最终目的,又是为了管理者可以通过“无为”而达到社会自我管理。

怎样才能“无为而治”?

1. 有所为,有所不为

“无为而治”的管理思想的第一层含义是在企业决策上应“有所为,有所不为”,即要求管理者在“小事”上有所不为,在“大事”上有所为。只有在“小事”上有所不为,然后才能在“大事”上有所作为。这就是汉代学者刘向所说的“将治大者不治小，成大功者不小苛”的道理。

在现代企业的管理中，任何一个管理者都会遇到两类事情：一类是事关企业全局和长远利益的大事；另一类是相对次要的琐碎的小事。随着经济的快速发展，各种企业的规模都在迅速地扩大，部门层次增多，即使是精明能干、智慧超群的企业家，也无法事无巨细，事事“有为”。因为任何一个管理人员的能力、体力、时间都是有限的，而不是法力无边的“神”，所以一个高层的管理人员应做到在小事上“有所不为”，而在大事上“有所为”。

2. 顺自然而为，不要逆自然妄为

“无为”并不是其表面的含义，并非禁止人们的一切行动，而是要求人们顺应自然地有所作为和行动。“自然”是“道”的本性，因此，由“道”产生自然界的万事万物也是“自然而然”，并非人为如此。

“人法地，地法天，天法道，道法自然。”（第二十五章）即认为宇宙万物都是以“自然”为本性的。这里所说的“自然”，并不是指存在于人类之外的自然界，而是指“道”和由它派生的宇宙万物“本性如此”的自然存在。

在企业管理中，只要不违背客观经济规律，不任凭主观想象发号施令，就能获得企业经营的成功。

松下幸之助在回答“你的经营秘诀是什么”这一个问题时，这样说道：“我并没有什么秘诀，我经营的唯一方法是经常顺应自然法则去做事。”以他的看法，只有“遵照超越人类智慧的天地自然法则与道理去经营，才能获得成功”。假设人类以自己极其微小的聪明才智思考问题，以自己所思考的简单的方法处理事务，违背天地自然法则，其事业和做事失败是意料中的事情。

此层“无为而治”管理思想的含义是：无论做事、管理企业还是治理国家，都要遵循自然规律办事，顺应员工和人们的本性发展来治理，才能在激烈的竞争中立于不败之地。

3. 君无为而臣有为

一位现代企业的高层领导，在现代市场竞争激烈的情况下，要想真正在做大事上“有所为”，在小事上“有所不为”，就必须在用人上实行“君无为而臣有为”的管理方法。

例如,在宋朝时期,宋仁宗深知“无为之道”,认识到“君无为”要以“臣有为”为先决条件,否则,“无为而治”的理想是难以实现的。有一次,大臣向他请教如何实现“无为而治”。他说:如果君主手下有得力的群臣,代替君主操劳政事,又不存私心,人君就可以“无为而治”了。这里,谈到高层管理者要实现“无为而治”的条件,就是要有聪明能干且为人正直的得力助手。这样,高层管理者才能实践“无为而治”的管理理想,抽出更多的时间思考政府、企业、组织的未来和长远利益。

海尔集团总裁张瑞敏反复强调:在企业管理上要避免出现“一头狮子带一群绵羊”的局面。在现代管理中,如果没有一个忠于上司、有德有才的中高层管理群体,“无为而治”也就无从谈起。

4. 我无为而民自化

做到“无为而治”,从管理者的行为来说,要做好民众的表率。《道德经》第三章是直接论述“无为而治”的:“不尚贤,使民不争;不贵难得之货,使民不为盗;不见可欲,使民心不乱。是以圣人之治,虚其心,实其腹,弱其志,强其骨。常使民无知无欲,使夫知者不敢为也。为无为,则无不治。”意思是说:对那些听话的人不特意给予高官厚禄的奖励,民众就不会争权夺利了。不看重难得的珍宝,民众就不会去抢劫偷盗了。不看到好东西就贪得无厌,民心就不会乱了。因此,圣人之治,应是使民众经常保持平常心态,让他们衣食无忧,削弱他们争强好胜的志向,使他们身强力壮。常使民众返朴守淳,不生妄想,使那些自以为聪明的人也不敢轻举妄动。这样,对国家社会的管理就不需要特别的举措,天下也能治理得很好。

反过来说,社会上为什么人人争权夺利,盗抢成风,人心不稳?根本原因是管理者厚此薄彼,贪得无厌,不顾民众的死活。如果是这样,不论制定出多少严厉的惩罚措施,社会的混乱也是不可避免的。

老子说:“我无为,而民自化;我好静,而民自正;我无事,而民自富;我无欲,而民自朴。”(第五十七章)领导者学习老子的无为而治,那么民众就会自然化育;领导者喜欢清静,民众就自然纯正无私;领导者对民众不横加干涉、扰乱,民众就自然会富足常乐;领导者自己没有贪欲,民众就自然会淳朴不贪。

5. 限制管理者乱为的权力

老子强调“无为而治”，并不是无的放矢地空发议论，而是因为当时的统治者滥用权力，祸害百姓。他揭露当时的社会现实说：“民之难治，以其上之有为，是以难治。”（第七十五章）这里说的“上之有为”，用现在的语言来表述，就是当官的滥用权力，胡作非为。这是造成许多社会祸害的根源。

面对这样的现实，怎么办呢？《道德经》说：“始制有名，名亦既有，夫亦将知止，知止可以不殆。”（第三十二章）这里的意思是说，本来管理者和民众都能质朴自然是最好的，但后来有了官职（始制有名），既然有了官职，那就必须限制他们的权力（知止），限制了他们的权力，才可以避免危险（不殆）。限制管理者的权力，本来就是“无为而治”的题中应有之义。管理者的权力范围越小，无为而治的范围也就越大；反之，社会能够无为而治的范围越大，需要管理者“有为”去治理的范围也就越小。在一定程度上限制政府的权力，才能充分发挥社会自我管理的功能。

6. 重视无形管理

这里说的“有形”管理是指管理机构、条例、章法、奖惩措施等。“无形”管理则主要是指管理者的榜样、示范效应、社会文化环境及管理心理状态等。要树立无形的管理比有形的管理更重要的观念。“处无为之事，行不言之教”是老子的名言。正因为如此，为了完善社会管理，管理者更应重视无形管理的效用。

如果只是重视有形的管理，不仅达不到国家社会管理的目的，很可能是越理越乱。老子说：“将欲取天下，而为之，吾见其不得已。天下神器，不可为也。为者败之，执者失之。”（第二十九章）想要依靠自己的作为将天下治理好这样的事情是没有的。治理天下这样的事情非常神奇，不是靠管理者的本事就可以做到的。如果以为只有靠自己的管理才能治理好天下，最终结果肯定是失败，即便一时取得成果最后还是会失去。

管理者要想治理好天下，必须注意发挥无形管理的效用，从根本上说，也就是要做到“圣人常无心，以百姓心为心。善者，吾善之；不善者，吾亦善之，德善。信者，吾信之；不信者，吾亦信之，德信。圣人在天下，歙歙焉，为天下浑其心。百姓皆注其耳目，圣人皆孩之”（第四十九章）。管理者不应有自己固定的成见,要按照百姓的观点和意见去处理问题。百姓的意见,无论是正面的还是反面的都认真地对待。管理天下要处处小心谨慎,将自己的想法和百姓的想法一致起来。百姓注视着管理者的一举一动,管理者做到淳朴不巧诈,像父母爱护自己的孩子那样爱护百姓,成为百姓的楷模,“无为而治”也就可以实现了。可见,管理者的“德善”“德信”是实现“无为而治”的根本保证。

管理要像水一样在无声无息、自然而然中进行,实际上靠的就是管理机制。一个到处“救火”的“万能管理者”,实质上是“无能管理者”。与人相争、与物相争都不是理性的管理方式,问题出现于“表”,根源却在于管理机制不协调。

什么是管理机制呢?用学术上的话说,管理机制是将权力、责任、利益等要素在组织成员之间进行合理配置,使之朝向组织目标运行的内在机理。比如,法约尔提出的十四条管理原则就在一定程度上刻画了那个时代组织的管理机制。这里介绍一些非常巧妙的管理机制,以加深对概念的理解。

例一 “分粥机制”——十几个和尚一锅粥,资源有限,刚好够吃,分配不均就要有人饿肚子。怎样才能实现公平?方案有四:其一,选举机制:选举德高望重者主持分粥,天长日久便有人溜须拍马,权力产生了腐败,正直的人总是吃不饱;其二,轮值机制:轮流坐庄,机会均等,虽然从统计上是平均的,但饱一顿饥两顿;其三,制衡机制:组成“分粥委员会”,相互制衡以求公平,但效率很低,分好之后粥就凉了;长期探索找到了第四种机制——“权力至下”机制:把粥按人数分到碗里,别人先挑,剩下一碗给分粥者。这种机制使追求自利的和尚无论是谁来主持分粥都能确保公平。

例二 机械厂加工的机件总有质量问题,于是成立质检科对质量问题进行检查与监督,工人的责任心有所加强,合格率稍有提高,但不能杜绝次品。后来采取“工序责任制”——下道工序监督上道工序,如果上一工序的次品你没有发现,检查人员在你的工序查出也把责任记在你头上。这种环环相扣的监督制度使次品率几乎为零。

例三 戴维·韦默(2004)讲了一个“无知之幕”的故事。“冷战”结束后，美国的军事力量功能过剩，过多的军事基地成为财政上不必要的负担，但是关闭基地将影响所在地的经济，势必遭到当地议员的激烈反对，纵使通过表决可以如愿以偿，但将导致议员心理失衡。于是，国会没有直接拟定关闭基地名单，而是首先制定了关闭基地的程序提交议会通过。这样，各利益相关者在未触及自身利益的前提下，本着程序公平的原则顺利通过了议案。在法定程序之下运作关闭事宜，避免了无端的争议和对立。

“无为而治”到底有啥用？

许多管理者经常会说这样的话：“我那些下属啊，什么都做不好。”“要是他们经验丰富些，我就省心了……”“他们都没接受过培训，我也没时间教他们，真是！离了我什么都办不成……”“跟他们交代个任务真是费劲，等说清楚了，我自己可能早就干完了。”诸如此类的话，相信很多职场中人或多或少听过或者说过。

事实上我们知道，这些牢骚话，并不能证明这位管理者能力有多强，反而说明他们不懂得培养人才与授权，以至于自己叫苦连天，下属和上司却都不买账。

我认识的一位管理者就是如此，他每天的工作状态是这样的：

从上午九点开始上班，他就一直要忙着看邮件、回邮件，审阅下属递交的各种方案和报告，还要准备会议、搜集资料，与同级和上司开会，给下属开会，与下属一起沟通修改意见……常常是忙到晚上七八点钟，当天的工作还处理不完，因而只好带回家继续加班。每天他都觉得特别累，回到家里也不能好好陪家人，满脑子想的都是如何完善方案以及如何避免出错。

可是，尽管他已经加班加点忙得不可开交了，还是经常会出现这样的情形：下属提交的报告迟迟得不到他的反馈，没有时间认真思考如何给下属的方案提供修改意见，新的任务因尚未考虑妥当很难及时分配下去，等候决策的下属不时催促他尽快做出决定……

如果单单只是忙碌也就罢了，问题是，员工渐渐地对他越来越不满。

“等待他签个字总要等那么久,影响我的项目进度。”“经理根本就不相信我们,总是让我们等他的建议,不放手让我们去做,那就交给他自己做好啦。”“真是想不明白,公司怎么会让这样一个永远无法及时决断的人当经理。”“他这人适合做管理者吗?”“整个部门就他什么都懂,就他一个人在表现,我们的个人发展空间都受到了限制。”……这样的声音,渐渐传到了他的耳朵里。

这时候,他觉得特别委屈,自己每天废寝忘食、尽心尽力地对待工作和下属,希望能帮他们少走弯路,让一切都进展顺利。自己真的错了吗?

事实上,他的确做得不够好。中国有句古话说得好:“得人之力者无敌于天下也,得人之智者无畏于圣人也。”作为管理者,我们拥有别人的“力”和“智”,这么好的条件倘若不知善加利用,那么即便自己累得要死,也只会被人嘲笑能力有限。

微软公司前首席执行官兼总裁史蒂夫·鲍尔默曾说:“有人告诉我他一周工作九十个小时,我对他说,你完全错了,写下二十项每周至少让你忙碌九十个小时的工作,仔细审视后,你将会发现其中至少有十项工作是没有意义的,或是可以请人代劳的。”他曾给微软的经理这样一条忠告:“不要什么事都做。你的任务是计划、组织、控制、指挥。”这一条忠告,我相信所有管理者都要铭记。

企业中总有这样的管理者,他每天忙得不亦乐乎,看什么都不顺眼,觉得世事都需要整顿,他总是事必躬亲,想要掌握和控制每个人、每件事。“上有政策,下有对策”,员工会想办法寻找这个管理者的漏洞,于是大家变得越来越狡猾,风气也越来越坏。因此,管理者“无为”,属下会自我化育;管理者不扰动、不躁动,属下自然就会淳朴、做好本职工作。

“无为而无不为。”管理者的行为应当顺应自然规律,不恣意妄为,要实事求是地寻求现实可行的道路,才能“无不治”。

有为与无为是两个不同的概念,但它们是可以互相转化的。在实际中没有绝对的有为,更没有绝对的无为。因此,不能绝对地追求有为,或保持无为。从无为可以到有为,从有为又可以回到无为。要学会无为,才能无不为；只有有所不为，才能有所为；无为是为了无所不为，有所不为是为了有所为。可见，有所不作为是实现有所作为的必要条件，无为实质上是有为的至高境界，它必须以有为作为坚实的后盾和最高的目标。管理者要“有所为，有所不为”，要做到这一点，就必须在“小事”上有所不为，在“大事”上有所为。

一个高层的现代企业领导者，要想真正做到在“大事上有所为，在小事上有所不为”，就必须在使用干部上实行“我无为，而民自化；我好静，而民自正；我无事，而民自富；我无欲，而民自朴”的管理方法。这个管理方法归结起来就是“君无为而臣有为”的管理之道。

诸葛亮自古以来都是人们心目中智慧和崇高品格的代表，未出茅庐而知天下三分，赤壁之战、西取巴蜀、对孟获七擒七纵，奠定了蜀国的基业，名垂青史。然而，在分权管理方面，他却是一个负面的例子。

为答谢“先帝三顾茅庐之恩”，诸葛亮“鞠躬尽瘁，死而后已”。凡事“事必躬亲”，以至于“凡杖二十，米三十斛者”皆“由丞相定之”。无论治国理政、出兵征战还是日常杂事，甚者两个普通士兵打架也要亲自进行处理。司马懿知此事后叹曰：“孔明死期至矣。”

尽管其忠心可嘉，令人敬泣，然而，这种管理方式造成的损失却是不可估量的。一方面，诸葛亮由于操劳过度，常年疲惫到了极限，英年早逝，造成“蜀汉之锦屏山塌矣”；另一方面，由于过于集权，不利于下属的锻炼与培养，以至于在诸葛亮死后，“蜀汉无人矣”，“蜀中无大将，廖化做先锋”。没有培养出有能力继承事业的接班人，蜀汉的衰退成为必然。从某种意义上讲，称蜀国是“成也诸葛，败也诸葛”并不为过。

人们早已从历代治国的经验中，认识到“君闲臣忙国必兴，君忙臣闲国必衰”的道理。因此，在管理之道上，道家主张“君无为而臣有为”。在用人上对于贤臣必须高度信任，做到充分授权，且要采用“疑人不用，用人不疑”的用人态度，充分调动且激发企业各级管理者和全体员工的主动意识和创新精神，不要越俎代庖。

“垂衣裳而天下治。”在当今企业管理中,环境纷繁复杂、变幻无穷,各种环节千头万绪,琐事更是不计其数,管理者(尤其是最高管理者)如果不能高瞻远瞩,把握全局,有所不为,无为而治,而是采用事必躬亲、大权独揽的态度和处理方法,那就难免陷入繁杂琐事中而不可自拔,使自己累死累活、疲于奔命,最后却是出力不讨好,把事情搞糟。

因此,一个好的管理者,并不在于会做多少具体的事务,而在于如何调动与发挥集体的力量。只有调动与发挥集体的力量,才能攻无不克、战无不胜。管理者尤其要注重加强培养自己驾驭人才的能力,学会知人善任,了解什么时候用什么样的人才、什么样的力量,进而助自己成功。四两拨千斤,聪明的人总会利用别人的力量获得成功,领导者最大的本事是发动别人做事。

“治大国,若烹小鲜”,这个思想运用在现代企业的管理中,情形和原理也是一样。治理企业如治国,“道”的规律运用于“治理企业”时,法则是一样的。就企业而言,企业规章制度等大原则是不能变的,只能因时间的推移,按市场的演变和大小,据软、硬环境的变化而做出相应的“小调整”和“小改变”。企业只要抓住了大的原则,制订了大的、基本的规章制度,使企业有了一个正确的、基本的运行轨道,在通常情况下,就应当坚持“以不变应万变”。

“无为而无不为”要求管理者充分了解和把握好不为与有为之间的“度”,只有把握好了这个“度”,才能让组织管理目标得以顺利的实现。把握好管理的“度”,就是要在管理实践中能够收放自如,能把握组织及其内部的人和事物的整体发展态势,能分清推动组织发展问题的主次,明确组织及其成员发展的终始、本末和轻重。要善于抓住需要作为的重点,抓大放小,不能被小处的问题牵制。把握好事物自然发展的大方向,制定推动组织发展的大战略,宏观把握、整体协调,始终坚持以自然之“道”为引导,实现自然管理之道。

管理案例之十一:华为的无为而治与任正非的涅槃

华为技术有限公司是一家总部位于中国广东省深圳市的生产销售电信

设备的员工持股的民营科技公司，于1987年由任正非创建于中国深圳，是全球最大的电信网络解决方案提供商，全球第二大电信基站设备供应商。

《时代周刊》曾评价说："年过六十的任正非显示出惊人的企业家才能，他在1987年创办了华为公司，这家公司已经重复当年思科、爱立信卓著的全球化的大公司的历程，如今这些电信巨头已经把华为视作'最危险'的竞争对手。"

英国《经济学人》给予过华为高度的评价："它的崛起，是外国跨国公司的灾难。"

CIBC世界市场分析师史蒂夫说："华为公司对网络市场的影响，正如丰田和本田两家公司对汽车市场的影响。"

TCL集团总裁李东生说："国际化做得比较成功的是华为，它的数据是比较可信的，别的企业还在探索当中。"

国务院发展研究中心研究员吴敬琏说："华为在创业初期十分艰难的情况下，采用激励制度创新等办法吸引了大量人才，进行大规模的研究和开发投入。经过20年的奋斗，终于摆脱了单纯依靠低劳动成本竞争的被动处境，自立于世界电信业强手之林。华为等一大批企业在坚持自主创新方面为我国企业树立了值得学习的榜样。"

《世界经理人》的文章《15年来对中国管理影响最大的15人》中，对华为是这样评价的："华为在国际市场上势不可挡的攻击性，以及由此带来的成功，为任正非赢得了西方媒体的尊重。事实上，在此之前，为人低调，从不走向幕前的任正非，已经被视为中国通信设备制造领域的神秘'教父'。"

他这样评价自己："我被逼为世界第一。我44岁的时候，在经营中被骗了200万元，被国企南油集团除名，曾求留任被拒绝，还背负还清200万元的债，妻子又和我离了婚，我带着老爹老娘弟弟妹妹在深圳住棚屋。创立华为公司，我没有资本，没有人脉，没有资源，没有技术，没有市场经验，我唯有勇敢向前，我用了27年把华为带到了世界500强和行业世界第一的位置。我不觉得跌倒可怕，可怕的是再也站不起来。"

这就是任正非，这就是华为，在外人看来，无论从哪个方面来看，任正非创立的华为都已经成为国际化程度的大企业，拥有国际化的技术含量，成为中国企业走上国际舞台的成功典范。

任正非之所以能够将华为从最初几个人的小公司做到如今十几万人的国际性大企业,除了他成功的经营方式,还有他独到的管理模式。

一、“无为而治”的最高管理智慧

华为技术有限公司之所以能够成为科技公司中的佼佼者,是与其贯彻老子“无为而治”的管理方式密切相关的。华为总裁任正非十分推崇“无为而治”的管理方式,认为“无为而治”是管理企业的最高境界。在管理过程中,华为减少过多的人为控制,通过内在机制来激发广大员工的工作热情,促使他们能够自我管理,充分挖掘自身的潜能,实现企业的既定目标。

任正非把“无为而治”当作管理企业的最高境界,他非常重视精神的作用。在华为公司各种资料的排列组合中,他尤为看重塑魂工程。《华为基本法》可以理解为任正非为实现“无为而治”目的的一个重要工具。

他所希望达到的“无为而治”的管理境界,就是企业不需要太多的人为控制,通过内在机制来激发广大员工的工作热情,促使他们自我管理、自我控制,自发、自觉地按照规范和章程行事,充分发挥自身的特长、挖掘自身的潜能,维护企业的整体利益,最终自行达到既定目标。

对此,他这样评论道:“管理的最高境界是‘无为而治’。所谓‘无为而治’,并不是指管理者什么都不管,将企业的一切抛到脑后,而是指管理者在管理企业时,不需要每日奔波劳累,能够自动地、轻松地让公司在正轨上运行。很多大企业,虽然领导者经常不在公司工作,出去喝喝茶、打打高尔夫球,但这些大企业都运作得非常成功,每年的盈利一直在增长。相比之下,一些企业的管理者每天在公司加班熬夜地工作,但企业的运作就是不见起色,这样的企业管理者其实还不懂什么叫真正的管理。”

任正非认为管理层应该抓好宏观控制,慢慢淡化对企业具体方案的直接控制,不需要管理者每天疲于奔波,就能够自动地、势不可挡地走向成功,最终使管理层的更替与生命的终结都会与企业的命运相分离了。要达到任正非所讲的“无为而治”,就必须在组织内部形成自我完善、持续提高效率和质量、降低成本的自动循环机制。

任正非知道,想要华为“无为而治”,不能只靠自己一个人的能力,他还需要一支素质很高的领导团队。华为发展到现如今这样的规模,企业发展和管理应当呈螺旋式上升。任正非希望华为的管理在上升的过程中能够一步一步摆脱资金、条件、人才的限制，进入管理的"自由王国"。华为员工在华为工作不再是单纯听从领导和管理者的安排，而是员工自发主动地发挥出自己的潜力和才能。

想要做到这一点，管理者就要为员工提供一个大的、好的平台。任正非说："我相信这些无生命的管理，会随着一代又一代的人死去而更加丰富、完善。几千年以后，不是几十年，这些无生命的管理体系就会更加完善，同时又充满活力，这就是企业的生命。"任正非所说的"无生命的管理"，指的就是"无为而治"，这是他结合国内外先进管理理念形成的管理模式，即不是靠管理者管理，而是靠员工自己的思想管理自己。

任正非这样说道："实现无为而治，不仅是管理者实现'从心所欲，不逾矩'的长期修炼，更重要的是我们的价值评价体系的正确导向，如果我们的价值评价体系的导向是不正确的，就会引发行为英雄化。行为英雄化不仅仅会破坏公司的流程，严重的还会导致公司最终分裂。在这个问题上，我认为高级干部的价值评价体系导向比个人修炼更重要。个人修炼当然也重要，但小草再怎么浇水也长不成大树，如果价值评价体系不正确的话，那我们的导向体系就错了，公司就永远发展不起来。

我们将逐步引入西方公司职业化的待遇体系，如工资、奖金、期权、期股……都会让职业管理者默默无闻、踏踏实实地工作下去。我们实现了这些，高层更不应成为英雄。这就是无为而治的基础。"

二、鹰的涅槃与重生

老鹰是世界上寿命最长的鸟类，它的年龄可达70岁，为什么鹰会有这么长的寿命？源之于在40岁的时候必须做出艰难而重要的决定，因为当老鹰活到40岁的时候，它的爪子开始老化，无法有效地抓住猎物，它的喙变得又长又弯，几乎碰到胸脯。它的翅膀渐渐变得十分沉重，因为此时它的羽毛长得又浓又厚，使飞翔变得非常吃力。

它此时只有两种选择：等死或经过一个万分痛苦的更新过程，即等待150天漫长的蜕变。

首先，它必须尽全力飞到山顶，在悬崖筑巢，停留在那里，不能飞翔。老鹰首先用它的喙击打岩石,直到完全脱落。然后,静静地等候新的喙长出来,它会用新长出来的喙,把指甲一个一个地拔掉。当新的指甲长出来后,它会再把羽毛一根一根地拔掉。经历漫长的五个月以后,新的羽毛长出来了。

此时老鹰又开始飞翔了,重新获得了再活30年的生命。

在我们的生命中,有时候我们必须做出困难的决定,开始一个自我更新的历程。

1944年,任正非出生于贵州安顺地区镇宁县一个贫困山区的小村庄,靠近黄果树瀑布。

任正非的父母是乡村中学教师,家中还有兄妹六人。任正非小学、中学就读于贵州边远山区的少数民族县城。

因为父母对知识的重视和追求,即使在三年自然灾害时期,任正非的父母仍然坚持让孩子读书,所以任正非的童年虽然是在贫穷中度过,却是快乐、美好的。

1963年,任正非就读于重庆建筑工程学院。在校期间,他把电子计算机、数字技术、自动控制等专业技术自学完,接着还学习了逻辑学、哲学和几门外语。

大学毕业后,任正非当上了建筑兵。1983年随国家整建制,撤销基建工程兵,任正非从部队以团副的身份转业,来到成为改革试验田的深圳,在当时深圳最好的企业之一——南油集团下面的一家电子公司任副总经理。

在这里,任正非遭遇了人生的第一个"陡坡":任正非在一笔生意中被人坑了,导致公司200多万元货款收不回来。那时,内地城市月工资平均不到100元。在这种情况下,任正非在大国企南油集团的铁饭碗端不住了,安逸的日子似乎已经到头。

这一年,任正非的家庭和事业都出了状况。他的夫人转业后进入南油集团领导层,而他在南油下属企业时连续亏损,再加上父母与弟妹和他们同住产生的生活压力,最终导致家庭解体。任正非在这一波又一波的滑坡中,直达人生低谷。

此时的任正非下有一儿一女要抚养,上有退休的老父老母要赡养,还要兼顾六个弟弟妹妹的生活,正值"上有老,下有小""青春不再、未来尚长"的中年之际的任正非，前行之路陷入无际的迷茫与昏暗。

处于中年危机之中的任正非没有时间去感伤，家庭的责任、事业的急迫，令任正非迫不得已，走向了一条下海干实事的道路。

1987年，任正非以2.4万元资本注册了华为技术有限公司，成为香港康力公司的HAX模拟交换机的代理。

凭借特区信息方面的优势，从香港进口产品到内地，以赚取差价——这是最常见的商业模式，对于身处深圳的公司而言，背靠香港就是最大的优势，至于是代理交换机还是代理饲料，对于任正非这样的通信技术的门外汉都是一样的，都是要从零开始。

在卖设备的过程中，他看到了中国电信行业对程控交换机的渴望，同时他也看到整个市场被跨国公司所把持。当时国内使用的几乎所有的通讯设备都依赖进口。民族企业在其中完全没有立足之地，43岁的任正非，在这个时候突然表现出了他的商业天才，决定自己做研发。

军人出身的任正非似乎天生具有比一般人更加强烈的爱国热情和保卫领土的敏感与决心，而他在那个时候能够认识到“技术是企业的根本”，便从此与“代理商”这个身份告别，踏上了企业家的道路。

1991年9月，华为租下了深圳宝安县蚝业村工业大厦三楼，开始研制程控交换机。最初公司员工仅50余人。当时的华为公司既是生产车间、库房，又是厨房和卧室。十几张床挨着墙边排开，床不够，用泡沫板上加床垫代替。所有人吃住都在里面，不管是领导还是员工，做得累了就睡一会儿，醒来再接着干。这也是创业公司所常见的景象，只不过后来在华为成为了传统，被称为“床垫文化”，直到华为漂洋出海与国外公司直接竞争的时候，华为的员工在欧洲也会打起地铺，外国小伙伴无不惊呆称赞。

1992年，华为的交换机批量进入市场，当年产值即达到1.2亿元，利润则过千万，而当时华为的员工，还只有100人而已。

这样的成长速度，响应了深圳速度的口号，而这样的盛况只属于那个时代，属于任正非这样涅槃重生的勇者。

三、低调的勇者

任正非一直非常低调，可以说他是中国最神秘的企业家。华为缔造了一个又一个传奇,但华为的领军人任正非却总是“神龙见首不见尾”,作为大企业的管理者,他为人低调,从不张扬,他被贴上了各种标签:“土狼”“军人”“硬汉”……但他从不对此做出回应,所以他就被称为“中国最神秘的企业家”。

1. 身先士卒

华为的年轻人敢于在一线,在最艰苦的地方冲锋,这是因为任正非特有的感召力。任正非在一次讲话中说:“我若贪生怕死,何来让你们英勇奋斗?”他就是这样身体力行,一直都和年轻的员工在一起冲锋,带领华为人践行华为的价值观。

2008 年 9 月 20 日夜,巴基斯坦首都伊斯兰堡发生大爆炸,任正非要求到巴基斯坦和阿富汗现场看望代表处的员工。巴基斯坦代表处负责人以安全为由,反复建议任总不要过来。

任正非回复了他一封邮件,这封邮件力透纸背,让他一生难忘,再也无法阻止。员工们看了也都热泪盈眶:

“兄弟们能去的地方,我为什么不能去,谁再阻挡我去,谁下课!——任正非”

任正非到了伊斯兰堡后,还专程飞到阿富汗首都喀布尔,看望阿富汗的驻地员工,在阿富汗办公室与代表处全体员工和家属合影。

任正非认为一个企业要想壮大,必须具有狼最显著的三大特性:一是敏锐的嗅觉;二是不屈不挠、奋不顾身、永不疲倦的进攻精神;三是群体奋斗的意识。

2. 专一战略

华为的理念是“大机会时代,更需拒绝机会主义”。华为一直在坚持自己的战略,坚持自己的价值观。一旦有了坚定的目标和方向,不属于华为方向和目标的机会,再好也跟我没关系,比如华为不炒股票、不炒地产,不涉足虚拟经济。

为了离星空更近,华为不留恋身旁的鲜花和野果。

成立 30 年来,华为坚定不移地只对准通信领域这个“城墙口”冲锋。公司成长起来后,坚持只做一件事,在一个方面做大。华为只有几十人的时候就对着一个“城墙口”进攻，几百人、几万人的时候也是对着这个“城墙口”进攻，现在十几万人还是对着这个“城墙口”冲锋。密集炮火，饱和攻击。正如任正非所说：“人这一辈子，专注做好一件事情就很好了。”

在战略投入方面，华为所有的创新和尝试，都是在主航道上做出的选择。理想与现实比肩，研究与开发并重。2017 年，华为的研发投入达到 120 亿美元，其中，30 亿美元用于面向未来的基础科学研究和创新，把钱变成知识；90 亿美元用于确定性产品开发，把知识变成钱。

研究针对的是未来的不确定性，而对于前瞻性的技术，很多投入可能就是打水漂了，这个过程肯定要走很多弯路，多路径，多梯次，这是小公司无法做到的，甚至很多大公司都无法做到。

华为从 2 万元注册资本起步，到 2017 年公布的年报显示，实现销售收入 6 036 亿元，同比增长 15.7%；净利润为 475 亿元，同比增长 28.1%，平均每天赚 1.3 亿元。2017 年员工平均年薪接近 70 万元。华为过去 30 年只聚焦一个行业，那就是运营商行业。消费者业务只是华为技术积累到一定阶段，过去 30 年结出来的一个瓜，这个瓜 2017 年就超过 2 000 多亿元销售收入。

最新公布的世界 500 强排名，华为位列第 83 名，进入了百强。

今天，我们到大部分国家去，在打电话、网购、刷朋友圈时，可能没有想到，用的都是华为建设的网络，其实华为时时刻刻都在大家身边。

3. 将军与士兵

华为能获得今天的成绩是与对“人”的重视分不开的。任正非最欣赏巴顿将军的名言：“打仗靠武器，打胜仗靠人。”

华为自创立之日起，就坚持“人力资本的增值优先财务资本的增值”。在投入上，重点投入到“优秀的人”身上；在价值分配上是员工优先。因为华为不是上市公司，不需要以短期财务目标为导向，这种战略注定公司更关注长远利益，而不是短期利益。

华为这个布满世界上 170 多个国家的大平台，又强调“精兵”，具体作战时，强调员工个人的创造性和个性发挥。尤其在一线，强调授权，一线自主决策，既发挥大公司的规模和平台，又具备小公司的灵活性。

华为一直在警惕公司走向“超稳态”，警惕得上大公司病，时刻保持危机感。因此,华为一直重视“新鲜血液和战略力量”的持续补充,并把这个实践上升到公司战略层面长期坚持。

“责任结果导向,贡献必有回报”,是华为选拔机制的大原则,干部能上能下在华为已成文化和共识。

在华为内部,个人的学历、工龄、技术职称、社会荣誉都不是华为选拔的依据,无论是博士或者 MBA,在个人薪酬定级以及晋升上都没有所谓的特别通道或快速通道,“责任结果”作为员工回报分配和晋升的唯一基础。

华为的干部,都是从一个个小兵成长起来的,英雄是从战场上打出来的,责任结果,就是看战果。只要创造的价值比公司为你付出的成本大,你就有机会一步步从小卒子成长为“将军”。

年轻人到一个组织里,最怕的就是论资排辈。一个萝卜一个坑,你再有能力也上不去,因为位置有限。有的单位,排了一辈子队,可能也等不到那个坑。

华为不是这样,首先,大量的市场机会,就会有大量的位置。其次,责任结果导向,干部能上能下,不论资排辈,只要你的能力比上级强,结果更优,就你上,这在华为已经形成一种共识,这也是华为相对许多其他公司的优势所在。

华为将员工的贡献作为员工回报的核心因素,华为的分配机制中的一个显著特点,就是充分发挥激励杠杆的作用。比如,在奖金分配上,华为要求绩效优秀员工的奖金比绩效一般员工至少要高 1.5～2 倍。艰苦地区岗位的职级高于非艰苦地区岗位职级 1～2 级。

华为有一个很大的特点就是批评与自我批评,时刻保持清醒的头脑,有危机意识。

华为人力资源管理中最厉害的就是评价体系,叫“评价无时不在,评价无处不在”。华为非常重视对细节的把控,比如卫生间的香水,会测量香味多久会散去,都有一个标准。再比如,华为司机接人为什么从来不晚点? 因为都做了精密统计研究。

4. 低调的管理者

不管媒体怎么追踪,任正非都一直与其保持距离,他在公众面前很少露面，总是把自己隐藏在幕后。任正非对各种采访、活动都避而不去，他还向华为的高层下过死命令："除非重要客户或者合作伙伴，其他活动一律免谈，谁来游说我，我就撤谁的职。"整个华为由此上行下效，全体以近乎本能的封闭和防御姿态面对外界。

任正非就这样一直躲在幕后，当有人问道他为什么不愿意接受采访时，他是这样回答的："我们有什么值得见媒体的？我们天天与客户直接沟通，客户可以多批评我们，他们说了，我们改进就好了。对媒体来说，我们不能永远都好啊！不能在有点好的时候就吹牛，我不是不见人，我从来都见客户的，最小的客户我都见。"

任正非这样低调，一部分是性格使然，他天性中沉稳大气的性格让他成为稳重低调的管理者；另一方面，任正非也是为华为考虑，俗话说树大招风，任正非也是不想为华为招惹是非。在一次去国外出差的旅途中，任正非发自肺腑地说道："当台风来的时候，什么措施最保险？不是站得高、挺得直，而是趴下，尽量低一些，再低一些，才能不被吹倒！我们不知道什么时候会来大风，所以我们一直要尽量低一些。"

任正非对外界关于他低调猜测的传闻一概不理会，他说："只有安静的水流，才能在不经意间走得更远。"任正非带领华为踏踏实实做事、扎扎实实做人。这些年，在一些企业忙于作秀、向公众展现自己时，任正非带领华为已经悄然成为中国民营企业中的领头羊。所以说，不论你想取得什么样的成功，低调做人都是必要的品质。只有懂得低调做人，你才能在社会这个大舞台中扮演好自己的角色；你才能在人生的旅途上，平稳地走好每一段路；你才能拥有一颗平常心，才不会被外界左右，才能够变得冷静、变得务实；最终确保你到达成功的顶峰，演绎精彩的人生。

居里夫人说："我是想让孩子从小就知道，荣誉就像玩具，只能玩玩而已，绝不能看得太重，否则将一事无成。"在任正非看来，外表的光鲜、荣誉、地位都是无关紧要的，脚踏实地做事才最重要。

有人问任正非"华为成功的秘密"，他认为华为没有秘密，任何人都可以学。华为没什么背景，没什么依靠，也没什么资源，唯有努力工作才可能获得机会。"华为没有成功，只是在成长。伟大都是熬出来的。"

以柔克刚、以弱胜强

竞争之柔

柔弱是制胜的法宝,是延长生命的大道。老子说:“天下莫柔弱于水,而攻坚强者莫之能胜,以其无以易之。弱之胜强,柔之胜刚,天下莫不知,莫能行。”(第七十八章)处柔守弱,是一种特殊的处世和竞争方式,实质是以柔克刚,以弱胜强,以守为攻,以屈求伸。

天下所有的东西,在老子看来,水是最柔弱的。老子的哲学思想中,老子的自然无为,还有其辩证思想,都在不同的层面说明了柔弱和坚强的相互转化。从而衍生出来一系列带有老子管理特色的具体管理艺术和经营艺术。其中,最关键的是“反者道之动,弱者道之用”。

老子最钟爱水的特性,是有一定的原因的。水是最能体现“道”的本性。最了解水性,并能治水的人通常是有道者,作为管理者,也有能力管理好一个企业。

正是因为水的柔弱的特性,所以天下所有的东西没有比水更加柔弱的了,水的特性就是顺应自然屈高就下,可谓至柔之至。然而,水虽然看上去柔弱,但是无所不至、无坚不摧,攻坚强者的力量没有什么可以胜过它,正所谓“滴水穿石”。柔能克强,可以说是自然界的一条重要的法则。自然界如此,企业经营之道亦是如此,“柔弱胜刚强”是成功经营的必备法则。

老子又说:“人之生也柔弱,其死也坚强。草木之生也柔脆,其死也枯槁。”(第七十六章)意思是说,人生下来就是柔弱的,死后才变得非常坚硬;万物草木在春天生长时柔软青翠,秋天死后就变成僵硬枯黄。老子又说:“故坚强者死之徒,柔弱者生之徒。”(第七十六章)意思是说坚强的就是要死亡的,柔弱的才能生长。可见,弱者生,强者死,越柔弱则意味着生命力越强,越坚强越接近死亡。“兵强则灭,木强则折。”(第七十六章)兵强的要打败仗,木强则只能被砍掉做器皿。

在老子看来，人生在世就应该顺应自然发展，柔顺谦虚，而不应逞强好斗。人类社会中，人的性格可完全概括为两种：一种是强者，另一种是弱者。但是，符合老子的“道”的特性，不是坚强者，而是那些位于下位的人，是那些弱者。老子反对在社会活动中积极进取、争权夺利的态度，在他看来，守柔处弱，才是值得效仿的品质，更加符合“道”的内涵。

老子这里提出了柔弱胜刚强的观点，但是这种观点在现实中的人的眼中变成了无条件的顺其自然、虚与委蛇，这是不符合老子的思想的。老子的观点不是这种随弯就弯、不讲原则，老子的原则是能屈能伸、有刚有柔、当进则进、当退则退。

老子的柔和弱的思想，符合他的辩证法。水是最柔弱的，但是没有底线的柔弱就是空中楼阁，就是水中浮萍。因此，老子的柔讲求辩证思想，即刚柔并济。现代企业正从刚性向柔性战略的方向过渡，现代“守柔用弱”的思想，正是现代管理权变谋略的艺术典范。

柔弱与刚强最终的不同就是“强大处下，柔弱处上”。强大的会滑落，柔弱的才会趋上发展。柔弱不是软弱可欺，而是柔中有刚，是不逞强、不好胜，是一种坚韧或“韧性”，所以才能长久。同时，“反者道之动”，弱者和强者并不是一概而论，而是相互转化的。强者“处上”，则矛盾对立面就会转化，强者就会转化为弱者。

“知其雄，守其雌，为天下谿；为天下谿，常德不离，复归于婴儿。”（第二十八章）在对人与物做了深入而普遍的观察研究之后，老子认识到，柔弱的东西里面蕴含着内敛，往往富于韧性，生命力旺盛，发展的余地更大。相反，看起来似乎强大、刚强的东西，由于显露外扬，往往失去发展的前景，因而不能持久。刚健勇为的本领，能克敌制胜。但若肆意刚勇，贪于妄进，则必遭天下厌恶。既知如此，应持守柔弱不争，虚心谦下，犹如天下处于低处的溪涧一样。这样，人身本来的自然常德才不会脱离，人的本性才能复归于初生婴儿一般。因此，老子所讲的柔弱雌静，其中含有刚健勇为的意思，而不是纯粹的懦弱。

此外，守柔还表现为一种外圆内方的状态。圆代表着曲线，从视觉上就具有美感。圆可以减少阻力，代表着顺畅。在人际关系上，圆融可以带来别人的支持和理解;对一个企业而言,圆融地处理好对外关系,可以减少阻力,更能迎来企业的长久发展。方是人格的独立,是情操的独守,是自我价值的完美实现,是对美好理想的不懈追求。方是棱角分明,代表着踏实稳重;方是坚定执著,应该成为我们每个人的工作态度,更应当是一个企业价值追求所向,是其保持内在生命力的源泉。圆与方相辅相成。外在只有保持圆,才能够保护好内在的方;内在只有坚守方,才能够让外在的圆“圆”得有分寸,而不随波逐流。“方圆之间,天地之大”,如果能做好这一点,就会游刃有余、轻松自信。

“知其雄,守其雌”,对现代企业经营管理的启示就是:经营者应尽量避免企业走向恶性竞争,保持与竞争对手之间的友好关系也是一种以柔克刚的策略。

1980 年,日本汽车首次突破 1 000 万辆大关,超过“汽车王国”美国的年产量,跃居世界第一位。对此,美国要求日本汽车自动限产。日方欣然承诺,以弱者的身份出现,付诸行动,以避免与美国发生正面冲突,而暗地里还是依然按照自己的方式行事,并利用适当的时机把生产的设备迁到肯塔基州、加利福尼亚州等地进行生产,使日本汽车在美国“出生”以“美国车”的身份进入了美国市场。随后,美国政府又以各种理由和手段提高日本企业生产的成本,日本厂商克制、礼让,但把投资悄悄转向美、墨边境,既利用了墨西哥廉价的劳动力,又钻了美国法令的空子——该地产品返销美国的征税颇为优惠。

接着,当美方为“日本在敲美国市场的后门”而恼火时,而日资又流向美国工厂少的中部和边境地区。1980 年,美、日的贸易逆差从 122 亿美元,到 1986 年则上升为 586 亿美元。

从这场商战中,可以看出,美国看似处于高高在上的强者的位置,但最后还是输给了日本。日本虽然从表面上看是处于弱势,但是从以上的贸易逆差中我们可以看出,日方实则是以柔克刚,示弱以最终求胜。

“弱之胜强,柔之胜刚,天下莫不知,莫能行。”(第七十八章)老子对强弱之势的看法不是笼统的、直观的，而是辩证的、有分析的。他认识到，强的一方优势是主要的，但也可能在某些方面有弱点，处于劣势；弱的一方，在总体上虽处于劣势，但往往在某些局部比较强大，或处于优势。

不仅如此，作为强的一方在斗争中还往往会为自己强大的现象迷惑，看不到自己的弱点，更不容易看到自己的弱对手的强点。反之，弱的一方，则能较充分地看到自己的对手的强点而注意回避，并力求寻找对方的弱点而加以利用。如果弱的一方能巧妙地避过对手的强点而集中自己的力量击其弱点，就可能给对手以沉重的打击而取得胜利。“其脆易泮，其微易散”（第六十四章），就是这个道理。

另外，强大的一方在斗争中还有一些特殊的不利条件。如果恃强凌弱，就会迫使对方为自救而奋力抵抗；如果受其欺凌的人多，被欺凌者更会联合起来共同反对欺凌者。正所谓“坚强者死之徒，柔弱者生之徒。是以兵强则灭……”（第七十六章）

新生事物的发展，总有一个从小到大、由弱到强的过程，任何事物都不例外。这就是《道德经》包含的朴素辩证法思想。它虽然不能与马克思恩格斯的辩证发展观相提并论，但 2 000 多年前的老子已经看到了新生事物的发展和不可战胜，不能不说是一个重大的贡献。老子深通“反”的道理，并且把以弱胜强看作对“反”的道理的运用，认为“反者道之动，弱者道之用”（第四十章）。这里所谓的“反”，也就是对立面，“反者道之动”就是说向对立面转化，是“道”在动中的表现。按照这种“道”，目前看来较为强大的一方，有可能因一定条件在未来转向弱的一方；而目前较弱的一方也有可能转化为强大。善于运用“道”的人，往往通过自己的妙用以弱胜强和转弱为强，这就叫作“弱者道之用”。

《易经》中说：“日中则仄，月圆则缺。”用兵之道，做人做事也好，企业经营管理也好，不可走极端，走极端就会走向反面。曾国藩说：“做人，必须刚柔互用。只柔不刚，人就容易萎靡。只刚不柔，人就容易失败。刚，不是残暴，不是严厉，而是自强；柔，不是软弱，不是无能，而是谦让。做人做事，需要自强。追求名利，需要谦让。”从这句话里，我们能读出曾国藩对老子的“柔弱思想”研究得很透彻。曾国藩为人处世推崇老子的观点，却从来不在众人面前谈论老子的思想。因此,在清代官场各种人事的倾轧下,曾国藩虽身居高位,依然能全名而归、全身而退,这不能不说是一个奇迹。

柔性管理

1. 柔性管理就是人性化管理

柔性管理是相对于“以规章制度为中心”的“刚性管理”而言的,它强调“以人为中心”进行管理,不是依靠发号施令等外力因素对管理活动进行强制和干涉,而是依靠民主管理、解放人性等方法,真正从内心深处激发出员工的主动性和创造潜力,使员工在潜移默化中将自身利益与企业利益统一起来,不遗余力地为企业创造优良业绩。

也就是说,柔性管理强调的是对员工的人性化管理,更加重视员工的主动精神和自我约束——这正是老子“无为而治”、重视人性的统治者观的具体体现。

当然,老子是一位思辨家,《道德经》中注重“柔刚相济”“有无相生”。由此我们可以得到启示:若将“柔性管理”与“刚性管理”适当结合,必定会达到管理的上乘境界。

管理是靠沟通实现的。在与人打交道的过程中,管理者需要借助沟通的技巧,化解不同的见解与意见,建立共识。良好的沟通能力与人际关系的培养,并非全是与生俱来的,它需要管理者的沟通技巧,而以柔克刚就是一种有效的沟通方式。

在管理工作中,刚硬的规章制度往往比不上柔软真诚的爱心。老子的无为之治,其实是一种以德服人的柔性管理,是宽容、宽松的管理,不同于刚猛之治,也不是儒家所讲的宽猛相济、德主刑辅。

管理的对象是人,而人的性格千差万别。作为管理者,当面对一群问题员工或者业务来往关系中一些胡搅蛮缠的客户时,该如何处理呢?会与他硬碰硬地对抗吗?这样的结果未必如愿。但如果采用“以柔克刚”的方法,结果就大不一样了。

每个人都具有或强或弱的逆反心理,尤其不愿意接受别人强硬的命令。管理者对部属以呵斥的口气发号施令,虽然暂时能征服对方,但对方的内心是抵抗的、反感的，只不过迫于权力等压力才屈从。因此，让对方“心悦诚服”地接受自己的观点或看法，才是最佳的方法。

任何一个员工，如果有了不合作的态度，都绝不是无缘无故的，或者是因为待遇太低，或者是工作量分配不公，也有可能是对公司的某项政策有所误解。一个懂得道的管理者总是善于发挥以柔克刚的技能，创造平和的环境，与之进行沟通，了解其中的真正原因，然后再有的放矢，采取有效措施，绝不会无视这种行为，更不会用权力或制度去压制对方臣服。不问青红皂白地就责骂、处分、辞退，其实这是最下策，不是智者所为。

对一个掌握着大权的管理者来说，解聘一个员工是轻而易举的事情，企业招进一个员工也不是什么难事，可是要找到一个适合的员工就比较困难了。再说，企业培育一个员工也花费了很多财力、物力、人力，怎么能说解雇就解雇了呢？难道企业就没有损失吗？还有就是动辄处罚、辞退，人心如何能归笼？如何能提高向心力、战斗力？失去了人心，是企业最大的损失。

因此，作为管理者，并不需要时刻端着架子来显示你的地位和尊崇，反而应时常示弱于人，一是为了保全自己，更重要的是容易获得别人的尊重，位愈尊，色愈恭。管理的艺术应该是至柔的，保持至弱、雌、厚，才能无为而有益。

日本企业之所以能在国际市场上击败对手、称雄一时，一个极重要的原因，就是日本企业的管理者以其富有人情味的管理措施和讲求意见一致的决策方式，在企业内部形成了“家族式的气氛”；以其温和、亲切的“微笑战略”赢得了消费者的倾心。美国企业目前流行的所谓“走动管理”“一分钟经理”，也是以管理者对其下属的友善态度来赢得管理成功的。

以柔克刚不仅是智慧、巧妙地为人处世的技能，也是企业管理的有效手段之一。柔是自然之道，也是养身之道，更是商道。

2. 柔性管理需要“刚柔并济”

当然，虽然随和谦让必不可少，但也需“刚柔并济”才行。管理者必须灵活机动，当刚则刚，需柔则柔，针对不同情况具体对待。现在，越来越多的管理学家们也认为，真正有效的管理应该把刚性管理与柔性管理有机地结合起来，恩威并举，做到阴阳相抱、刚柔相辅。这实际上就回到了《周易》阴阳之道的原则上来了。

我们在企业的管理理念中植入“柔”的思想,并不是就要抛弃、反对刚性管理,“柔”的思想与“刚性管理”并不冲突和矛盾,中国化管理倡导的是“情、理、法”管理的有机结合。企业管理中制度和文化建设的落地需要刚性管理来支撑,只有建立严格的管理制度,才能保证柔性哲学的贯彻执行,这正是道家辩证哲学观的表现。

“柔”体现了企业价值哲学中的“情”字,而“刚”体现企业管理的“严”字。“严”字始终是与“管理”两字相伴的,因为制度、章程、条例、程序、标准等都是企业为了维护正常的生产经营秩序和实现利益最大化所制定的“法”,是制度,没有张力,没有折扣可言,必须严格执行。“情”体现柔性智慧,是我国传统价值体系中所提倡的,也是区别于西方管理思想的重要元素。对企业而言,“法”能保证有效执行,“情”却能让企业更有凝聚力,是管理中重要的润滑剂。

实践证明,在管理中,阴柔和阳刚二者不可偏废,又相互制约,使得双方达到适度,防止过度。刚不及而柔过之容易失威,柔不及而刚过之则失众。柔必须与刚相结合,才能做到柔而不弱、柔而不卑、柔而不滑;刚中必须有柔,才能做到刚而不惶、刚而不蛮、刚而不狂。刚硬之后,若能再以柔软来安抚,更能得人心。道家刚柔相济的奥妙就在这里。

我们提倡企业家们回归传统,学习老祖宗们流传下来的传统智慧,倡导中国化的管理之道。企业家应遵循中国传统哲学理念的“柔性心法”与西方科学管理制度的“刚性技法”相结合的管理方法,摒弃片面强调全盘中化的管理,也要防止不假思索就一味照搬西方硬性的管理制度,平衡好管理“心法”与“技法”的关系,做到刚柔并济,这样才是融合古代先贤智慧的中国式管理。

创新发展

企业与环境总是处于互动之中,正是由于企业永远处于动态变化之中,因而也才需要管理。对管理而言,只有永恒的问题而无终极的答案。管理是企业的永恒问题,管理的任务就是要不断地去解决问题,而创新是管理的本质。

当今世界的发展，谁能在新的格局中独领风骚甚或占尽优势，关键不在于拥有多么雄厚的资金，而在于是否拥有大量的知识和创新。美国著名的管理学家德鲁克说："任何企业只有两个——仅仅是两个——基本功能，就是贯彻销售观点和创新，因为它能招揽顾客。"因此，创新在现代企业管理中是一项十分重要的内容，同时也是一种追求。

何为创新？创新在于无中生有

老子说："天下万物生于有，有生于无。"（第四十章）这句话是说天下万物生于可见的具体事物，即"生于有"，而具体事物的"有"却是由那些不见于形、不着于迹、不闻于声的"无"即"道"产生的。企业管理中的创新也应本此思想去实施。

"有生于无"是企业创新的基础。从本体论上讲，老子的"有"与"无"，都是"道"的表现。"无"并不是绝对的虚无，而是无具体形象之物、精微之物；"有"则是指具体的万事万物的总称。他认为，作为所有具体形象之物的"有"是由无具体形象但又真实可信的精微之物即"无"产生的。

"无名，天地之始；有名，万物之母。……此两者同出而异名。同谓之玄。"（第一章）从辩证法上讲，老子的"有""无"是对立统一的范畴，它们相互依存、相互为用、相互转化，"有"给人以便利，"无"却为"有"提供作用。

"三十辐，共一毂，当其无，有车之用；埏埴以为器，当其无，有器之用；凿户牖以为室，当其无，有室之用。故有之以为利，无之以为用。"（第十一章）的确，如果没有"无"（这里指空间），"有"（这里指车、皿、室）的作用就发挥不出来，无形的东西能产生很大（有时甚至关键）的作用。

深入研究老子的"有无"观，可以为企业创新开拓思路、提供借鉴。所谓创新，就是抛开旧的，创造新的。这本身就需要从旧"有"中发现"无"，否则，眼睛只盯着"有"，脱不开旧"有"的困扰，就永远也创造不出新事物来。企业创新也是一样，不管是管理观念的创新，还是管理实务的创新，也不管是产品的创新，还是服务的创新，都逃脱不了"有生于无"的规律。

有一个著名的例子最能说明问题。某鞋厂派两名推销员同去一个偏远的小岛去推销鞋子,他们到达该岛以后发现,那里的人根本不穿鞋子。面对这一局面,两人做出了截然不同的判断。一个只执着于眼前的“有”,认为既然岛上的人不穿鞋,那么对于鞋这个商品来说,就没有市场;另一个则从“有”中看到了“无”,认为正是由于岛上之人不穿鞋,那么,一旦让他们认识到穿鞋的好处,就能开拓出一个广阔的市场来,这就叫创造市场。

由此可见,一个企业只有善于从“有”中发现“无”,再从“无”中创出“有”来,才能在激烈的市场竞争中永远立于不败之地。

“有生于无”还可以作为一种精神信念,促进企业创新。假如一个企业在竞争中处于困难境地或处于起步阶段,就可以用“有生于无”的信念来激励自己,励精图治,发愤图强,化困难为动力,推动“无”的裂变,促使“有”的产生。假如一个企业正处于“如日中天”的阶段,那么,就可以用“有无相生”的思想告诫自己:企业就像斜坡上的球体,不进则退,如果不努力创新,“有”是可以蜕化为“无”的。为此,就必须在已有的基础上,继续挖掘“无”,再从“无”中创造出一个新的“有”,这样生生不息,不断拓展新的天地。

为何创新?企业发展离不开创新

“希言自然。故飘风不终朝,骤雨不终日。孰为此者?天地。天地尚不能久,而况于人乎?”(第二十三章)用老子的思维观来理解,人生发展也好,企业经营也罢,必须懂得把握自然的生长规律与原则。

你看,那刮了一夜的狂风,看起来来势汹汹,可是不等朝阳出来,风就停了;下了一天的暴雨,看起来气势磅礴,不待夕阳落下,雨就住了……为什么会如此呢?这些都是在遵循着其自有的发展规律。连伟大的天地都不能长久下去,那么我们和我们的企业,究竟能长久到什么时候呢?

中国有非常多的民营企业,发展的初期势头良好、一路猛进,但是,有限的三五年一过,要么在市场中淘汰,要么在管理中腐败,要么在转型中消亡,真正能存活下来的,可谓少之又少,而存活下来的企业,能不能走下去,能够走多久，都还是一个未知数。

为什么会这样呢？因为老子在《道德经》开篇就阐述了他的观点："道可道，非常道。"（第一章）很多人看不懂老子，认为这是老子在玩文字游戏，搞概念转换。其实，"道可道，非常道"是揭示《道德经》全篇的核心理论，也是我们寻求大成功和大智慧的万能公式。

第一个"道"，代表着"不易"的思想，比如我们要办企业，那么这个企业的发展，就是我们所求的"道"。但是，面对如此激烈的竞争，我们是不是真的能发展起来呢？即使发展起来了，又能不能长远发展呢？可以坚持多久呢？

老子在这里就发出了震撼性的思考："可道？"真的能够发展下去吗？真的像我们所构想的那样能成就百年基业吗？

20 世纪 90 年代后期，"爱多"VCD 红遍大江南北，一度是中国家电行业最成功的品牌之一，爱多公司也成为当时民营企业的光辉典范。爱多的发展曾创造了中国家电行业发展史上的一个奇迹，这个奇迹既包括成功的一面，也包括失败的一面。爱多从无到有、从小到大、从辉煌走向破灭，仅仅只用了四年左右的时间。

"我们一直在努力！"这句口号多么鼓励人。但是，努力出来的"爱多"VCD 去哪儿了呢？这个"可道"，就代表着一种深度的思考，为"变易"的思想。

当我们有了创立宏图霸业之心，希望自己的企业能够长远性的生存和发展，以成就"百年"基业，同时又认识到"可道"这个变易的自然规则：企业经营有成有败、利益回报有得有失，企业寿数有长有短……该如何才能趋吉取利，尽可能地把企业的生命线拉长呢？这就需要创新的手段，不走寻常路，即"非常道"。

老子是提倡"创新"的，"玄之又玄，众妙之门"（第一章）。老子笔下这个"玄"，并不是我们通常理解下的玄妙、奥妙、神奇，而是代表着变化、改变、扭转、创新。老子这位大智者，怎么会用虚无的概念来忽悠人呢？身为周朝

“国家图书馆馆长”的他,肯定保藏和品读过许多关于前朝盛衰成败的史料,也深入研究和思考过当世各大小诸侯国交替演变的事实,最后总结出唯有创新不停、生生不息,不断地改变和调整现状结构来应对环境和自然的变化,迎接残酷的竞争,以“玄”对“玄”,“变”中求“变”,才能获得无穷的生机。

这,大概也是企业经营的核心动力和源泉吧!

如何创新?创新的方式、原则与策略

1. 创新的方式:自主、自发、自下而上

应该怎么样创新呢?我们树立起来创新的榜样,从企业外部高薪聘请几位高级人才,就能实现企业创新,带来企业利益的增长吗?

回答是否定的。老子在《道德经》中一直反对个人英雄主义,而提倡“不尚贤,使民不争;不贵难得之货,使民不为盗……”(第三章)人才的培养和发展,应该是全员发展,而绝非一两个冒尖的“难得”人物出来,就可以解决企业的问题。很多企业家都抱着这样错误的思想,往往寄希望于“高人”“贤才”,认为自己的企业之所以不能发展得更好,是缺少通晓全面的复合型人才:知识广、学历高、相貌好、留过洋、能策划、懂市场、通管理、能力强……

实际上,别说这种人难找,即使找到,企业将面临更大的危机,因为这样的“高人”太高啦!个人英雄崇拜的结果,必将造成全员的偷懒推诿:反正有领头羊,我们跟着做就行了。长此以往,企业的整体创新力就会逐步消失,而这些所谓的“贤能”者必将背负更多的压力来工作,一旦有什么想法,跳槽离去,这个企业也将在顷刻之间毁于无形。

真正的成功经营之道,应该是集体智慧的高度协调与统一发挥,方能成就基业长青的企业。人力资源管理,并不是简单地为企业寻找到几个优秀人才,而是该考虑如何调动全员创新的能力,把每个员工的主观能动性发挥出来,使每位员工都能在适合自己的岗位上发展。

因此,基于此,老子又阐述了他的观点:“三十辐,共一毂,当其无,有车之用;埏埴以为器,当其无,有器之用;凿户牖以为室,当其无,有室之用。故有之以为利,无之以为用。”(第十一章)车轮之所以能前进,是因为三十根辐条的实有与间隔的虚空结合搭配;陶器之所以有用,是黏土烧制出来的实在

外形和陶器内的虚空协调一致；房屋修建起来，我们还需要室内和门窗的虚空，才能产生作用。一个企业的长足发展，除了那些看起来有用的优秀人才，我们更不能忽视那些看起来好像可有可无、在基层默默无闻奉献的普通员工。正是由于管理者的经营创新与操作者的技术创新，企业才呈现出勃勃的生机。

企业要创新，管理者应该扮演什么角色？发挥什么样的指导作用呢？“太上，下知有之。”（第十七章）最成功的管理者，是让员工忽视自己的存在，管理者在身边也好，不在身边也好，员工们都能自觉自主地开展工作，不会因为管理者看得见就卖力工作，也不会因为管理者看不见就消极怠工。

创新，重点在于自主，是自发行为，并不在于上层有什么新的指标，才刻意作为而大搞形象工程。企业家应该学会“天地不仁，以万物为刍狗；圣人不仁，以百姓为刍狗”（第五章）。万物之所以发展得好，是因为天地从来不去干预它们的生长；百姓之所以生活得幸福，是因为领导人从来不去人为地干预和控制。企业要想发展好，管理者绝对不可以自以为聪明，横加指责、自诩权威。如果管理者处处都显示自己的有为、有能，那么员工就发挥不出自身的潜力和动力：反正都有老板帮我们安排好该怎么做，我们不需要考虑怎么去创新、去发展。

当企业家越来越对自己的企业不放心而处处过问、事事插手时，这个企业就开始真的走上危机四伏之路了。因此，老子再一次劝诫企业家：“夫唯弗居，是以不去。”（第二章）“绝圣弃智，民利百倍。”（第十九章）收起你那可怜的小聪明吧，个人的聪明才智又怎么抵得上集体的智慧力量呢？

2. 创新的原则：科学发展、注意保密

企业发展不能瞎创新、盲目创新。很多企业家，盲目追求创新，也不管自己的企业是否具备创新的条件，是否形成了创新的气候。一天到晚为了“创新”这个名词而瞎折腾，去搞“大跃进”，而不顾自身的发展状况。结果，一番“创新”，几经折腾，元气大伤，问题更甚于从前。这样的错误，又能怪谁呢？

创新是为了更好的发展，不创新就难以永续发展下去；创新也是为了更好地迎接竞争的挑战，自己不去创新，其他企业就会创新起来使你落后，经营的道路上就会危机四伏、寸步难行。但是,创新的这个“创”,代表开创、变动、激荡、调整,含有很大的波动性,只有通过激烈的变动,甚至是经历了“创伤”之后,才能“破旧迎新”而呈现新气象、掌握新机会、形成新优势、拓展新战场。

创新必须坚持以科学发展为原则,循序渐进、步步深入,才能有创新之实。如果企业本身重病缠身,难以生存,却要下猛药进行创新,在极度饥饿的状态下想一口吃成胖子,破釜沉舟甚至饮鸩止渴,不排除个别企业会“置之死地而后生”,但更多的可能只会加速企业的死亡。

针对于此,老子谈了他的看法:“企者不立,跨者不行。”(第二十四章)踮起脚后跟站着的人,是站不久的,迈开大步向前跨行的人,也是走不远的。因为这两者都违背了自然的规律,脱离了科学发展的路径和规律。“九层之台,起于累土;千里之行,始于足下。”(第六十四章)企业的创新,必须要符合其发展的阶段,具备创新的基础。

另外,在创新上,还应该掌握“保密”的原则。企业想创新,是想以低成本获得高利益,以小品牌博大市场,属于典型的“柔弱胜刚强”(第三十六章),所以一定要低调策划,保密进行,因为“鱼不可脱于渊,国之利器不可以示人”(第三十六章)。还没有实施就宣传得天下皆知,脱离了保密性,竞争对手(包括潜在对手)有可能会进行针对性的反策划创新。市场格局变化转移而我尚不知,所有的创新努力都将付诸流水。

3. 创新的策略:差异法、逆向法

创新,也是有法可依,有章可循的。《道德经》虽然谈道论德,从宏观上入手,但是,该如何进行“道”用,创新有哪些具体的道术和策略呢?《道德经》中的方法论,也是俯手可拾的。

(1) 差异法。

在产品同质化异常严重的今天,小企业与新产品往往很难进入市场争得一席之地,人们往往将之归结于竞争的残酷和市场的无情。

仔细想想,市场真的完全饱和了吗?创新真的无路可进了吗?表面上看好像是,其实无穷的新机遇就蕴藏在这个表面现象之中。

“为无为,事无事,味无味。大小多少。报怨以德。图难于其易,为大于其细。天下难事必作于易，天下大事必作于细。”（第六十三章）老子用他的智慧思想告诉我们，要学会由表入里、由此及彼，善于把目光穿透表面现象看到更深入的细微层面。当天下人都一哄而上、争夺一域时，我偏偏去做他们不愿意从事的工作，当竞争者都在忙着做大事时，我偏偏去把他们不愿意做的小事做好做强。从小处见功夫，从细处觅出路，寻找属于我们的战略机会。

19世纪中叶，美国西部淘金热兴起之时，许多人认为这是一个千载难逢的机会，于是，各地民众蜂拥而至，怀着淘金梦来到加州，当竞争被高度集中于一处时，天下皆为之时，“淘金”也就越来越难，再加上气候干燥、水源奇缺，许多人不但致富梦没有圆，反而葬身此处。17岁的小农夫亚默尔千辛万苦来寻求淘金发财，跟大多数人一样，没有淘到金不说，反而被折磨得半死。

老子讲：“天下大事，必作于细”。亚默尔听着人们对缺水的抱怨，望着淘金者水袋中一点点舍不得喝下的水，突发奇想：“既然淘不到金，我干脆卖水吧。”“为”他人之不为，“事”他人所不事。于是，在“大道若水”的灵活变通原则下，毅然放弃淘金，转行卖水。结果，所有的淘金者都没有赚到钱，而卖水的亚默尔，却赚了个盆满钵满。

另一位名叫莱维·施特劳斯的犹太人，在他一无所获、极度失望的情况下，忽听到一位矿工抱怨说：“这个鬼地方，裤子破得特别快，裤子破了也顾不上补。”莱维·施特劳斯灵光一闪：帆布不是耐磨的布吗？何不用它做裤子？于是，他发现了一片“蓝海”——尚未开发的市场空间。

不久，世界上第一条牛仔裤的前身——工装裤就做出来了，而莱维·施特劳斯也就由穷光蛋变成了“牛仔裤大王。”

案例中寻找市场空白的策略，在品牌经营中被归结为品牌的差异化战略，谁能想到，2 500年前的老子，早就提出这样的思想了。

（2）逆向法。

“将欲歙之，必固张之；将欲弱之，必固强之；将欲废之，必固兴之；将欲夺之，必固与之。是谓微明。柔弱胜刚强。鱼不可脱于渊，国之利器不可以示人。”（第三十六章）要想缩小它，必须暂时扩张它；要想削弱它，必须暂时加强它;要想废除它,必须先要纵容它;要想夺取它,必须暂时给予它。这叫做韬晦。柔弱的必能胜过刚强。鱼不能离开水的掩护,国家的优良武器,不能在别人面前显示。

“一阴一阳之谓道”,老子作为辩证法大师,一直推崇“反者道之动,弱者道之用”(第四十章)的逆向思维法,善于从“可道”的角度来思考“道”,最后实现“非常道”。

在营销上,菲利浦·科特勒先生给现代营销的定义是:“营销并不是以精力的方式来兜售自己的产品或服务,而是一门创造真正客户价值的艺术。”

这句话所表达的意思,竟与老子的观点惊人相似。如何让客户认同你的产品或服务?怎样用合法的手段把顾客口袋的钱掏进自己的腰包?并不能一味地为了“歙之”而去“歙之”,为了销售而销售,而是要先寻求“张之”的途径和策略,帮助客户创造出自己的价值。

营销如此、策划如此、管理亦如此,凡天下之事,欲求“多快好省”的创新,莫不如此。于是,我们看到聪明的商家在进行创新策划时,把老子的“逆反”法则运用得淋漓尽致。

北京亚都加湿器在20世纪90年代初期开拓天津市场,当难以启动时,巧妙地运用如上法则,把常规的正面宣传加湿器功能,进行“阴阳颠倒”,变成向天津市民请教需求,从而迅速地打开了天津市场。

千百年来,首饰一直是婚恋、喜庆的专用品,但是,南京的通灵翠钻公司却反弹琵琶,逆向创新,开发出世界首创的情侣分手礼物——“情人的眼泪”,以帮助分手的情侣纪念那段难忘的恋情,不但为珠宝行业寻求到新的市场空间,也再一次证明了老子《道德经》策略在创新领域的重要地位。

美国戴尔公司的成功,是经营模式创新的典范。戴尔的“直销模式”不同于传统生产商,完全“按订单生产”,填补了和供应商之间的空白,消灭了库存,也消灭了中间商,使消费者降低了购买成本,也使自己获得了丰厚的回报。戴尔公司的成功,说明了一个真理:“避开竞争就是最好的竞争。”善于避开竞争锋芒,创新运营模式,从而取得意想不到的成功。

以人为本

为何“以人为本”？

人是管理中最核心的因素。超越把人物化的倾向，真正认识人的主体性意义，以人本身为目的，从根本上把人作为管理活动中最重要的资源，把组织全体成员作为管理的主体，强调人在管理中的本体地位，真正做到关心人、尊重人，就是以人为本的管理理念的内涵。

“故道大，天大，地大，人亦大。域中有四大，而人居其一焉。”（第二十五章）老子将人和道、天、地作为共同的宇宙中的四大，阐明人的地位，强调治国、治人中对人的尊重的基本原则，这本身就是一种平等思想的显现。老子重视“人的存在”，强调“以人为中心”的管理思想。管理者秉持充分尊重人性的管理原则，做到人人平等，不区别对待，才能最大限度地发挥每一位员工的主观能动性。“以人为本”体现了管理中人的主体性的回归，是真正的符合管理之“道”。

老子认为人性有善恶之分，“唯之与阿，相去几何？善之与恶，相去若何？”（第二十章）人性之善主要表现在无私、无欲和淳朴。在管理中民为根本。“故贵以贱为本，高以下为基”（第三十九章），“鱼不可脱于渊”（第三十六章），这里的“贵”“高”“鱼”等，可理解为管理者，与之相对的可理解为被管理者。被管理者是构成组织的基础，其所从事的事业是成就组织事业的根本。如果缺少了这个基础，高层管理者也就成为无根之木、无源之水。管理者只有密切依靠每一位被管理者，才能保证“鱼在渊中”。

老子认为管理者必须树立“爱人”“救物”的理念，如“爱民治国”（第十章），“常善救人，故无弃人；常善救物，故无弃物，是谓袭明”（第二十七章），“故道生之，德畜之，长之育之，亭之毒之，养之覆之”（第五十一章），等等。将这些思想放在人本管理中来理解，就是爱护组织内所有成员和资源，对被管理者一视同仁，“圣人常无心，以百姓心为心”（第四十九章），使民众各顺其性、各安其生,组织才能兴旺发达。同时,随着知识经济时代的到来,“人”已经成为对组织存亡起决定作用的因素,人力资本成为组织的首要资本。因此,组织管理从根本上说是对人的管理,即调动组织成员工作的主动性、积极性和创造性。

老子主张“无为而治”,其实现手段就是“以人为本”。“道常无为而无不为”(第三十七章),“天之道,不争而善胜,不言而善应,不召而自来,坦然而善谋。”(第七十三章),“为无为,则无不治。”(第三章)按照无为的原则去办,那就没有不成功的,并且“无为之益,天下希及之”(第四十三章)。这种“无为而治”的“无为”包含着顺其自然而不妄为之意,这样才能达到一种生机勃勃、万物有序的结果和状态。将这种人性观运用于管理,提示管理者不要采用强制监管的手段,应以人为本,把握人的心理规律,以关心人、尊重人、激励人的柔性管理为出发点,激发人的积极性、主观能动性和创造性,从而提高工作效率和管理效率。因为组织的建设不仅仅是管理层的事情,它涉及每位被管理者的各个层面。只有尊重客观规律,尊重人的天性,实行民主管理,在决策时给员工留有足够的发展空间,充分尊重员工的主体地位、个人价值和他们的未来发展,努力为员工提供尽可能多的有利条件,让其担当主要角色并成长起来,才能使各项制度为大家所理解并有效地执行,以达到物尽其用、人尽其才的目的。

现代人本管理就是以专心致力于工作并能为企业创造效益的人为管理的主要对象,从人性出发,以人性为中心,按人性的基本状况进行管理。通过创造特定的环境与条件实现人的自由、全面的发展,不断提高员工满意度。它在本质上是以促进人自身的自由、全面发展为根本目的的管理理念。

怎样“以人为本”?

1. 对员工一视同仁

“天地不仁,以万物为刍狗;圣人不仁,以百姓为刍狗。”(第五章)“仁”是人的一种情感意志。“不仁”不是说要管理者做一个没有情感意志的人,而是指管理者在管理实践活动中不能带有个人的私有情感,在组织管理中产生偏私,不能做到一视同仁。一个优秀的管理者必定是一个平等待人、毫不偏私的人。在管理实践中保证每一位员工的平等也是“道法自然”本质要求，只有平等、无区别地对待每一位员工，才能真正地保证他们的自然本性不被破坏，从而在组织内获得自由自在的发展空间。

高明的管理不随意按照自己的喜好选择和放弃被管理对象，而是充分尊重每一个个体的自然本性，不偏不倚，不因情感上的亲疏关系而重点培养或刻意打压被管理者的管理。“是以圣人常善救人，故无弃人；常善救物，故无弃物”（第二十七章）一句中的“善救”与“无弃”，就是在劝诫管理者在管理实践中平等地对待每一个被管理对象。

2. 谦下待人

老子说：“善用人者为之下。”善于用人的领导人处于低位势。也就是说，作为管理者不可取高高在上、不可一世的态度，而应该礼贤下士，与人平等相待，谦下礼让。只有以这种态度才能获得被管理者的支持、拥戴。

凡事只考虑自己的私利，不尊重他人、不善于与他人相处的人，就处于位势高的境地；反之，遇事能先顾及他人、尊重他人，与他人相处融洽的人，则处于位势低的境地。“江海所以能为百谷王者，以其善下之，故能为百谷王。”（第六十六章）位势低者如山之谷，水必往低处流，于是众人从之，可谓大势所趋。管理者要像江海那样，“善下之”，才能把众多的人才吸引到自己的周围。

老子认为人性有善恶之分，“唯之与阿，相去几何？善之于恶，相去若何？”（第二十章）人性之善主要表现在无私、无欲和淳朴。“绝圣弃智，民利百倍。绝仁弃义，民复孝慈。绝巧弃利，盗贼无有。此三者，以为文不足。故令有所属：见素抱朴，少私寡欲，绝学无忧。”（第十九章）“见素抱朴，少私寡欲”就是说保持淳朴的本性，减少心中的杂念。“见小曰明，守柔曰强”（第五十二章），就是说人要保持柔性。这就是老子对人性问题作出的基本回答，是现代人力资源管理的一个重要的原则。

3. 尊重比激励更重要

关于人的激励问题，《道德经》中也有相应的论述。“不尚贤，使民不争；不贵难得之货，使民不为盗；不见可欲，使民心不乱。”（第三章）说明不应该以只注重职权和物质激励的方式激励人。“是以圣人处无为之事，行不言之教。万物作焉而不辞。生而不有，为而不恃，功成而弗居。夫唯弗居，是以不去。”(第二章)其意为管理者在管理过程中应率先垂范,谦让、宽厚地对待下属。这也是现代激励的一种艺术。

4. 用道德观念培养员工

关于人才的培养,《道德经》第五十一章指出:“道生之,德畜之,物形之,势成之。是以万物莫不尊道而贵德。”人的培养,应以道来教化,应以德来涵养,此即“尊道贵德”思想。对于现代人力资源管理而言,应以社会道德和组织文化来化育之,达到增强社会和组织的凝聚力、向心力的目的。

5. 以员工幸福为管理根本

老子还提出“贵身”思想。“宠辱若惊,贵大患若身。何谓宠辱若惊?宠为下,得之若惊,失之若惊,是谓宠辱若惊。何谓贵大患若身?吾所以有大患者,为吾有身。及吾无身,吾有何患?故贵以身为天下者,若可寄天下。爱以身为天下者,若可托天下。”(第十三章)治国者要像关爱自己的生命一样关爱民众的生命,管理者应经常换位思考,站在被管理者的角度体味管理。在老子看来,培育人的目的就是使民众过上幸福美满的生活,“甘其食,美其服,安其居,乐其俗”(第八十章)。这与现代社会发展的目标不谋而合。

6. 建立宽松的人才生长环境

老子将领导者与被领导者之间的关系看成是生态关系,此消彼长。“其政闷闷,其民淳淳;其政察察,其民缺缺。”(第五十八章)在现代管理中,如果管理者实施察察之政,苛民扰众,则使民不安、众不服,长此以往,必定使组织处于混乱动荡的境地。

实施“闷闷之政”,虽然暂时没有给管理者带来很大的效益,但它能使民众安抚、组织安定,有利于组织的持续运转。

就管理而言,“闷闷之政”是建立安定宽松环境的有效途径。当领导者过强时,被领导者就变弱;反之亦然。领导者“无为”时,被领导者就可以活跃起来,自化、自正、自富、自朴。

该策略说明,领导者需要将权力下放,由员工参与管理,发挥他们的积极性。可以这样说,权力下放的程度反映民主管理的程度,为员工施展才华、挖掘潜力搭建了平台。

管理者应尽可能优化管理环境,不再把员工视为管理的对象,而是战友和同盟军。“善者，吾善之；不善者，吾亦善之，德善。信者，吾信之；不信者，吾亦信之，德信”(第四十九章)。这种宽松且民主的氛围对员工主体精神的发挥、主体人格的丰富与完善以及工作积极性的激发都有重要作用。

老子的人本思想是以对人性和人的地位的判断为基本前提，通过把握人的本质特征，以激励、教化、培养为基本手段，以社会和人的共同发展为目标。这些思想反映了现代人力资源管理的脉络，体现了现代管理“以人为本”的内涵。

管理案例之十二：德、日企业如何以人为本？

一、德国企业靠什么留住员工的心？

在德国，员工在一家企业服役 20 年以上是很常见的事，甚至有些人终身都不换东家。德国企业究竟有什么秘诀，能够牢牢拴住员工的人心呢？

（一）重视人力资源的优良传统

在德国，很多人进入一家他们认为很棒的好公司之后，很少会中途离开。在宝马工厂，就有很多不足 60 岁的工人，却在宝马干了 40 年左右。随处可见的员工高忠诚度是德企的特色。当然，员工们认为这是因为老板先对他们好，因为任何“忠诚”都是双方的。

（二）让美国人眼红的劳工政策

2015 年，德国政府开始发福利，其中一条就是最低工资定在大约 1.1 万人民币，德国人的薪水和各项福利比美国高出 66%。

德国这辆工业战车对公民的待遇保障着实令人望尘莫及。德国经济被定义成世界上最健全的经济，是不是“最健全”很难说，但德国式福利的确有很多可圈可点之处。

例如，如果德国工人不想两地分居，劳动局可以支付行李搬运费。又如，父母双方双职工又要带孩子，二人可以有一人申请带薪假在家带孩子，薪水为原工资的 65%。若一方无业，则可申请每月 300 欧元的补贴。这份福利叫“父母金”，是很多国家闻所未闻的。

（三）出手阔绰的德国企业

除了德国联邦政府的态度,从企业层面来说,与最低工资相比,大多数德国企业给工人发工资时出手又高得多了。

EM Motive 主席 Alex Humpert 坦言,他们在德国 Hildesheim 工厂一线工人的薪资按小时计,时薪大约在 36 欧元到 40 欧元之间。一周工作时间大约为 40 个小时。这样计算下来,一名熟练技工的月薪约为 6 400 欧元。

德国化工制造企业巴斯夫(BASF)集团人力资源总裁 Wolfgang Hapke 博士解释说:"除了按照市场水平设定工资,巴斯夫承诺应有的福利、个人发展的机会以及舒适的办公环境。在很多国家,员工除了享受养老保障,还有补充医疗保险以及股份项目,也就是投资公司股份享受收益——这都是为了鼓励员工做巴斯夫的'老兵'。"

(四) 独有的员工关怀文化

宝马公司的人力资源制度中,有一个名字叫"人体工程学"。对于如何关怀工人,宝马的厂房一直有口碑。在宝马德国 Dingolfing 工厂,对于一些年龄大的工人更是贴心,从厂房设置到医疗护理,甚至理疗师都有一条龙服务。

例如,特殊的木地板,可以显示更大字体的旋转架显示屏;为防止工人站立过久而随处提供的舒适板凳;为防止员工闪到腰所做的可调整高度的货架;为视力不好的员工加强照明度。在交班的间隙,工人们甚至可以在厂房内休息间里提供的便利床上小憩。

宝马公司有 70%的员工都在德国工作,一直朝着把员工照顾好的方向努力。宝马公司的用人原则和人力资源计划,基本可以与德国的情况相匹配。据宝马的分析数据显示:到 2020 年,德国工人的平均年龄 50 岁以上的比例将从 15%增长到超过 35%。

(五) 舍得对员工的未来进行投资

所谓"投资",不只是薪酬那么简单。给员工不断学习提升的机会,是很多德企的留人秘诀。

进一步培训看起来是鼓励员工"终身学习",可在巴斯夫集团人力资源总裁 Wolfgang Hapke 看来,保障员工有终身学习的机会也是对巴斯夫未来的投资,对员工持续培训是为了未来的人力需求有所保障。

与很多优质德企一样,巴斯夫集团在金融危机时也没有裁员,这是因为他们为了渡过难关采取了很多措施，包括减少超时工作、控制成本、更灵活调动人员。在Ludwigshafen，有600名雇员转做临时职位或者是调动到其他岗位。

"事实证明，在金融危机期间，要避免企业裁员是完全可能的。"Wolfgang Hapke这样说。

二、日本公司的以人为本文化：以丰田为例

日本丰田公司的企业文化之成功可谓被世人所称道。丰田这样阐述自己的管理哲学：事业在于人；上下同心协力；忠实于公司事业；以产业成果报效国家。

丰田有一套开发员工的模式，将日本的民族精神"菊花与剑"融入企业的文化管理中，这种巧妙的思维源于人人皆有爱国情操，因而极容易就博得了员工认同感。

美国人类学家本尼迪克特在她的名作《菊与刀》中这样解释日本人特有的精神："菊花"是日本文化的精髓，是民众追求的精神境界，而"刀"是日本文化的体现，代表了团队追求目标的一致性和勇敢性。武士道精神的核心则是不怕牺牲、高度的责任感、集体认同精神。他分析这种精神源于日本资源贫乏、地震多发的天然的自然条件，所以他们对保持自身竞争力有着异乎寻常的执着与勇敢。

丰田对于文化管理，对于员工禀赋的开发是极其重视的。因此，丰田还有这样一个口号："不要担心员工不够素质，要担心的是管理者习惯对智慧的浪费。"管理者如此重视员工的培养，员工个人能力发挥了，企业的业绩也随之上升。

丰田对于个体的爱护，使每个员工都把产品的质量问题当作团队的魂，由此必然引起顾客满意度的提高，在社会上形成企业形象的认同感，进而满足员工的个人社会成就感。

2009年发生的丰田"召回"事件，恶评如潮，但是并没有根本性摧毁品牌力量，反而是在"所有产品都不可能是十完十美"的假定下，勇于自改，敢于向生命负责的行为，最终会赢得市场高度支持，这就是丰田所追求的社会责任。

正是有这样的企业文化,丰田公司的员工养成为企业无私奉献的习惯。这种自发的对企业的忠诚感,是任何竞争对手不可复制也不可夺走的资源。很多员工为丰田服务终生,无论是否有人监督,当看到不清洁的车都会心甘情愿地擦洗,没有任何标榜,没有虚假的作为,只是这种精神融入每个人的灵魂,形成了集体意识,就具有无形的约束力,员工才有积极性的动力。

员工有把企业当成家的归属感,跳槽对他们不具有任何诱惑力,因为这就是属于他们的空间。

和谐之道

为什么要提倡"和谐"?

1. "和谐"是"道"的特征体现

在《道德经》中直接以"和"表明其"道"者,共有八九次。在老子看来,"和"是"道"在宇宙万物及人事中体现的一种常态。"和"是宇宙万物及人事不断发展的内在趋势,也是宇宙万物、社会历史及人事日新月异的根基。老子认为"道"本身就是"和",而"无为"就是"和"的最好体现,所谓"终日号而不嗄,和之至也。"(第五十五章)就说明了平和无欲的重要作用。因此,老子提出"知和曰常,知常曰明"(第五十五章),就是说"和"是宇宙万物及社会人事的常态。人们认识到了这个规律性的常态,就可以进而明"道"。

老子依据其特有的辩证思维和方法论,认为"和"的根据是"不和",是矛盾演变与发展的必然结果。在第二章中说:"有无相生,难易相成,长短相形,高下相倾,音声相和,前后相随。是以圣人处无为之事,行不言之教。"这里,"有无""难易""长短""高下""音声""前后"都是对立而又统一的关系,因而就出现"生""成""形""倾""和""随"等必然结果。音和声,古人用之是有区别的,简单的发音叫"声","声"的组合成为有节拍的音乐,称之为"音"。

所谓“八音协和”“和而不同”，都是以音乐为例，说明不同事物之间的和谐共存关系。同时，这种相反相成的关系是永恒不变的，是宇宙万物及人事的常态。

老子在第十八章中明确指出：“大道废，有仁义。智慧出，有大伪。六亲不和，有慈孝。国家昏乱，有忠臣。”（第十八章）特别是在第四章提出“挫其锐，解其纷，和其光，同其尘”的警句，这四个“其”字说的都是“道”本身的属性。这就是说，“和”同“无为”均是“道”本身属性的体现。从而也就深刻说明，“道”本身是和谐的，和谐是“道”的基本特征。宇宙万物及社会与人和事，之所以能在杂乱的多种关系中和谐共存，其根本原因在于“德道”。因为“道生之，德畜之，物形之，势成之。是以万物莫不尊道而贵德”（第五十一章），尊崇“道”，“和”就会永存。

老子在第二十五章中又说：“故道大，天大，地大，人亦大。域中有四大，而人居其一焉。人法地，地法天，天法道，道法自然。”这里老子认为，域中有四大，人是天地万物的一部分。人与地、天、道是相互联系的，人要依赖于环境、离不开环境。人以地为法则，地以天为法则，天以道为法则，四者是相互联系、和谐统一的。道则是万物的本质和规律，它是客观的、自然而然的。因此，一切都要统一于自然，服从自然，顺其自然。人、天、地即万物是一个相互联系、和谐统一的整体。如果人为地破坏了这种自然的和谐与统一，破坏了它们之间的平衡，就必然要受到惩罚。老子这里不仅指出人与天、地等环境是统一的和谐整体，更认为“和谐”是“道”的本质特征。

2. “和谐”是组织运转的根本要求

赫伯特·西蒙认为，生命的法则是“均衡”，是保持生命体的内在平衡。维持一个组织的生命，关键是保持“价值和贡献”的均衡，包括：组织向员工提供“价值”，提供地位、权利、资源、信息、机会、名誉和报酬收入；员工为组织做出“贡献”，贡献出绩效、知识、经验、技术、方法、热情、信念、智慧和思想观念。

“价值”来源于组织目标的实现，“贡献”来源于员工目标的实现，来源于员工的利益动机和情感动机的满足。

保持“价值和贡献”的均衡，就能维持组织的存在。后来，人们把这一思想概括为“价值创造、价值评价和价值分配”,并认为这是企业组织中的核心命题。

保持组织均衡的关键是,确立并实现共同的目标,这是不言而喻的。现在的问题是,如何确立和实现组织的共同目标?这是一件很困难的事情。因为我们无法基于“事实”,只能基于“价值”,对有关“企业前途和命运的整体目标”做出选择,而组织中的每个成员有着各自的“价值立场”。

共同的目标需要共同的决策前提,需要共同决策的“价值前提”。换言之,组织成员只能依据共同的“价值前提”,做出共同的目标选择,并愿意为共同目标做出承诺和做出贡献。

离开了共同的价值前提,组织成员无法达成共识,无法真心实意做出承诺为共同目标做出贡献,组织随之失去力量,表现为管理的脆弱。

建立“价值前提”需要时间和过程,需要管理者的介入,需要管理行为的介入。只有经过管理阶层的持续努力,才能逐渐培育出共同决策的“价值前提”,才能使一个组织形成真正的内在力量。后来人们把“价值前提”转变为“核心价值观”和“企业文化”的概念。

德鲁克本质上是一个关注“社会实践问题”的理论家,具有像亚当·斯密揭示“财富本质”那样的思维力。他有能力并有兴趣从纷杂的现象中发现关键命题,形成核心概念,这就是通过揭示“组织和管理”的本质,为现代社会的发展指明方向。

他发现,现代社会的运行是在“组织实体”之间进行的,而不是在“生产者”之间进行的,所谓“组织是社会的一个器官”。现代社会是由各类组织机构组成的,即“机构型社会”。组织机构是由“全体成员”共同构成的,而不是由“各种生产资源要素”构成的;组织就是社会中的“一个社区”,组织成员就是社会公民,即“员工型社会”。他的这一发现已经成为不争的事实。

德鲁克基于这个发现,对巴纳德等人的“组织理论”进行了“社会学”意义上的改造,主张“组织”不仅要服务于人,建立和维护内部的协同关系,“组织”还必须服务于社会,维持一个社会的正常运行。

因此,如同一个组织的“共同目标”不是组织成员个人目标的简单加总一样,社会的共同目标也不是各类组织机构目标的简单加总。

如同一个组织共同目标的确立一样，社会的共同目标的确立，也不是基于事实的，而是基于价值的。

一个组织在确立共同目标的时候，必须合乎社会的正义，满足社会的需求，就像个人服从组织一样。用我们现在的话来说，一个百年企业，往往是一个道义集团，而不是一个单纯的利益集团。

至少每一个组织机构必须回答，要使一个社会得以正常运行，应该做些什么，应该有怎样的表现，应该做出何种贡献？这就是德鲁克所讲的“使命”“社会责任”和“企业的定义”。否则，组织就没有存在下去的价值和理由。

这种来自于社会及相关组织机构的责任，是先于任何一个组织而客观存在的，组织可以对此做出选择，而不可以忽略。

从这个意义上说，代表社会机体存在的工商企业，是先验的，应社会的需要而生；企业组织不能只关心利润，不能把经济绩效理解为利润；利润是企业组织发挥社会功能、履行社会责任之后的一个必然结果。

不能把企业目的定义为“利润最大化”，把公司的性质或概念理解为“生产者”或“经营者”，而应该理解为社会经济和人文活动的组织者，理解为社会组织或社区的管理者。

一个组织能否把社会责任落到实处，转变为组织的行为，发挥组织的社会功能，关键在于把组织中的人或工作者当作组织的一个成员，当作一个职工，而不是劳动力或雇工。

按照一个社会的需要和基本信仰以及道德准则，把组织成员组织起来，使组织成员能够依托各自服务的组织机构，获得社会的身份和地位，履行社会的义务和责任，发挥个人的天赋和才干，提升自身的价值和成就。

只有通过这个过程，一个组织才能为社会的正常运行和人们的生活品质做出贡献，使社会责任落到实处。

以往大规模生产的“组织和管理”实践告诉我们，忽略组织的这个基本性质，忽略工作者的存在以及他们做人的尊严、归属感、成就感、社会身份、社会地位或公民的权利，是企业组织和产业社会内大规模冲突的根本原因。

人与自然的和谐

在老子的思想中,深刻揭示了人与自然的和谐关系。“天地不仁,以万物为刍狗。”(第五章)意思是说,相对于宇宙自然界来说,人只是自然界的一部分,与其他物种一样是平等的,即万物是平等的。“道大,天大,地大,人亦大。域中有四大,而人居其一焉。人法地,地法天,天法道,道法自然。”(第二十五章)意思是:道脱离万物而独立,并超然存在于万物之上,天地要遵循道,人更应与万物和自然界的运行规律保持一致,以道为法,天、地、人是一个相互联系的统一整体。道在表面上是无序的,但实质上却是有序的、和谐的,和谐是道的基本特征。

总的看来,在人与自然的关系上,老子是从天、地、人和谐统一这一有机整体出发,按照他们自己的状况,自然而然地发展,人只能“顺天地万物之自然而为之”,而不能依靠外力去追求事物的发展,破坏自然的规律。否则,就像老子所说:“不知常,妄作凶。”(第十六章)

老子这种顺应自然、回归自然的思想与我们今天所提倡的回归自然有着本质的相同。企业要发展,但不能以破坏自然环境为代价。

老子紧接着在第三十二章指出:“天地相合,以降甘露,民莫之令而自均。始制有名,名亦既有,夫亦将知止,知止可以不殆。”意即天地的阴阳之气相合,就降下甘露,人们不必指使它,就自然均匀。万物一开始就有自己的名称,有了名称,就有一定的限度。知道这个限度,才不会有危险。也就是说,一切事物都有自己的限度,超过限度,就会有危险。

老子在第三十九章中又指出:“其致之也,谓:天无以清,将恐裂;地无以宁,将恐废;神无以灵,将恐歇;谷无以盈,将恐竭;万物无以生,将恐灭。”如果人为地打破万物的自然限度,天就不能保持清明,将崩裂;地不能保持宁静,将不能保持它的生机;神不能保持灵妙,将消失;河谷不能保持充盈,将枯竭;万物不能保持生长,将要灭绝。

老子在这里反复强调的是万物都有自己的本质和规律,即都有自己的度,不能人为地改变和突破,否则就会有危险。

老子关于人与自然和谐统一的管理思想实质上也就是要按照人与自然

的规律进行管理，也是老子以道治国思想的具体体现。

人类社会历史的发展证明老子在2 000多年前的告诫是非常正确的，至今具有重要的价值。

人类社会的经济和科学技术的发展，一方面给人类带来了生产力的巨大发展和丰富的物质生活，同时又破坏了人类赖以存在的生态环境，带来了日益严重的生态危机，带来了人口问题、资源问题、能源问题、污染问题等一系列全球性的人类与环境有关的重大问题。

老子在2 000多年前就提出了人类对待环境的正确原则，不能不证明老子的智慧。

因此，我们今天要学习和借鉴老子关于人类与环境和谐统一的思想，不能过度地索取和利用各种自然资源与能源，更不能破坏环境，而应当保护环境和生态平衡，实行全面、协调、可持续的科学发展战略。否则，将给人类带来巨大的灾难。

人与社会的和谐

老子认为实现人与社会的和谐，首先个人要“见素抱朴，少私寡欲”（第十九章）。社会成员要节制欲望，摒弃私心杂念，要超越于世俗功名之外，时刻谨守自己的纯真本性。

他还提出：“不尚贤，使民不争；不贵难得之货，使民不为盗。”（第三章）老子认为要达到社会公平，既主张对人要公平，也主张对物要公平。只有公平正义的社会才可能是和谐的社会，而和谐的社会就必须维护公平正义。老子所主张的公平正义与我们今天提倡的社会公平是不谋而合的。

社会不和谐有诸多因素，其中一个很重要的方面就是社会不公。在今天的社会发展中，由于社会分配不公平导致的人们道德信念的动摇，使人们常常容易产生对社会的不满和怨恨的心理，导致不和谐现象的发生，甚至引起社会动荡，对社会的稳定造成一定的压力。

因此，在构建和谐社会中，应致力于把维护社会公平放到更加突出的位置，通过各种手段将社会资源分配达到相对的合理和公平，逐渐在人们心目中树立起公平意识，从而使社会秩序达到团结与稳定。社会趋于安定，才能达到人与社会的和谐。

管理者与员工的和谐

老子“以人为本”管理之道的核心原则,就是尊道而贵和。人是“域中四大之一”,为了更好地生存和发展,必须与道、天、地保持“和”的关系。在保持人与人和谐关系的基础上,要同时保持个人的身与心的和谐关系,使之具有良好的平衡状态。

或者说,每个社会成员的身心关系和谐是社会稳定和发展的“主体”,这个“主体”必须建立在每个社会成员自身的身心和谐之上,才能充分发挥出主体的历史作用。

每个社会成员自身的身心和谐与平衡,是人之“本”。但是,要实现这一点,就要真诚地为了这个“本”,满足其需求,包括物质需求、生理需求和精神需求,使其真正意识到自身的价值和尊严。

要营造成管理者与被管理者之间的和谐关系,管理者与被管理者均具有“同意”“同欲”“互利”“合作”“共赢”的心态,从而实现“和为贵”的格局。常言道:“和气生财”“家和万事兴”。

老子劝告世人:“天之道其犹张弓与?高者抑之,下者举之;有余者损之,不足者补之。天之道,损有余而补不足。人之道则不然,损不足以奉有余。孰能有余以奉天下?唯有道者。”(第七十七章)这是说自然规律就像一张弓,高了就向下压一些,低了就把弓抬高一些。自然规律是减少有余的,补给不足的,可社会法则却是减少不足的,奉献给有余的人。谁能够减少有余的,补给不足的人呢?只有有道的管理者才能够做到。老子主张应效法自然、无为而治、追求公平,而不是填补人之欲海与满足人之贪婪。

依据老子的思想,要实现企业和谐,具体实施的基础之一就是公开、公平、公正原则。

任何事情缺乏公开透明度,就会有“暗箱操作”,就难说公平;不公平就谈不上公正,三者相辅相成、和谐依赖、协调发展。

当员工受到不公正待遇时,通常会对组织失去信任和丧失信心,势必会将这种消极的心态带到工作中,以至造成工作倦怠感或工作失误。因此,实行公开公平公正的原则，有利于形成稳定和谐的组织关系，有利于企业长期的发展。

和谐就是包容。要实现管理者与员工的和谐，管理者必须要注重每一位员工的个性。

大多数企业基本上是以制度来规范约束员工的行为，甚至要求员工无条件服从上级的命令。企业就其性质而言，一方面具有经济属性，唯求其利；另一方面具有社会属性，即企业也是由具有不同性格、不同需求、不同地位、不同生活经历和习惯的、活生生的人组合在一起的，社会的混合性、庸俗性、复杂性同时被包容其中，构成了这个复杂的组织环境。可以想象，在这个环境里，追求一个称心如意的状态或达到一个理想的完美境界是不现实的。

美国纽约有一家动物园，因为人手不够，动物园就从社会上招聘了一批饲养员，其中有一位饲养员特别爱干净，对小动物也特别有爱心，他每天都把小动物住的屋子打扫得干干净净。可是事与愿违，那些小动物一点也不领他的情，在干净、舒适的环境里，它们都慢慢变得萎靡不振，有的生病，有的厌食，一个个日渐消瘦。

到底是什么原因呢？这位饲养员很苦恼，就去请教有经验的人。别人告诉他：那些动物都有自己的生活习性，有的喜欢闻到那混浊的骚气，有的看到自己的粪便反而感到很安全。只有尊重它们的生活习性，它们才会健康成长。

这个故事对于企业管理相当有寓意。这个故事说明：有效的管理必须针对组织内个体的需求，包容个体的差异性，并在此基础上灵活应对、多元管理，从而达到一个“和”的团队氛围。

假如像故事中的饲养员那样，无视员工个体的差异，一味追求看似完美的统一，那么这样的组织最终一定会因抹杀了个体的个性而导致解体或僵死。

作为管理者，不要被完美情结所困扰。完美无极限，是无止境地追求目标，一切都得从不完美开始，在不完美中进步。奥林匹克精神是“更快、更高、更强”，如果换成“最快、最高、最强”，也就失去人们为之拼搏奋斗的价值了。

在管理上也是如此,过分追求完美就会陷入狭隘的陷阱,团队将会层出不穷地产生问题。

和谐的管理能够在员工和管理者之间建立良好的合作伙伴关系,它使企业和员工成为一个利益共同体,从而实现企业和员工“双赢”的目的。

管理者与自身的和谐

使被管理者身心和谐,这在《道德经》中也多有论述。例如,在第十三章说道:“宠辱若惊,贵大患若身。何谓宠辱若惊?宠为下,得之若惊,失之若惊,是谓宠辱若惊。何谓贵大患若身?吾所以有大患者,为吾有身。及吾无身,吾有何患?”受宠惊喜而受辱慌恐,这是把灾祸看得像生命一样重要。什么叫作受到宠辱好像受到惊吓呢?因为人们把受宠看得很尊贵,把受辱看得很卑贱,所以得到这些好像受到惊吓,失去这些也大都感到惊恐,这就叫作“宠辱若惊”。为什么会把灾祸看得如同生命一样重要呢?我之所以有灾祸,是因为我有身体,如果我没有身体,我还会有什么灾祸呢?

老子教人认识到荣誉、地位只是身外之物,不值得羡慕,也不值得追求,要有平和的心态,保持淡泊的良好心情。

又如,在第十章中说:“载营魄,抱一,能无离乎?专气致柔,能如婴儿乎?涤除玄览,能无疵乎?”身体和灵魂能够合为一体,做到不相分离吗?专一精神以达到一种柔弱的状态,能够像婴儿一样恬淡吗?清除心灵的疑惑妄见,能够不再执迷吗?老子在教人如何守道、修德的问题时,强调必须专心致志,排除一切幻想和杂念,保持自然无为的平和心态。

特别是在第八十一章中,老子说道:“圣人不积,既以为人,己愈有;既以与人,己愈多。”圣人从不积攒财物,他总是倾尽全力帮助别人,由此,他自己却愈发富有;把一切给予了别人,他自己反而更加充实。

所有这些教诲,对管理者的身心和谐而言都是有积极意义的。

管理案例之十三:阿里巴巴打造职场乌托邦

在以“白娘子传奇”闻名的江南杭城,坐落着两座气质与这座城市极不搭调的楼层，内部员工常调侃为东厂和西厂。这个富有"攻击性"的空间——"淘宝"，迫使全球最有影响力的女人之一——eBay总裁惠特曼放弃角逐中国互联网市场。

与其气质一脉相承的，还有附近华星时代广场和创业大厦的9个楼层——"支付宝"和"阿里巴巴"。它们共有一个小个子领袖——马云，因超凡的个人魅力，被公众供奉于"神"坛。

这是一位以"登上《福布斯》杂志封面"的方式作为商战开场白的奇人，中外媒体对其张扬个性的兴奋报道还留于历史："一个'疯子'！""一个'希特勒'！"但在这个狂人背后的那一个"魔鬼式"团队，却鲜有涉及，它仍是阿里巴巴最为神秘的一个谜。

"多么奇怪！"用一位杭城老媒体人的话说："6年2 190天，这个正迅速扩张的团队仍超乎寻常地保持'亢奋'和'战斗欲'。"然而，身在局中的绝大部分——他们拿着国内同行业中下水平的工资（在杭州处于中等）——却有着职场人士对职责罕见的忠诚、幸福感和向心力。

关于这种神秘能量的来源，坊间多有议论，如一个"中国式狂想"，进一步的解释是"个人崇拜在国内互联网公司中，无出其右，极具宗教感的文化保证了团队的雄起"。对此，阿里巴巴的官方定义——"企业文化"。但据接近该公司的人士透露，在新近结束的集团战略会议上，阿里巴巴已第一次将此魔力作为"制度化"建设提出，"其在阿里巴巴2007年战略的重要性，甚至要高于'速度'、'创新'这些互联网公司耳熟能详的名词。"

一、失败的马云

登上企业荣耀顶峰的马云，与失败一直相伴相随。他这样描述自己失败的经历：

"我失败了很多次。我7年才完成小学，人家都用5年。那时候，每个人都想进好的中学，进大学，我想进重点初中、重点高中，都失败了。考大学我失败了3次。找工作我失败了差不多30次。我记得，当我高中毕业的时候，因为没考上大学，我想在KFC找一份工作，24个人去面试，23个人被录取，我是唯一一个没被聘用的。然后我试着去考警察，5个同学去考试，4个被录取，我又是那个没有被录取的。

当我们开始阿里巴巴创业之路的时候,我去硅谷试着融资,找了30多个投资人,没有一个愿意投给我们。

我觉得很有趣的事情是,我们犯了那么多错误,每一次失败,每一次被别人拒绝,我都把它当作一次训练。今天,对于我来说,如果被人拒绝,我认为这是很正常的事情,你被别人接受,才是不正常的事情。

我开始做生意的时候,是做销售,每天的工作就是给陌生人打电话,出去见客户。每次出门之前我都告诉自己,我要见12个客户,很可能没有一个愿意跟我合作。然后当我回来,确实没有一个成功。我告诉自己说,看,我是对的吧,我就知道没有机会。但是如果我签了一个客户,我就比预期做得好。所以每一次,我们犯的每一个错误,都是一个很好的令你将来成功的基础。"

马云说,是错误使他变得与众不同。每一次失败,每一次被别人拒绝,都把它当作一次训练。

1995年马云带领团队做中国黄页,失败!接着1997年做网上的中国商品交易市场,算是阿里巴巴的雏形,还是失败了!

哪怕经历无数次的失败,又无数次地站起,永远无畏、乐观、奋进的马云最终缔造了中国互联网行业的先行者和领军者——阿里巴巴。

二、高度统一的价值观

阿里巴巴今天的商业帝国,大家看到淘宝、支付宝和天猫等明星产品,其实最有价值的是背后的团队,尤其是马云和他的18个联合创始人,以及他们共同的价值观。

"我也不知道为什么。"这是卫哲——从百安居中国区总裁变身为阿里巴巴集团资深副总裁——的答案。不过,他说首次踏入阿里巴巴,早已觉察到这种古怪魔力。

当时,这个传统零售业的"销售狂人"看到了一群手舞足蹈的互联网销售人员。然而,让他们如此激动的是一部部冰冷的电话,长时间站立只是他们情不自禁的工作方式之一。魔力还蔓延到与阿里巴巴雇员朝夕相处的家属。马云不定时邀请他们到公司"视察",他们中的多数走出大门后,会在这个安静的城市难以入眠,对"枕边人"感慨——"加油干吧,以后就靠你了。"

还有一些更激动人心的画面。据一位淘宝雇员透露，当淘宝交易额冲过目标值时，雇员们将在部门经理带领下愉快“裸”奔，男生脱掉上衣，甚至只剩下一条裤衩。当然，这一业绩并不直接返点到个人薪水上。

所有的人都在提示——这个类似“职场乌托邦”的团队，是马云头脑的一个翻版。有人指出，如果把“职场”视为一个交易系统，那么运行成本必然高昂，因为时下国人的生活充满怀疑主义，还要加上一个获取信任的成本。“阿里人长期处在这样的氛围，直接后果即对内形成高度统一，大家都用这个逻辑对待他人，不适合的人将被‘舆论’自然淘汰，实际上避免了很多单位的‘口是心非’，是管理成本的极大节省。”

其言下的另一个意思，即这个已容纳 4 800 多名员工的团队有着和军事企业一样高度统一的价值观，即马云推崇的“六脉神剑”——“客户第一”“团队合作”“拥抱变化”“诚信”“激情”和“敬业”。而当一个团队对领导者产生图腾崇拜的心理，那么在领导者对敌战略的指导下，它的内在循环所导致的所向披靡，将不止使 eBay 如临梦魇，还会让每个与其迎面撞上的“敌人”感觉棘手。

三、揭秘阿里魔力

然而，阿里巴巴团队魔力的核心来源，是关乎人性的深层秘密。对此，有一位通晓心理学的商界人士做了粗浅尝试：“实际上，阿里巴巴一直在有意无意维护马云的‘神坛’形象，以实现类似崔健《一块红布》中叙述的‘神秘控制’。”

根据美国心理学家利夫顿(Robert Jay Lifton)对“精神控制”的分析，除核心的“神秘控制”外，方式还包括发展一套内部术语用于交流与思考，以强化个体对所倡导价值的使用等。

在这里，每个淘宝雇员都有一个“花名”，它们来自马云酷爱的金庸小说。最近，这个“花名”单正逐渐向中国神话——《西游记》中的角色拓展。

“符号是一种自我定位。”员工们说，当这些“令狐冲”“黄蓉”和“孙悟空”在一起，自然结果就是——把每次平淡的业绩冲刺幻化为热烈的小组竞争。马云判断员工优劣的思维，已在公司广而告之：有业绩没团队合作精神的属于“野狗”，应被坚决清除；老好人但没业绩的属于“小白兔”，会被逐步淘汰；

有业绩也有团队精神的属于“猎犬”,这才是阿里巴巴最需要的。

当然,要保证一个严密的“精神控制”,维持员工的忙碌状态十分重要。这些雇员除要共同冲刺高标准的部门业务指标外,个人还要接受公司安排的各种培训,这些必须修满学分的科目包括“阿里课堂”“阿里夜谈”“阿里夜校”“百年大计”“百年诚信”和“百年阿里”等。

“关于‘精神控制’的说法,当然不是‘蒙蔽’概念。”对此,一位淘宝的新员工以代表阿里巴巴局中人的观点提出了反对意见,他的理解是——“马云通过团队培训和系列潜移默化的训导,让员工在他的价值观和体系面前选择,否则,能力再强,也不能待在阿里巴巴。”

阿里巴巴除有每年10%的淘汰率外,还有一个与众不同的考核制度:50%是业绩考核,另外50%则是以“六脉神剑”为参照的价值观打分;又如这个公司奖罚分明,曾有一位销售冠军因对客户“过度承诺”伤害“诚信”一条,而被驱逐。

阿里巴巴管理层深知高压政策有时候会适得其反,因此,“千万别让员工太郁闷”是其排解员工压力并保证企业高速运转的重要保障,而他们在欢愉中的出色表现,又证明他们对“领导者的健康心态,将对下属产生深远影响”的企业管理熟谙于心。

与流行于其他公司的娱乐方式——组织员工唱“卡拉永远OK”不同,阿里巴巴和各子部门的狂欢频繁发生。以下是其中一幕:马云会打扮成维吾尔族姑娘或江南小城的普通渔夫,而阿里巴巴的首席财务官蔡崇信,这个被业界认为不好说话、极其严肃的人偶然也会穿上女人的丝袜、在众目睽睽下跳起缠绵的钢管舞。

此外,这里的员工还被热情告之,他们拥有一个特别的“安全保障”:个人对公司的“不满”除可以向上司沟通外,还有来自人力资源部门一位负责点对点的“员工关系”职员。

与大部分公司的该部门仅实现收编档案、执行命令不同,阿里巴巴的这个人力资源机构设置类似GE公司,被决策者放到“战略性”的高度。但这样的“善心”不一定得到好报,在另一些人看来,这又是一种“头脑”监管。

“我尝试的结果是更坏,而不是更好。”阿里巴巴某个老雇员的经历,似乎是上述判断的一个佐证。“虽然提倡民主，但实际上，我们的文化之一就是——‘服从’，因为‘上司总是对的’。”

四、能被制度化的“魔力”？

有批评人士指出，对于互联网这样一个以自由为时尚的行业，阿里巴巴的管理方式貌似“污点”。即使这些批评者的意见是对的，公众似乎也离不开这样一个公司。专业鉴定和出版机构——荷兰CRF关于“中国杰出雇主2007”的评选中，阿里巴巴作为中国唯一的互联网企业荣登榜单。

有人说，阿里的雇员每人每年有1 800元的“outing”（游玩）费；有一个连厕所也充满人生哲语的办公室；这里以客户利益至上，“六脉神剑”的各个要素都积极向上；如果工作卖力，销售人员的提成其实不菲，何况这里还“温情脉脉”，如果离开（包括被淘汰）也有重新回来的机会，因为每个人的编号都被无限期保留。

阿里巴巴决定将此魔力作为“制度化”建设提出，使其成为一个诉诸文字的“基本法”。“如果这个集体还在，我会愿意留下。”这是一名员工的回答。这或许是阿里巴巴需要“基本法”的另一个原因，因为目前的团队建设看起来很美，要做“一百年企业”的马云似乎相信它会世代相传。

但是，这种管理方式是否真能长久？又有多少员工是为了现实的经济利益——公司期权而留下？

五、分享才能共赢

马云一直秉承“只有分享，才能共赢”这一用人理念。作为成功的企业家，马云一直认为，在成熟的企业里，员工们不仅需要精神上的鼓励，更需要物质上的支持。马云曾说：“一个人捡了块大黄金，你把它藏在家里，所有人都惦记你那块黄金，这是不安全的。如果你把这块黄金打碎了送给大家，每个人一块，你自己可以稍微留得大一点，你就没问题，大家都愿意来帮你。企业家就应该有这样的格局才能做大。”正是基于此，马云始终相信“财散人聚，财聚人散”这一理论。

早在创业时，马云就将阿里巴巴的股份拿出来分散给创业团队的每个成员，后来随着公司逐渐做大做强，获得阿里巴巴股份的人越来越多。在阿里巴巴，创始人有股权，老员工有股权，空降的高管有股权……2007年，阿里巴巴在香港举行的全球路演上公布了招股说明书初稿,显示目前阿里巴巴持股的4 900名员工包括董事在内,共持有合计4.435亿股股份,平均每名员工持股9.05万股,以阿里巴巴的认购情况,市值可突破百亿美金,因而将产生近千个百万富翁。而与此对应的是,马云个人持股比例还不到5%,这出乎很多人的预料,也让更多人更加敬佩马云。

毫无疑问,不靠控股来管理公司,让员工们"利益均沾",持有股份,才能使员工感到自己成了企业真正的主人,从而对企业产生归属感,因为从被动地"为人打工"转变为"为自己打工",员工也会更加热情地工作,从而使企业获得源源不断的生命力。

可以说,马云着力打造的"职场乌托邦"是独具魅力的,无数次的失败造就了马云宽广的胸怀,在他的领导和感召下,公司上下形成了利益共同体、共同的理想追求、浪漫的情怀、快乐的氛围与投入地工作和谐地交织在一起的独特工作模式,成为互联网界的一道靓丽风景线。

以屈求伸、以退为进

老子说:"曲则全,枉则直。"(第二十二章)这就告诉我们,能忍受委屈,吃了亏还抱定真理的人,最后必有圆满的一天,必有理直的一天。

"曲则全,枉则直",在自然界中还可找到很多生动的例子。比如,大风吹来,小草顺风而倒,这是"曲",但强风过后,它又挺立起来,安然无恙,这又是"全";大浪袭来,船只被迫上浮下沉,这是"曲",如果不这样,船只必定倾覆,无"全"可言。

从做人的角度看,现实中,我们很容易就可以看到,很多人看到近处而没有看到远处,只知不曲而求全,不枉而求直,结果却以小害大,以末丧本。在老子看来,不曲而求全,会害其全;不枉而求直,反失其直。因此,圣人总是以曲自养,不居功,不伐善,不好高,不自大。对别人,不靠圣心来彰显;对自己,不起自私的念头。

在竞争策略中一般以“攻”为主，而老子主张以“退”为策略来获得最后的胜利。“用兵有言：吾不敢为主，而为客，不敢进寸，而退尺。”（第六十九章）这里的“主”是指先发进攻，“客”是指后发应战或防御。防御也不是固守阵地同占优势之敌死打硬拼，而是可在强敌进攻下首先撤退，以避免在不利形势下同强敌决战。

老子以“退尺”为喻，说明退却可以大踏步后退，以便远远甩开敌军。当然，退的目的是等待敌军实力减弱后转入反攻。来势越猛，动作越大，衰竭就越快。我方保存和储存实力，而敌人疲敝、衰竭，这就逐渐改变了双方力量的对比，使反攻胜敌有了可能。中国古代兵法书所说的“避其锐气，击其惰归”，指的就是这种情况。等待敌军暴露出弱点，然后“动善时”，转入反攻。当敌军最初集中强大力量进攻时，它的弱点不容易发现，也不容易加以打击；但在敌进我退、敌久不得手而躁急求战的情况下，弱点就容易暴露出来。

现代商战中，进取与退避是相互交替和相互转化的，只退不进自然不会成功；同样，只进不退也绝非智者所为。进取和退避是矛盾的统一。有时，即便是我强敌弱，或势均力敌的时候，全军退却以避开他敌，以求更进，待机破敌。

“后其身而身先”（第七章），“不敢为天下先，故能成器长”（第六十七章）。其中，主与客、进与退、先与后、不与成，均构成争战中的辩证统一关系，且共同说明了以退为进、后敌而动、后发制人的战略思想。

在全球经济一体化的大背景下，竞争日趋激烈，许多管理者心急火燎、浮躁妄图，经受不住诱惑，于是就急功近利，只知道强“伸”、强“进”，甚至把不断开拓、进取、拼搏、争斗当成至上的法宝来看待，一味进取，不知退让，忽略了“屈”和“退”的作用，完全忘记了凡天地万物中伸则易断、刚则易折、强则易败、“欲速则不达”的大道。

他们在时机尚未成熟之际，在不了解具体情况之前，不顾个人能力所及之时，不察环境趋势，盲目妄进，贪大求全，结果却吃了大亏。

“将欲歙之，必固张之；将欲弱之，必固强之；将欲废之，必固兴之；将欲夺之，必固与之。是谓微明。”（第三十六章）想要收敛它，必先扩张它；想要削弱它,必先加强它;想要废止它,必先抬举它;想要夺取它,必先给予它。事物在发展过程中,都有一定的规律,物极必反,都会走到某一个极限,此时它必须向相反的方向变化。以上所讲的"歙、张、弱、强、废、兴"这几对矛盾的对立统一体中,老子宁可居于柔弱的一面,反映在经营策略上就是一种以屈求伸、以退为进的经营策略。

先予后取,后发制人。作为经营管理者,这是一条颇有价值的谋略。俗话说:"商争犹如战争,市场犹如战场",在市场经济的争夺战中,"将欲夺之,必固与之"实乃企业管理争胜之术,强调退两步为一跃进三步,深屏气是为爆发时的内聚力。让别人有"取",自己才有可能"取之"。

同样,牺牲局部,也是一种舍弃,有舍方能得。管理者要有拿得起、放得下的经营作风,这就是老子"将欲夺之,必固与之"的真正意义之所在。

在具体的经营过程中,"将欲夺之,必固与之",其实就是一种"我赢,你也赢"、丢车保帅、先予后取的经营之道。让对方(竞争者、合作者、顾客以及自己的员工)成为赢家,而不是只想着利益独占。

此种谋略在一定程度上是一种双赢和多赢的经营规则,遵循"将欲夺之,必固与之"的规则,实际上就是要树立这样的观念:应向市场要效益,而不是向合作者。

以正治国,以奇用兵

老子说:"以正治国,以奇用兵,以无事取天下。"(第五十七章)用正义和清静之道治理国家,用变化的方法和不同的谋略领兵作战,用无事来治理天下。尊道是成大事的根本,奇谋只是辅助性的手段。

老子认为政治的好坏,常系于统治者的初心和做法。统治者若真诚朴质,才能导出良好的政风,有良好的政风,社会才能趋于安宁;如果统治者机巧狡诈,就会产生败坏的政风。政风败坏,人们就互相伪诈,彼此贼害,而社会将无宁日。

基于这个观点,所以老子期望统治者导民以"愚"。老子生当乱世,感于世乱的根源莫过于大家攻心斗智，竞相伪饰，因此，呼吁人们扬弃世俗价值的纷争，返璞归真。

老子针对时弊，作出这种愤世矫枉的言论。其实，老子就是希望人们保持质朴、淳厚的人性，不要钩心斗角。老子所讲的“愚”，也是质朴、淳厚人性的代名词，即追求治国之“正”。

从管理的观点来看，老子确实具有政治大智慧。什么是“正”呢？老子在《道德经》中说：“清静为天下正。”（第四十五章）按照老子的说法，“正”是驾驭管理的方法。一个领导者的理念和管理方式“正”，才能达到管理形势、管理局面的“清静”。

如果领导者不“正”，他的思想、思维不可能达到“清静”的境界，对事物的判断和对管理规律的把握、运用就会出现偏差。在这种情况下，领导方式也必然扭曲，管理的局面也很难达到“清静”的状态。

当然，老子所说的“清静”并不是无所作为的“清静”，而是更高境界的智慧，即能清、能静，则为天下“长”，就可以当天下的领导。这也是理解“清静”的最好的路径。

老子对“以正治国”要求是很严的，他反复强调：“合抱之木，生于毫末；九层之台，起于累土；千里之行，始于足下。”（第六十四章）所谓“以奇用兵”，就是要以特殊的、变化的方法指导战争，反对和敌人硬拼。这些方法无论是在现代军事管理，还是经济管理、政治管理、文化管理中都值得借鉴和利用。

那么，我们怎样理解老子的“奇”在管理中的作用呢？

“奇”就是管理中的变化，管理没有固定不变的模式。人的思想在变，管理的外部环境在变，管理的方式也要因时、因地进行变化和调整，以适应管理“正”的方向，否则，没有“奇”的变化，就不会有管理“正”的实现。

《易经》是哲学中的哲学，智慧中的智慧。《易经》中说：“易穷则变，变则通，通则久。”而“变则通”的思想则是领导者智慧的源泉。在古人看来，“易”有三层含义：一是简易；二是不易；三是变易。简易是“大道”；不易是规律；变易就是管理的创新，就是老子所说的“奇”。实际上，领导者的管理就是“易”的管理。

中国古人把自己信奉的规则或规范称作“经”，把具体环境中的变通称作“权”,从而把“经”与“权”统一理解为有效思维必须遵守的原则。明朝的章婴所著《诸葛孔明异传》中说:“机道有三焉:一曰事,二曰势,三曰情。事机作而不能应,非智也;势机动而不能图,非贤也;情机发而不能行,非勇也。”这就是强调权变之术,也就是老子所说的“奇”。

解放前,烟台啤酒厂在上海各大报纸上刊登了一则启事:某日,“新世界”按正常门票价格出售门票,持门票进入“新世界”后,由烟台啤酒厂赠给洗脸毛巾一条(上有“烟台啤酒厂赠”字样),游人可免费喝啤酒,喝酒多者,按前三名顺序分别予以厚奖。消息发出,上海“新世界”门前万头攒动,致使南京路上人山人海,交通堵塞。这一天,48 瓶一箱的啤酒被喝掉了 500 箱。上海市的各家报纸绘声绘色地报道了这次啤酒比赛的盛况以及获奖者的得意之态,整个上海为之轰动。烟台啤酒厂虽然在这次活动中花了不少钱,表面上看是吃了亏,但它因此而占据了上海啤酒市场,捞了个大便宜。

但是,“权”的变化离不开“经”,“奇”的运用不能离开“正”。这就需要管理者具备较强的思想力,不断提高自身的战略思维、创新思维和辩证思维能力。

老子所说的“奇”就是领导者思想力的表现。思想是一个领导者应具有的能力,一个思想者就是一个具有科学思维的强者。管理的效能如何取决于思想和由这一思想衍生出的无尽的智慧与创造力,这就决定了思想作为灵魂支撑管理的整个过程。布莱士·帕斯卡(Blaise Pascal)是法国著名的数学家、物理学家、哲学家和散文家,他曾经说过:“人的全部尊严就在于思想。”

思想力是其他能力的基础,思想的格局有多大,领导者的行为能力就有多强。一个人的行为都是在思维宽度的范围内进行的,而一个人的行为效能又是由思想的高度决定的。领导者管理的最大黑洞就是没有思想的执行力。

老子主张政治用正,战事用奇。那么,治国之道也要正奇结合,把握时势,顺其自然,因人、因地、因时制宜。该用正则用正,该用奇则用奇。在正奇运用的变化中,关键是认识与尊重自然法则和大道运行的规则,也就是顺势而动、顺势而为,不能仅凭个人感情和个人意志。如果妄为行事,一味追求“奇”,就会脱离管理的大道。这就是老子“权变”的管理思想。

管理案例之十四：油气经营中的空手道

在委内瑞拉的石油和航运业中有一位知名度甚高的企业家，名叫拉菲尔·杜德拉。他原是一个玻璃制造业的小业主，但经过约20年的时间，就成为一名拥有10多亿美元以上资产的大富豪。他登上大富豪宝座的第一桶金玩的是“空手道”，至今仍被人们津津乐道。

20世纪90年代中期，杜德拉由一次偶然的机会获悉阿根廷打算从国际市场上采购价值2 000万美元的丁烷气。可是，他当时的资金少得可怜，要揽下这笔生意，无异于“蛇吞象”。但该生意的高额利润的诱惑力实在太大了，他决定先往阿根廷去考察个究竟，看看此信息是否确切。他到那里一打听，果然真有此事。于是他盘算如何“吃”下这笔生意。经多方面调查，他发现这宗生意已有两家非常强大的竞争者：一是英国石油公司，一是壳牌石油公司。这两家公司财大气粗，并有丰富的石油经营经验。他想，如果从正面与它们较量，简直是以卵击石。他便决定采用侧面进攻、巧借他力的战术参与这场2 000万美元买卖的竞争战。

通过对阿根廷市场的再次深入调查研究，他发现这里的牛肉过剩，急于寻找销路。他经过反复思考后，就与阿根廷政府有关部门的官员打交道，提出：“我可以向你们订购2 000万美元的牛肉，但希望你们向我购买2 000万美元的丁烷气。”阿根廷政府觉得杜德拉能解本国牛肉滞销的燃眉问题，又可提供其所需的丁烷气，一举两得，条件优于其他竞争者，便决定把采购丁烷气的投标机会给了他。

杜德拉在对各方进行调查研究和做推销工作时，发现西班牙有一家大船厂制造能力很强，但却缺少订单，工厂处于半停产状态，这引起了西班牙政府的高度关注。杜德拉认为这个信息又是一次很好的机遇，便前往该国，向有关政府部门展开公关工作，他表示：“假如你们跟我买2 000万美元的牛肉，我便向你们的船厂订制一艘价值2 000万美元的超级油轮。”这一条件对于西班牙政府来说是求之不得的，因为平时它也要进口牛肉，于是便立即同意，并通过西班牙驻阿根廷大使与阿根廷政府联络，告诉阿根廷将杜德拉所订购的2 000万美元的牛肉直接运往西班牙。

事实上,杜德拉在向西班牙推销牛肉的同时,已到处物色购船的客户。最后他找到美国的太阳石油公司洽谈。他对这家公司的老板说:“如果你们肯出 2 000 万美元来租用我的一艘超级油轮,我就向你们购买 2 000 万美元的丁烷气。”太阳石油公司想,反正自己也要租用油轮,现在他能买自己的产品,这条件是有利的,所以也欣然接受了。

这样,这宗一环扣一环的买卖终于实现了,杜德拉所做成的生意不是2 000万美元,而是 6 000 万美元。这是杜德拉旗开得胜的战绩。从此以后,他继续运用“空手道”经营术,连连取得成功,很快便加人世界巨富的行列。杜德拉在这样巨额的交易中,分文资本不出,却从中获取了数百万美元的利润,他的成功,在商业史上都是罕见的。

服务社会、顾客至上

“将欲夺之,必固与之。”(第三十六章)意思是所有的企业经营必须得先让顾客获益,然后顾客才愿意购买你的产品,要让顾客先了解企业产品的价值。

所有成功企业的本源都来自于先给予顾客价值,即“利他”。利他才是企业经营的核心与关键。当然,你也可以把它当作一种谋略、一种技巧、一种策略,但是深层次的核心是利他哲学,所以高明的企业管理,企业家必须得懂得无私才能成其私。

管理者要效法“水善利万物而不争”的“利他”精神。水之所以为万物所需要,就是因为水能够给万物带去它们所必需的利益。

企业要具备水之德,就应当在立业时,将战略定位定在人们最迫切、最不可缺的利益需求上。

正如松下电器公司的经验所指出的那样:“如果内在的宗旨全部从经营者的私利出发,最终是领导不好员工的,所以,企业内在的宗旨要考虑社会的利益、员工的利益。否则,完全由经营者独吞利益,员工工作的积极性就会丧失，公司的利益也就得不到提高，经营者也终究不会获取利益。”

所以说，“利他”才能“自利”。一个企业只有从社会的角度出发，想大众之所想，急大众之所急，利大众之所需，才能够生生不息。

“顾客是企业的上帝”“顾客是企业的衣食父母”“顾客是企业的最终裁判者”，一句句感人肺腑的话语，无疑道出了企业“利他”而“自利”的根本。

面对消费者，企业家则是“不敢为天下先”（第六十七章），他们先要弄清消费者的心理动向，顺势而为，满足消费者的内在和外在需求，提供完善、周到、细致的售后服务，企业才能获得效益。

企业家个性再强，也不能拿枪顶着别人的脑袋让他买自己的东西。让客户满意，让客户开心，让客户自愿掏钱，凡有点长远打算的企业家这些话不会天天说，但得天天做，企业家无不在这上面下功夫。

长虹公司总裁倪润峰讲过一句名言：“得人心者得市场。”市场是无情的，更是公正的。在无形的市场面前，任何企业家都不能随心所欲，必须顺民心而为，进行广泛的市场调研，真正了解顾客所喜欢的、所关心的、所认可的、所讨厌的，依据顾客的心理和愿望，生产优良的产品，一切为顾客利益考虑，才能赢得顾客的心，最终赢得市场。

管理案例之十五：超市发不凑热闹，做满足顾客需求的“升级”才是我们的正事儿

在充满喧嚣、焦虑、急于求变的零售行业里，北京超市发集团董事长李燕川是一位理性的清醒者。

他冷静地认为，在新零售时代，也许更重要的恰恰是怎么保持不变。但这并不意味着他拒绝接受新技术、新做法，相反，面对新技术，他该引进引进，该投用投用。比如，在超市发蓝润店，人脸识别、自助收银设备、电子海报已经露面。面对新做法，只要有利于他的“有温度零售事业”，他“拿来”得毫不犹豫，比如在最近一批老店改造中，他就要借鉴和学习福建冠超市的店装设计水准了。

李燕川清醒地知道该改变的是什么，该坚守的又是什么。他不跟风，不

急躁,他认为线上的事就不是传统实体零售该做的事情,于是与京东、美团合作,让擅长做的人去做,而他该做的,就是把服务和商品做得更有“温度”。他说,满足社区顾客需求的“升级”才是真正该做的事。面对采访,他从容淡定、侃侃而谈。

一、40～60岁十一日三餐

李燕川说:很多人提出新零售、数字零售、跨界零售、无界零售等概念,但实实在在做零售的并不多。90%的零售企业天天在观察别人做了什么,却没有审视自己。我们自己要做什么、不做什么,这才是我们最应该考虑的。

很多人把目光瞄准90后,我想问的是:90后是超市的主力客群吗?90后宅在家里,消费在线上,根本就不去超市。我的女儿今年23岁,她基本上不在超市里买东西,他们这一代的生活方式已经发生了很大的变化。实际上,实体超市的顾客群,仍然以中年女性为主,而这部分消费者需要有品质的环境、商品、服务。社区超市的顾客群,仍然有相当比例的中老年顾客(40～60岁),需要的就是一日三餐。

城市格局在变化,空间在重组,顾客的需求如何满足?超市发做的是社区业态,只想把服务和商品做得更有“温度”,只想为了满足社区顾客的需求而“升级”。

我们的“温度”体现在3个方面:商品统一、价格统一、颜色统一,体现在实实在在的商品和服务中。一方面,商品品质过硬;另一方面,尽可能便利。

二、9个要坚守的原则

李燕川告诉记者:从20世纪80年代起,超市发就建立了自己的化验室。我们相信商品品质过硬才是数十年如一日的硬道理,我们不是只做报告,而是确确实实解决问题。在这个过程中,我们确立了9个坚守原则:

(1) 13年开发了全国115个蔬果直采基地,自营蔬果直采比例超过85%;

(2) 店内配置肉菜查询机可追溯产地;

(3) 每天公示10种民生菜,价格低于北京市场监测平均价的20%～40%;

(4) 自有化验室15年来每周抽检40～50个单品，店内公示检测结果，不合格的蔬菜宁可停售也坚决不上。

(5) 销售质量等级最高的特级精选猪肉，不为价格牺牲质量；

(6) 即使别人家店里的肉卖相水汪汪，价格低到辣眼睛，我们也不动摇；

(7) 坚持只销售清真品牌牛肉；

(8) 坚持销售产地采购加工的内蒙古锡林郭勒羊肉；

(9) 坚持销售有二维码身份证的鸭绿江活鱼，坚持每周抽检化验水产品硝基呋喃和孔雀石绿含量。

三、5个规定动作

(1) 现场自制。

我们坚持用家的味道做"回头客"美食。我们的餐饮和别人不一样，超市的餐饮是快餐，在超市里买东西吃，10～20分钟就可以解决问题。我们还会在超市里做一些简餐，比如炒饼、炒面等，3～5分钟出锅。

(2) 组合便利。

我们致力于让顾客每餐饭吃得更方便。围绕应季食材搭配的各种组合陈列、食材搭配等，给顾客提供选择，让顾客温暖一笑。

(3) 温暖营销。

我们推出24节气养生，线上每日一菜。比如，惊蛰节气要吃梨，超市发就会熬梨汤、梨水给顾客喝。再比如，今年3月初，超市发发起了春菜节活动。春天来了，我们要吃什么样的东西？我们在春菜节推出10多种菜，包括香椿、蛋花、榆钱儿，很多顾客发现原来这些菜也可以吃。这就是节气营销。

我们在每天下午5点，发起一个"今天吃什么"的线上每日一菜活动，会告诉顾客这个菜怎么做。现场还有人做示范，顾客简单看完就可以回家操作，非常方便。此外，我们会定期与顾客互动，比如包饺子活动，谁包得好就可以把饺子拿回家。

(4) 温暖环境。

温暖环境包括商品陈列、色彩搭配、消费者对设备的满意度，等等。

(5) 温暖服务。

我们有一批义工,他们会帮助老人把菜品送回家、陪老人聊天等。比如海淀区的老人,他们的子女大部分在海外,生活上比较孤单。我们就会在过年过节帮助老人贴春联等,顾客与我们的关系都非常亲密。

四、8+N的服务链条

随着社区的不断变化升级,我们发现了如下问题:市场拆解,百姓日常居家生活的服务刚需难以满足;SHOPPING MALL还在热闹引入餐饮和儿童项目,但只要带娃去,就是一天的成本;偌大的北京,商业遍地,书香难觅,一颗想静静读书的心无处安放;顾客消费年龄分段越来越模糊,便利店也有老年客群……

为了解决这些问题,2017年超市发开出4家社区商业e中心。社区商业e中心是以8+N项服务功能为依托,融合新型科技手段和创新服务模式,为社区居民提供更加便捷、完善、优质、现代的一站式便民商业服务的社区商业综合体,满足社区百姓在高频生鲜食材刚需和低频居家服务刚需两方面的日常生活需求。

"8+N"指的就是菜篮子、早餐、超市(包括便利店)、家政、洗染、美容美发、代收代缴、末端物流8项基础性服务功能和N项企业自选服务业态。

社区商业e中心中的"e"是指利用"互联网+"技术,线上与线下相结合,丰富服务形式,如引入自助服务等;"e"指的是电子化、轻松服务和便捷交易。包括:

营销宣传电子化:微信公众号——超市发生活(每日一菜)、查询e中心服务及预约、微信海报、电子广告屏(全面取代纸质DM);

店面运营电子化:Wi-Fi覆盖、二维码肉菜可追溯体系、人脸识别自助存包柜、自助手机充电、自助打印、自助洗衣、电子价签、电子会员;

购物结算电子化:全部款台支持移动端结算;

送货到家电子化:与京东到家、美团外卖、百度外卖、饿了么等电商平台签约合作,线上下单、线下取货、半小时送达。

目前,超市发也在做顾客人脸识别方面的探索。顾客进入门店后,我们可以自动识别他是什么样的顾客,有哪些习惯,他来店里的次数,他在哪里停留时间长，他需要什么样的东西，等等。

我们希望尝试一种商品＋服务的生活刚需解决方案：高频生鲜＋低频刚需服务＋24小时便利三餐＋免费社区儿童乐园，未来也许还有：免费阅读休息区＋社区活动空间……

今年我们还开设了24小时书吧。首先，我们要尝试一种都市年轻人的文化空间：24小时便利店＋鲜花＋茶咖＋24小时免费开放阅读区；其次，打造一个免费舒适的阅读空间，一个不被打扰的不眠角落，当然，还有24小时咖啡和茶餐的温暖陪伴。我们希望在未来渗入：周末儿童诗朗诵＋免费教做手工艺品＋青年沙龙……

此外，我们还尝试做一个人的三餐饭＋一家人的三餐饭的组合生意，围绕一顿饭，选择食材下厨还是选择便餐不开火，都由顾客说了算。社区顾客的生活刚需，就是我们用心去满足的方向。

我们会做好顾客身边的服务组合，从商品角度满足顾客三餐的需要，做顾客的菜篮子、米袋子、肉案子；从服务内容上，做顾客的床头柜、更衣室、洗衣房……所有变化组合的尝试，都是在挖掘每一家店的商圈顾客需求。

五、未来6种角色

未来我们超市发还会承担6种角色：

(1) 满足健康、有机、可追溯、品质升级趋势的供应商渠道；

(2) 规范化运营的便民服务提供者；

(3) 符合健康趋势并规范运营的合作伙伴；

(4) 有人文关怀、有文化传承、有文艺理念、有共识的伙伴；

(5) 品质、健康、时尚的品牌同盟；

(6) 帮助提升顾客体验的技术解决方案提供者。

“这是一个围绕顾客需求重组重生的时代，我们愿意与大家携手合作、资源共享、定位需求、定义业态，心有顾客，前有未来。”李燕川说。

有接地气的李燕川，才有了有烟火气的超市发。超市发经营的不只是生意，更是民生。

积少成多、见微知著

老子说:“合抱之木,生于毫末;九层之台,起于累土;千里之行,始于足下。”(第六十四章)毫末成大树、累土成九层之台、足下之步成千里之行的质变,是由量的积累所引起的,“生于”“起于”“始于”,指的就是这个意思,反映了事物由量变到质变的过程。

老子在指出事物由量变到质变这一客观规律的同时,又运用这一规律所体现的辩证发展的道理告诫人们:要完成一件大事、难事时,要从“易”“细”入手。

老子说:“图难于其易,为大于其细。天下难事必作于易,天下大事必作于细。”(第六十三章)所谓的困难问题,在开始的时候并非是困难的;所谓的重大问题,在其初期,也不是一开始就是重大的。因此,对于困难问题的处理,要在它尚处于容易解决的时候入手,不要等到问题成堆、难以解决的时候才动手去解决;重大的问题,要在它尚处于细微的时候就开始入手,不要等到问题由小变大后再去解决。

企业发展要防微杜渐,积小胜为大胜。事物由量变到质变的规律,证明了对立着的双方相互转化的关系。开拓事业最重要的是开始做,从自我做起,从现在做起,从小做起。成功在于不断的积累。强大的企业、巨大的成就,都是从小规模的企业、微小的成功发展而来。“生于毫末”“起于累土”“始于足下”,要求我们具有务实精神。

管理决策的实施要靠务实精神,通过扎扎实实的工作来推动。否则,再好的决策也只能是摆设。决而不行,决而不果,决策的预期效果就会落空。从这个意义上讲,务实精神,即“起于累土”“始于足下”的精神,是正确的决策能否取得预期成效的关键所在。

管理工作的成功不是一朝一夕就能形成的,也不是有了一个规划、设想就能成为现实。那种“光说不练”的工作态度除能一时哗众取宠外,难以推动管理工作的真正进展,也绝不会有真正的成效。

在“道”的运动中，老子发现一条辩证法则，即事物具有“其安易持，其未兆易谋；其脆易泮，其微易散”（第六十四章）的特征。

从现代系统理论角度看，一些渐进的量变因素，特别是那些处于系统反馈盲区之中的细小的量的积累，往往造成最难以避免的突变。

对于这种渐进的演变，如果执意于原先的稳态，人为地加以抗拒，就会导致系统势能的蓄积，把系统推向高势位，使突变前景更不确定，从而增加局面失控的危险。

基于此，老子告诉人们做任何事情从一开始就要注意防微杜渐、居安思危，做到“为之于未有，治之于未乱”（第六十四章）。

不仅如此，还应自始至终保持小心谨慎的态度，他注意到，在做事时更多的人往往开始还比较谨慎，没过多久就松懈了；有些人对大事、难事比较谨慎，对小事、易事则疏忽，结果往往小事变大，小祸酿成大祸。因而，老子告诫人们：“慎终如始，则无败事。”（第六十四章）

在管理过程中，要注意解决“其易”“其细”。管理中的问题都有一个萌芽、发展的过程。当问题未发生时，或刚出现萌芽时，加以预防或整治，是比较容易的，也是比较容易收到成效的。只有把隐患消灭在萌芽之中，才能避免事物向相反方向的转化。

作为管理者，应该时刻保持清醒的头脑，看到已经出现和可能出现的危机、冲突、衰乱的潜在威胁，且将此类潜在危机及时加以解决，以巩固和发展既有的大好形势。只有这样，才能真正做到长兴不衰、久治不乱。这也就是“防患于未然”“防微杜渐”的道理。

“见小曰明，守柔曰强。”（第五十二章）当泰山闯入眼帘而慨叹其巍峨壮观的只是表明他不是一个盲人，能看清细小之物的才是明眼人；普通人往往是只看见“冬瓜”而无视“芝麻”，殊不知有时“芝麻”的价值远大于冬瓜；常人总是“以大为美”，追求“高、大、全”，实际上大的拥有大的价值，小的就有小的价值；常人总是认为大的力量就大，殊不知小的东西力量更大，看不见摸不着的粒子、微生物更具致命的穿透力。

在军事上，那些激光、电磁、电子比大刀、长矛更具杀伤力；在医学上，微小的只有在高倍显微镜下才能看到的病菌危害更大。那些微小到无形的东西比有形的东西更重要,空气是无色无味无形的,好像根本不存在,但人人须臾离不开它。高大雄壮的,人人可以认识;涉小细微的,罕有人明了。有形有体的,人人都能触摸;无形恍惚的,很少人能掌握。因此,高明的人不是能“见大”而是能“见小”。

当比尔·盖茨还是美国哈佛商学院的一个学生时,他在同学的家里,第一次见到了电子计算机。凭着一种直觉,他料定在不远的将来,计算机将普及到千家万户,计算机软件的开发将是一种极有前途的行业。于是,他很快退出了世界一流大学,建立了属于他的“帝国”微软。能够考上哈佛,在美国是无数人梦寐以求的目标。比尔·盖茨运用直觉判断,果断退学,为自己赢得宝贵的创业机会,并且一蹴而就。这种判断体现了当代成功人士的鲜明特征:敢于否定,也敢于肯定,当断则断。

1982年墨西哥艾尔·基琼火山爆发,造成全球降温,出现了全球性的粮食减产,使得粮价暴涨了60%。兰德公司从墨西哥火山喷发的信息中,敏锐地做出“由于大量火山灰升空,必然导致气候异常,会使粮食减产”的判断。尤其是前苏联这样的高纬度国家,这样就需要更大规模地进口粮食。兰德公司提请美国政府做出减少谷物生产的决策,结果在全球谷价一路上扬中,向他的对手同时又是谷物输入大国的前苏联,狠敲了一笔,进一步抽空了前苏联外汇。

“天下难事必作于易,天下大事必作于细。是以圣人终不为大,故能成其大。夫轻诺必寡信,多易必多难。是以圣人犹难之,故终无难矣。”(第六十三章)天下难事,必作于易;天下大事,必作于细。天下的难事,必定从容易而来;天下的大事,必定从细微而生。

管理者要重视细节,见微知著,许多事成于细节,也败于细节。

殷纣王即位不久,命工匠为他琢一双象牙筷。身为太师的箕子一听说象牙筷,就吓得脸色发青,直打哆嗦。下朝后有人问他,他说:“象牙筷肯定不能配瓦器,而要配犀牛角雕的碗、白玉琢的杯子。有了玉杯,肯定不能盛野菜粗粮，而要盛山珍海味才相配。吃了山珍海味就不愿再穿粗葛短衣，也不愿再住茅屋陋室，而要穿锦绣的衣服，乘华丽的车马，住广厦大殿。这样下去，我们国境内的物品将无法满足他的欲望，就要到境外各国去搜求奇珍异宝。从象牙筷子开端，我预测到了日后发展的结果，我不禁为他担心。”

事态的发展不出箕子所料，纣王的贪欲果然越来越大。纣王命人抓了上千万的劳工，修建占地三里的鹿台和白玉为门的琼室，并从各处搜求奇珍异宝、奇禽怪兽充塞其中。同时以酒为池、悬肉为林，让男女赤身裸体嬉逐其中，再由一帮侍臣、后宫佳丽陪着自己，通宵畅饮。

忠臣比干数次劝谏，纣王恼怒之下，把他的心肝剜出，说：“比干自以为圣人，听说圣人的心有七窍，我倒要看看比干的心究竟怎样！”

箕子复谏无效，就装疯扮傻起来，披散头发，胡言乱语，被纣王关在囚牢里，自行其假痴不癫之计。终于，百姓怨而诸侯叛，纣王遂亡其国，自身“赴火而死”。新朝周武王释放囚徒，邀箕子再出来做官，箕子不愿，去深山隐居去了。

把竹筷子换成象牙筷，这对于一个国君来说是不值一提的琐事，一般人也会认为这是理所当然，而箕子却从中看出了纣王向下沉沦、腐败的征兆，认为它是商王朝行将灭亡的预告，这就是因为“天下难事，必作于易；天下大事，必作于细”的道理。因此，观察一件事情应该以小见大，以近虑远，防范于未然，有备才能远离灾祸。

海外企业界“零缺陷管理”曾风靡一时，这是一套高标准、严要求、全方位的现代化管理体系。它包括零缺陷生产、零缺陷供应、零缺陷服务、零缺陷决策、零缺陷员工等组成部分。零缺陷，一方面，可理解为企业不断提升管理水平的一个无限性的极限目标；另一方面，它在一定阶段上又可体现为确定的和量化的管理指标。零缺陷的实质性意义在于，当前一段目标实现之后，再追求下一阶段的更高目标，由此动态递进。零缺陷是无限的目标与有限的阶段目标的结合。

产品质量的一个小毛病，100 个优良产品中混进一个劣品；合同中写错一个字，多写或少写一个零或一个点；公关活动中的一个小失误；与顾客的一个小口角,都足以使企业翻船。

在知人用人方面,管理者要想发现事物的真相,或想了解一个人的真正面目,一般不会从所谓的高处着眼,不看他表面上的表演,而要用心观察事物的细微处,看一个人如何处理微不足道的事务。

管理案例之十六:荣盛发展的起步与辉煌

荣盛房地产发展股份有限公司(简称“荣盛发展”,证券代码 002146)成立于 1996 年,注册资金 43.4 亿元,致力于品牌化房地产开发,通过专业经营与精品项目阐释现代人居理念。2007 年 8 月 8 日,荣盛发展成功登陆深圳证券交易所,成为河北省首家通过 IPO 上市的房地产企业。

经过 20 余年发展,荣盛发展在经营规模、业务领域取得长足发展,已从最初的普通住宅开发快速成长为集地产开发、康旅打造、金融投资、互联网创新等业务于一体的全国性知名大型多产业综合集团公司。

凭借前瞻的战略思路、稳健的发展理念,荣盛发展经营业绩持续、快速增长,企业规模及业务领域不断扩大。截至 2017 年三季度末,荣盛发展总资产 1 758亿元,土地储备超过 2 849 万平方米,业务范围扩大至天津、重庆、河北、海南、辽宁、浙江、四川、广东等省市在内的 47 个城市,开发项目总数逾 200 个。

荣盛发展以实业报国的使命感、顽强拼搏的企业精神和强大的责任心,赢得了社会、客户、合作伙伴及业内同行的广泛认同和高度赞赏,市场影响力、客户满意度逐年加强。品牌价值估值 85.45 亿元,并曾荣膺 2011 中国中小板最具成长性上市公司十强、2011 年 A 股上市房企最具投资价值排行榜 T0P1、2012 年度金牛最受投资者信赖公司、2014 年度最佳责任品牌奖、第四届中国责任地产 T0P100、2016 年中国房地产百强企业第 17 位、2016—2017 年中国房地产年度社会责任感企业第 5 位、2017 年中国房地产百强企业第 16 位、“稳健性 TOP10”榜单第 6 位等诸多奖项。

一、发展之路

(一) 当兵出身,毅然下海

1962 年耿建明出生于江苏六合,1980 年高中毕业后入伍,在 00362 部队当了3年基建工程兵。1983年从部队考取了华北航天工业学院建筑技术经济管理专业。

1986年毕业后分配到廊坊市一建。在廊坊一建公司，从一名普通的职工做起，后升为一建公司副处长、处长。在公司打拼见识了4年，耿建明不忘继续加强专业学习，并于1991年考入天津大学工程造价专业。

到了1996年，在外人看来仕途一帆风顺的耿建明，却毅然抛下金饭碗辞职下海，成立了自己的荣盛建筑安装公司，凭着过硬的专业能力很快就在业内发展得风生水起。当廊坊建筑业正如火如荼时，耿建明觉察到高峰过去就会有低谷，建筑市场已经趋向饱和，而市民对高品质住宅的需求才是巨大的市场潜力。于是耿建明转而进军房地产。

（二）逆向发展，首战南京

在做房地产的创业阶段，耿建明的理念与众不同，即逆向的发展思路。大多数房地产企业的发展模式是先稳固后方，再逐步开辟外部市场。耿建明却反其道行之。

1999年，耿建明把进军地产业的第一枚棋子布在了南京，凭借工程起家积累的设计、施工、造价等优势，他的第一个住宅项目“方州花园”一经推出很快就卖光了，并广受好评。耿建明就此赚到了地产业的第一桶金。

迈入21世纪，通过南京项目熟悉地产开发后，耿建明把眼光又转回了京津冀，这个他奋斗了多年的区域。2002年，耿建明于河北廊坊经济技术开发区设立了荣盛控股股份有限公司。耿建明没有先进军北京，而是将重心放在了廊坊，除了他曾在廊坊当兵的军旅情结外，他很早就意识到了廊坊处于京津冀腹地的区域优势，坚信廊坊房地产将会迎来春天。

（三）挂牌上市，跨越发展

2007年8月，耿建明带领荣盛发展在深交所挂牌上市，完成上市融资，上市当天市值一度突破200亿元。

2008年全球金融危机后的4万亿救市资金，带来中国2009年、2010年房地产市场规模和价格的井喷，也让身在其中的荣盛发展迅速扩张。到2010年底，荣盛发展总资产212.5亿元，项目遍及17个城市，销售额突破百亿。

至2013年底,荣盛发展开发项目主要分布于廊坊、沧州、石家庄、邯郸、香河和唐山等京津冀一体化受益城市。

到2015年荣盛发展已开发并形成府邸、盛景、锦绣及花语等多种风格楼盘系列,并初步完成在全国布局。

2016年10月,胡润富豪榜发布,耿建明以230亿元身家位列地产富豪榜12名,河北富豪第2名。

二、创新之策

(一)超前理念,全国布局

耿建明有着超前的开发理念,当许多开发商致力于高层住宅的开发之时,他却把目光对准小高层住宅,当时荣盛推出的以小高层为主的廊坊锦绣家园项目,户型结构合理和配套装置完善,虽然价格不菲,却深受购房者的喜爱。

耿建明随后在廊坊开发阿尔卡迪亚等楼盘,迅速成为以品质地产为特征的本土地产劲旅。

耿建明看清工程出身所具有的品质优势,用这样的品质布局三线城市,选择避开与实力雄厚的竞争对手在一线城市的正面较量,以超出当地消费者预期的比较优势,在三线城市扎根,随后进军同级别的沧州、徐州等市场,开始全国布局。

(二)抢抓京津冀一体化的发展契机

当2017年的春风吹过华北平原,拂过白洋淀风景区,雄安新区就此诞生。眼下,已是一片热土的雄安新区,正在上演着众多造富奇迹。

耿建明近期在接受媒体采访时称:"京津冀一体化对河北来说是一个大机遇,对于以做地产项目为主的我们是一个更好的机遇。我们现在除了房产以外还有商业综合体以及大型游乐项目,我们下一步主要向大健康和大金融领域发展,包括养老、养生、旅游、健康服务等。"

机会总是给有准备的人,耿建明提前布局京津冀有其独特的战略眼光。随着京津冀一体化的加速推进,这片地产大亨云集的热土依然蕴藏着巨大的发展潜力。

(三)设立东北第一家民营银行

2016年12月24日，荣盛发展发布公告称，该公司旗下全资子公司沈阳荣盛中天实业有限公司拟作为发起人之一，与其他三家公司发起设立辽宁振兴银行，并已获得了中国银行业监督管理委员会的筹建批复。值得一提的是，这是东北地区第一家民营银行。

根据公告显示，辽宁振兴银行拟定注册资本20亿元，其中，荣盛中天实业拟以现金方式出资6亿元，认购辽宁振兴银行30%的股份，为辽宁振兴银行的第一大股东。

已经成立21年的荣盛发展，全产业链条建设及布局已比较成熟。未来，凭借前瞻的战略思维，荣盛发展也会迎来更多的发展机遇。

三、管理之术

荣盛发展秉承“创造财富、培育人才、服务社会、报效国家”的企业宗旨，以“追求卓越”为核心价值观，坚守“诚信、谦和、认真、苦干、拼搏、创新”的企业精神，其地产板块为消费者打造“自然的园、健康的家”，健康板块为消费者提供度假、游乐、医养产品与服务，金融板块通过银行、基金、证券、保险等金融模式为荣盛发展创造新的利润增长极，同时，为消费者提供丰富的生活方式。

（一）企业文化来源

公司企业文化核心是对耿建明先生及其主要创业者在长期的企业实践中形成的经营管理思想进行总结与提炼，最终形成了反映公司特点、能确保公司发展战略目标实现的经营管理理念。荣盛发展的每一位员工都会学习、理解公司企业文化核心的内涵，将企业核心价值观作为自己的价值观，体现在工作行为中。同时，每一位员工也是企业文化的建设者，为建立适应不同发展阶段的企业文化提出建议与意见。

（二）企业精神的内涵

1. 诚信

诚信是做企业的基本要求，也是做人的基本要求。市场经济是信用经济，没有信用的企业就没有市场。欺骗别人的人，终究会被别人所抛弃。困难时期，能够帮助我们渡过难关的就是信用。我们要做好人做好事、先做人后做事、边做人边做事。做一个遵纪守法，对社会、企业、客户及合作者负责的人。

2. 谦和

谦受益、满招损,用忍戒急,不怕吃亏,谦虚、和善、不自傲、不树敌、不对抗、礼貌待人;绝不是唯唯诺诺。

3. 认真

认真是突破极限并充分发挥自己潜能和充分利用一切有利条件去除不利条件的前提。只有仔细观察,认真分析,才能透过事物的现象看本质。马虎是一切问题产生的根源,认真是成功的必要条件,卓越与完美是认真的结果。

4. 苦干

吃苦是智慧的翅膀。条件和环境是船,吃苦是帆与桨,没有吃苦就无法达到成功的彼岸。吃苦是对幸福的储蓄。我们不要拒绝苦难,拒绝苦难就是关闭幸福之门。

5. 拼搏

我们企业的成长是一个艰苦奋斗的历程。企业的成长过程中会遇到各种各样的困难,只有拼搏才能战胜困难,赢得发展。我们是不怕困难的,没有什么能够阻碍荣盛人前进的步伐。唯一能打败我们的是我们自己。

6. 创新

创新是企业竞争力的源泉。企业管理和运营要根据环境的变化不断地创新。没有创新,我们一定会落后;没有创新,就没有希望;没有创新,我们将会在陈旧中消亡。创新创造了过去和现在,也必将创造未来。求新、求变、永不满足和勇于否定过去,甚至否定过去成功的做法是创新的基础和条件。追求更高、更好、更快的发展是创新的动力和源泉。

(三) 荣盛的核心价值观

追求卓越,意味着永续提供卓越的产品和服务,令客户荣耀;意味着永续提供卓越的价值回报,令股东满意;意味着永续提供卓越的发展平台和报酬,令员工自豪。

1. 客户是荣盛存在的价值体现

挖掘客户朦胧、潜在的需求是荣盛人的职责。不仅满足客户的现实需求，更要满足客户的潜在需求，提供超越客户期望的产品和服务是荣盛永远努力的方向。

质量是企业的生命，今天的质量是明天的市场。

面对客户，我们每一位员工都代表荣盛。

坚持“做得比说得好，给予的比承诺的多”的服务原则。做不到的不要说，说了的一定要努力兑现，让客户给我们打一百分。

2. 人才是荣盛的资本

全身心投入工作，确保本职工作顺利、高绩效完成的人是公司最珍贵的资源。

企业是学校，领导是教练。培养、指导下属，让他们在工作中尽快地成长和成熟起来，成为企业中优秀的人才，是领导的责任和义务。员工应虚心学习，不断完善自身。

为人才搭建施展无限才能的平台，打造一片和谐、广阔的天空。

充分尊重员工的个性，能容人所短，更能容人所长。

让员工愉快地工作，在最大限度地实现自我价值的同时，实现企业利益最大化。

适才适岗，人尽其才；与员工一起规划好自己的职业生涯；所有的员工在人格上人人平等，在职业发展上机会均等；荣盛营造宽松、和谐、良好的工作氛围，倡导简单而真诚的人际关系。

精干高效的职业经理团队是荣盛人才理念的具体体现。持续培养专业化、富有激情和创造力的职业经理队伍，是荣盛永续发展的一项重要使命。

我们提倡“追求卓越”。工作不仅是提高我们生活质量的手段，工作本身对我们来说更意味着快乐和拥有一种成就感，只有今天的卓越，才会有美好的未来。

学习是一种生活方式。向一切可以学习的人、事、物学习，学习一切有利于企业与自身发展的知识。

3. 共赢、共享、共进的体制

荣盛对内平等，对外合作，对投资者负责，努力兼顾各方利益，致力于建设“共赢、共享、共进”的体制。

诚信、共赢、进取是荣盛的经营之道。

鼓励各种形式的沟通,提倡新知共享、信息共享。

追求客户、股东、员工、企业共同发展,共同进步。

反对任何形式的官僚主义。

4. 永续地发展和超越

在企业发展过程中,我们要不断地发展壮大自己,超越自我,争做行业先锋。

在产品质量上,我们追求卓越;在服务上,我们追求完美。

工作中,每个员工都要不骄傲、不自满,精益求精、不断完善,追求卓越与成功。

在管理创新中,我们与时俱进,不断创造出适合企业、适合环境的管理理念和制度。

资源是发展的基础,我们追求人、财、物等资源的最合理配置,任何形式的浪费都是可耻的和对劳动成果的破坏。

(四) 发展规划

1. 2011—2015 年

做精商业住宅,有选择地进入其他物业形态,实施行业并购重组,整合产业链,成为国内第一梯队的房地产专业供应商。

区域市场在做实华北、华东地区的基础上,进入华中和西南地区。

实施在总部资本、人力、技术支持下的子公司发展策略,做强做大区域性子公司。

全面实施品牌战略,成为国内知名的地产品牌。

2. 2016—2020 年

坚持“以市场为导向,以客户为中心,以品质为基础”,坚秉“缔造新型生活”品牌理念,为消费者缔造快乐、健康、富有的新型生活方式。

完成转型所需的整体产业布局,推进公司从房地产开发商向生活方式运营商转变,形成以大地产为主干,大健康、大金融为两翼,互联网等新兴产业为辅助的多产业综合集团公司。

3. 2021—2035 年

将公司建设成为充满活力和创新、极具市场能力和竞争力、知名度和美誉度高、模式领先、机制完善、管理规范、运营健康、实力雄厚、多产业支撑的大型综合性集团公司。

形成以大地产、大健康、大金融三大产业集团鼎立，新兴产业全面开花的产业格局。

四、为人之德

荣盛发展集团的成立发展之路，也是奉献社会、立足慈善的历程。贫困山区有荣盛公益的身影，四川汶川、青海玉树地震救援荣盛义不容辞，等等，不一而足。在此仅举代表性的事例。

2011 年，荣盛集团在南京市六合区慈善协会设立“荣盛慈善基金”，5 年内累计捐赠 5 000 万元，在六合区范围内广泛开展了慈善助困、助学、助医活动，并为一些特殊困难群众提供慈善救助。该基金运作 6 年来，为 3 179 名低保、五保、低保边缘户、大重病患者发放助医款，为 574 名低保、低保边缘户考取本科、专科的新生发放助学金。同时，荣盛集团还为玉带地区的中小学师生提供免费午餐，为玉带地区高校在读困难家庭学生发放助学款，资助孤残儿童等困难群体。

为持续回报社会，支持六合区慈善公益事业发展，2018 年 2 月 8 日，荣盛集团再次捐赠 5 000 万元善款。此次慈善捐款将在惠及原有困难群体的基础上，新增六合区户籍在高校就读孤儿和享受困难生活补助的重、轻度残疾人员及享受政府支出型救助贫困人员救助的对象。

2017 年 9 月 30 日上午，荣盛控股股份有限公司董事长、中国人民大学校友耿建明捐赠 1 亿元人民币，用于建设人民大学新校区音乐堂，学校拟将新校区音乐堂命名为“荣盛音乐堂”。

耿建明表示，艺术修养体现了一个民族的基本素质，艺术的繁荣是一个国家强起来的重要标志。人民大学艺术学院有着悠久的历史和优良的传统，在当代中国艺术发展大格局中具有重要意义。捐资在新校区建设音乐堂，促进学院和学校事业发展，是自己对母校的一点心意，也是荣盛发展作为一个企业所应尽的责任。今后，他将在力所能及的地方一如既往地提供支持，为母校事业发展尽一份绵薄之力。

本书作者也曾得到过耿建明先生的无私资助。从1997年参加全国第一届MBA联考进入天津大学攻读硕士学位,到2002年博士毕业,耿建明先生一直在无私地、不计回报地帮助着我。当我继续到广发证券从事博士后工作时,耿先生坦荡地说:“放心地去吧,帮助你就当是我们做希望工程了。”

多年以后我去看望耿先生,看着他劳累的脸庞,我问他:“您都有足够多的财富了,为什么还要这么拼命地工作呢?”耿先生的回答让我永生难忘:“我只是想尽可能地帮助更多的人,等我死的时候让人们多掉几滴眼泪。”

耿建明先生朴实坦诚的话语道破了人生的意义与真谛,他的信念也一直作为我人生的信条,无论事业顺利还是坎坷,我一直不忘初衷,不断充实自己,为奉献社会、有利于大众而努力着。

这套历经数年时间撰写的《〈道德经〉与心理健康》《〈道德经〉与心理咨询》《〈道德经〉与管理》系列作品,旨在从多个角度诠释《道德经》的应用。在弘扬国学的同时,让由于生活和工作的压力导致心理问题的人看了,能想开了,不纠结了,那么他以一个健康的心态来从事工作,多为社会贡献,家庭也更为幸福;让心理咨询师看了,能从本质上把握心理咨询之“道”,用《道德经》的思维方法去有效地帮助来访者,促进社会和谐;让企业管理者看了,让他们从天地人和的角度认清自己的社会责任,带领企业顺利发展,造福于企业员工和他们的家庭,为社会奉献更多更好的产品和服务。

正因如此,我将写作该系列书籍当作一项崇高的事业来做,广阅资料,深度思考,几十遍反复修改,力求以最少的错误将最有价值的思想成果呈现给读者。这些,也可以看作是我对耿建明先生的一种更高层次的报答吧。

在耿建明先生看来,一个优秀的企业和企业家,良知与责任永远比金钱更重要!也正是因为这样的认知,使得荣盛集团逐步将教育、环保、乡村脱贫与灾害应急作为自己承担社会责任和投身公益事业的重要内容。将本案例作为全书的结尾,我想说的是:无论是企业还是个人,造福社会、造福他人,永远是立足的根本,人生的意义所在。选择善待他人、善待社会的生活态度,与你的财富无关,与你的地位无关,与你的位置无关。做你自己,哪怕风雪雷电;做你自己,何惧坎坷泥泞。前路,有怡人的风景;远方,有七彩的霓虹。

参 考 文 献

[1] 叶自成. 以百姓心为心：老子政治哲学[M]. 上海：上海远东出版社，2018.

[2] 冯友兰. 中国哲学简史[M]. 北京：北京大学出版社，2003.

[3] 杨国庆. 品悟老子[M]. 北京：中国长安出版社，2012.

[4] 老子. 道德经[M]. 长沙：岳麓书社，2011.

[5] 冯海涛. 道德经智慧日用贯通[M]. 北京：中国纺织出版社，2011.

[6] 曾仕强. 道德经的奥秘[M]. 西安：陕西师范大学出版社，2012.

[7] 任继愈. 老子新译[M]. 上海：上海古籍出版社，1985.

[8] 袁闯. 管理哲学[M]. 上海：复旦大学出版社，2005.

[9] 张尚仁. 管理、管理学与管理哲学[M]. 昆明：云南人民出版社，1987.

[10] 尹振环. 楚简老子辨析——楚简与帛书《老子》的比较研究[M]. 北京：中华书局，2001.

[11] 任继愈. 老子新译[M]. 上海：上海古籍出版社，1985.

[12] 潘承烈、虞祖尧. 中国古代管理思想之今论[M]. 北京：中国人民大学出版社，2001.

[13] [美]弗雷德里克·泰勒. 科学管理原理[M]. 冯风才译. 北京：中国社会科学出版社，1984.

[14] [美]克劳德·小乔治. 管理思想史[M]. 孙耀君译. 北京：商务印书馆，1985.

[15] [美]哈罗德·孔茨，海因茨·韦里克. 管理学[M]. 郝国华等译. 北京：经济科学出版社，1998.

[16] 张岱年. 中国哲学大纲[M]. 北京：中国社会科学出版社，1982.

[17] 许庆元，宿春礼. 听南怀瑾讲老子[M]. 北京：民主与建设出版社，2007.
[18] 陈鼓应. 老子注译及评介[M]. 北京：中华书局，1984.
[19] 王弼. 王弼集校译[M]. 北京：中华书局，1980.
[20] 李耳. 道德经[M]. 南昌：江西人民出版社，2016.